Mathias Hamann

Auswirkungen des Einsatzes integrierter Standard-A.
Unternehmen

Dargestellt am Beispiel von SAP R/2 und MSP Masterpack unter Einfluß unterschiedlicher politischer und kultureller Rahmenbedingungen

Mathias Hamann

Auswirkungen des Einsatzes integrierter Standard-Anwendungssoftware in Unternehmen

Dargestellt am Beispiel von SAP R/2 und MSP Masterpack unter Einfluß unterschiedlicher politischer und kultureller Rahmenbedingungen

diplom.de

Bibliografische Information der Deutschen Nationalbibliothek:

Bibliografische Information der Deutschen Nationalbibliothek: Die Deutsche Bibliothek verzeichnet diese Publikation in der Deutschen Nationalbibliografie; detaillierte bibliografische Daten sind im Internet über http://dnb.d-nb.de/ abrufbar.

Copyright © 1995 Diplomica Verlag GmbH
Druck und Bindung: Books on Demand GmbH, Norderstedt Germany
ISBN: 978-3-8386-4022-8

http://www.diplom.de/e-book/219656/auswirkungen-des-einsatzes-integrierter-standard-anwendungssoftware-in

Mathias Hamann

Auswirkungen des Einsatzes integrierter Standard-Anwendungssoftware in Unternehmen

Dargestellt am Beispiel von SAP R/2 und MSP Masterpack unter Einfluß unterschiedlicher politischer und kultureller Rahmenbedingungen

Diplomarbeit
an der Universität Hamburg
Fachbereich Informatik
Lehrstuhl für Prof. Dr. A. Rolf
November 1995 Abgabe

Diplom.de

Diplomica GmbH
Hermannstal 119k
22119 Hamburg

Fon: 040 / 655 99 20
Fax: 040 / 655 99 222

agentur@diplom.de
www.diplom.de

ID 4022

ID 4022
Hamann, Mathias: Auswirkungen des Einsatzes integrierter Standard·
Anwendungssoftware in Unternehmen · Dargestellt am Beispiel von SAP R/2 und MSP
Masterpack unter Einfluß unterschiedlicher politischer und kultureller
Rahmenbedingungen
Hamburg: Diplomica GmbH, 2001
Zugl.: Hamburg, Universität, Diplomarbeit, 1995

Diplomica GmbH
http://www.diplom.de, Hamburg 2001
Printed in Germany

I

E/029/96

GLIEDERUNG

ABKÜRZUNGSVERZEICHNIS

4GL	4th Generation Language
a.a.O.	am angegebenen Orte
Abb.	Abbildung
ASEAN	Association of South-East-Asian Nations
Aufl.	Auflage
Bd.	Band
BdW	Blick durch die Wirtschaft (Zeitung)
BFuP	Betriebswirtschaftliche Forschung und Praxis (Zeitschrift)
bzgl.	bezüglich
bzw.	beziehungsweise
ca.	circa
CASE	Computer aided software engineering
d. h.	das heißt
Diss.	Dissertationsschrift
DV	Datenverarbeitung
EDV	Elektronische Datenverarbeitung
Esc.	Escape
et. al.	und andere
etc.	et cetera
f.	folgende
ff.	fortfolgende
FAZ	Frankfurter Allgemeine Zeitung
FIfF	Forum InformatikerInnen für Frieden und gesellschaftliche Verantwortung e.V. (Zeitschrift)
G7	Gruppe der sieben großen Industrienationen
GmbHG	Gesetz betreffend die Gesellschaften mit beschränkter Haftung
Habil.	Habilitationsschrift
HGB	Handelsgesetzbuch
Hrsg.	Herausgeber
HWFü	Handwörterbuch der Führung

HWO	Handwörterbuch der Organisation
i. d. R.	in der Regel
i. e. S.	im engeren Sinne
IM	Information Management (Zeitschrift)
ISAS	Integrierte Standard-Anwendungssoftware
IuK	Informations(s-) und Kommunikation(s-)
iwd	Informationsdienst des Instituts der deutschen Wirtschaft (Zeitschrift)
Jg.	Jahrgang
Mio.	Millionen
MIS	Management Informationssystem
net	nachrichten elektronik + telematik (Zeitschrift)
Nr.	Nummer
o. ä.	oder ähnliches
o. Jg.	ohne Jahrgang
o. V.	ohne Verfasser
OM	Office Management (Zeitschrift)
PPS	Produktions- und Planungssystem
S.	Seite
Sp.	Spalte
SzU	Schriften zur Unternehmensführung (Zeitschrift)
TQM	Total Quality Management
u. a.	und andere
u. E.	unseres Erachtens
Vgl.	Vergleiche
WI	Wirtschaftsinformatik (Zeitschrift)
z. B.	zum Beispiel
zfb	Zeitschrift für Betriebswirtschaft (Zeitschrift)
zfbf	Zeitschrift für betriebswirtschaftliche Forschung (Zeitschrift)
ZfO	Zeitschrift für Organisation (Zeitschrift)
z. T.	zum Teil

ABBILDUNGSVERZEICHNIS

TABELLENVERZEICHNIS

1   EINLEITUNG

Nach einer kurzen Darstellung zur Motivation der vorliegenden Arbeit werden Zielsetzung und Themeneingrenzung konkretisiert; darauf aufbauend wird das Vorgehen in dieser Arbeit grob umrissen.

1.1   Motivation

Die Autoren dieser Arbeit haben sich über mehrere Jahre mit der Einführung integrierter Standard-Anwendungssoftware befaßt. Es liegen Erkenntnisse über Auswirkungen in Unternehmen unterschiedlicher Größe und Organisationsform sowie in verschiedenen Einsatzländern mit ihren jeweils unterschiedlichen Kulturen und Mentalitäten vor.

Ein Vergleich ihrer Erfahrungen motivierte die Autoren zu einer gemeinsamen Analyse ihrer Beobachtungsergebnisse.

Die vorliegende Arbeit verfolgt nicht das Ziel einer empirisch-statistischen Analyse. Eine solche hätte sich beispielsweise einer umfangreichen Fragebogenaktion bei einer ausreichend großen Anzahl von beteiligten Unternehmen sowie eines zweiten Durchlaufs mit Kontrollfragen bedient. Dieses Vorgehen aber hätte alle Nachteile üblicher empirisch-statistischer Untersuchungen mit sich gebracht, vor allem eine zwangsläufige Praxisferne, da - noch über alle Verifikations- und Interpretationsproblematik von Umfrageresultaten hinaus - im Hinblick auf den Untersuchungsgegenstand relevante unternehmensspezifische Faktoren und Entwicklungen gar nicht erst deutlich, sondern zugunsten statistischer Typisierungen verdrängt worden wären. Diese Arbeit unterliegt solchen Beschränkungen üblicher empirisch-statistischer Analysen nicht. Sie verzichtet bewußt auf den vermeintlichen Objektivitätsanspruch großflächiger Datenerhebungen und bietet, basierend auf persönlich vor Ort gewonnenen Erkenntnissen der Autoren, eine wissenschaftliche Reflexion konkreter Entwicklungen. Als unabhängige Berater hatten die Autoren die Gelegenheit, die machtpolitischen und sozialen Auswirkungen des Einsatzes integrierter Standard-Anwendungssoftware[1] in verschiedenen Unternehmen zu verfolgen und die Akzeptanz auch während der Nutzungsphase zu beobachten. Gerade derartige unternehmensinterne und nicht selten sensible Vorgänge werden in statistisch gesehen adäquaten Fragebogenerhebungen häufig überzeichnet oder gar vorsätzlich manipuliert. Speziell bezüglich des vorliegenden Untersuchungsgegenstandes hätte sich also die Anwendung üblicher empirisch-statistischer Analysen auch aus diesem Grunde als kontraproduktiv erwiesen. Die Konzentration auf ausgewählte Fallstudien dagegen ermöglicht praxisnahe Aussagen der vorliegenden Arbeit hinsichtlich ihres Untersuchungsgegenstandes.

1.2   Zielsetzung und Themeneingrenzung

Basierend auf ihren projektbezogenen Praxiserfahrungen gehen die Autoren gezielt darauf ein, wie eine ISAS ihre näher- und weitergefaßte Einsatzumgebung beeinflußt und welche Reaktionen bei den Betroffenen durch die Anwendung solcher Systeme auftreten. Dabei sollen die Wechselwirkungen zwischen ISAS, Organisationsstrukturen und Aufgabenträgern dargestellt und die sich daraus ergebenden Veränderungen untersucht werden.

Die jeweils betrachteten ISAS sind zwar nicht identisch, verfolgen mit ihrem Einsatz jedoch die gleiche Zielsetzung einer DV-technischen unternehmensweiten Abbildung der Geschäftsprozesse, so daß sie sich für eine softwareunabhängige Analyse eignen. Sie sollen aus der Sicht des Anwenders, sowohl im Sinne eines Gesamtunternehmens als auch eines einzelnen, betrachtet werden. Technische Details der Systeme sowie notwendige software- und hardware-technische Voraussetzungen für ihren Einsatz werden nur insoweit betrachtet, als sie für die Zielsetzung der Arbeit wesentlich sind.

---

[1] Im folgenden durch ISAS abgekürzt.

Ziel der Arbeit ist es, Thesen zu formulieren, die zum einen Aufschluß darüber geben, welche Auswirkungen bei der Anwendung integrierter Software zu erwarten sind, und zum anderen darüber, inwieweit unterschiedliche Einsatzbedingungen diese Auswirkungen beeinflussen.

Über die betriebswirtschaftlichen Wirkungen hinaus sollen in der vorliegenden Arbeit soziale Implikationen sowie der Einfluß unterschiedlicher politischer und kultureller Rahmenbedingungen betrachtet werden.

Da die Büro- und Verwaltungsbereiche das Zentrum der betrieblichen Informationsverarbeitung darstellen, konzentrieren sich die Betrachtungen der vorliegenden Arbeit auf diese Teilbereiche der Unternehmen.

1.3   Gang der Untersuchung

Die Dynamik als wesentliches Charakteristikum von Organisationen und die sich hieraus ergebenden Besonderheiten erfordern den Aufbau von Erklärungsmodellen, die von den Autoren im Ansatz der Aktionsforschung gesehen werden. Wesentlicher Kern der Aktionsforschung ist es, die Praktiker in ihrem sozialen Kontext zu verstehen, wobei im Rahmen von Untersuchungen auf den sozialen Kontext - das Handlungsfeld - Einfluß zu nehmen ist, um die Resultate in Zusammenarbeit mit den Praktikern zu analysieren. Es sind daher bereits im Laufe der Untersuchungen gewonnene Ergebnisse den Praktikern zu vermitteln, um im Laufe eines Projektes durchführbare Veränderungen des Untersuchungsgegenstandes zu bewirken. Aktionsforschung läßt sich verwenden, um im Rahmen von Untersuchungen Informationen von den Praktikern zu erhalten, um sie sowohl in deren Interesse als als auch im Interesse der Durchsetzung von Veränderungen im organisatorischen System einsetzen zu können.[2]

---

[2] Vgl. Wächter, H., "Aktionsforschung", in: Frese, E., (Hrsg.), HWO, 3. Aufl., Stuttgart 1992, Sp. 79-88, hier Sp. 80

Um die in den Fallstudien ermittelten Aussagen abzusichern, werden die Erfahrungen der beiden Autoren hinsichtlich der Auswirkungen auf unterschiedlichen Ebenen verglichen und mit theoretischen Ansätzen und Erfahrungsberichten aus der Literatur in Beziehung gesetzt.

Diese Arbeit besteht aus den die Grundlagen schaffenden Kapiteln zwei, drei und vier, in denen theoretische Fragestellungen im Hinblick auf die praktischen Erfahrungen der Autoren dargelegt werden, und den analytischen Kapiteln fünf, sechs und sieben in denen die Auswirkungen des ISAS-Einsatzes betrachtet werden.

Im Kapitel zwei wird das Vorgehen der Autoren vorgestellt, das sich mit Hilfe des Ansatzes der Aktionsforschung aus der empirischen Sozialforschung beschreiben läßt.

Die fachübergreifende Themenstellung, die sowohl Fragestellungen aus der Informatik als auch aus der Betriebswirtschaft aufgreift, erfordert eine Klärung von Begriffen und Inhalten, um hierauf aufbauend eine tiefgehende Betrachtung der Auswirkungen einer ISAS durchführen zu können. Für die organisationsbezogenen Grundlagen erfolgt dies im Kapitel drei, während im Kapitel vier die informationstechnischen Grundlagen geschaffen werden.

In Kapitel fünf werden Thesen aus der Literatur zu den Auswirkungen einer ISAS auf die betrieblichen Organisationsstrukturen sowie den einzelnen Mitarbeiter abgeleitet. Darüber hinaus werden Auswirkungen auf die geltenden Markt- und Wettbewerbsbedingungen betrachtet.
In Kapitel sechs werden die beim Einsatz integrierter Standardsoftware gesammelten Erfahrungen der Autoren mit den in Kapitel fünf aus der Literatur abgeleiteten Thesen verglichen sowie Folgerungen daraus gezogen.

In Kapitel sieben wird ein länderspezifischer Vergleich durchgeführt, bevor die Arbeit mit der Schlußbetrachtung in Kapitel acht beendet wird.

2   METHODISCHES VORGEHEN

Das Vorgehen der Autoren besteht in der Analyse ihrer in der Praxis gewonnenen Erfahrungen.

Eine praxisbezogene Forschung wird, gemessen an der Notwendigkeit für die Wirtschaftsinformatik, zu wenig durchgeführt, was u. a. mit einer den Forschern nicht ausreichend zugänglichen Wirklichkeit erklärt wird.[1] Dieser Beschränkung unterliegen die von den Autoren gewonnen Einsichten nicht.

Die vorgenommenen Einzelfallanalysen sind keine sich am Kritischen Rationalismus orientierenden empirisch-analytischen Ansätze. Dies folgt daraus, daß sich die Untersuchungen bewußt nicht an der Tatsachen-Empirie orientieren, die einen naturwissenschaftlich orientierten, situations- und subjektunabhängigen Erfahrungs- und Empirie-Begriff pflegt. Gleichfalls sind die durchgeführten Untersuchungen nicht wiederholbar und nicht vom Einfluß der Autoren unabhängig, wie dies die empirische Forschung verlangt. Da diese Bedingungen nicht gegeben sind, lassen sich keine Kontrolluntersuchungen, keine planmäßigen Verfahren zur Stichprobenauswahl, keine systematischen Hypothesentests durchführen und keine Theorien mittlerer Reichweite aufstellen, wie dies im Rahmen von Ansätzen der empirischen Forschung zu erfüllen wäre.

Mit Hilfe der empirischen Forschung sollen vermutete Zusammenhänge und Phänomene, die sich aus bereits Bekanntem ableiten lassen und in Hypothesen übersetzt werden können, verifiziert oder falsifiziert werden.[2]   Mit diesem Vorgehen sind jedoch in die Zukunft gerichtete Gestaltungsaufgaben, bei denen mit unvorhersehbaren Auswirkungen zu rechnen ist, methodisch kaum faßbar. Dies trifft beispielsweise auf die Schaffung neuer Organisationsformen zu.[3]

---

[1] Vgl. Heinrich, L. J., "Ergebnisse empirischer Forschung", in WI, 37. Jg. (1995), Heft 1, S. 3-9, hier S. 8

[2] Moser, H., "Aktionsforschung als kritische Theorie der Sozialwissenschaften", München 1975, S. 55

[3] Vgl. Otto, K.-P. / Wächter, H., "Aktionsforschung in der Betriebswirtschaftslehre?", in: Hron, A. et. al. (Hrsg.), "Aktionsforschung in der Ökonomie", Frankfurt am Main - New York 1979, S. 76-98, hier S. 83

Selbst wenn es das Ziel gewesen wäre, Methoden der empirischen Sozialforschung einzusetzen, so könnten sie in der vorliegenden Arbeit keine Anwendung finden, da die Untersuchung über eine zu geringe Datenbasis verfügt.[1]
Für die wenigen herangezogenen Einzelfallstudien läßt sich u. a. der Ansatz
über die **Aktionsforschung** wählen, um zu praktisch verwertbaren Aussagen
zu gelangen.

Hiervon ausgehend lehnen sich die Autoren mit ihrer methodischen Vorgehensweise an den Ansatz der Aktionsforschung an. Im folgenden soll eine Beschreibung dieses Ansatzes vorgenommen werden.

2.1   Aktionsforschung

Aktionsforschung verfolgt eine doppelte Zielsetzung. Zum einen soll die sozi-
alwissenschaftliche Theorie überprüft und weiterentwickelt werden, die oftmals in sich schlüssige Analysen zu liefern vermag, ohne aber gesellschaft-
lich-ökonomische Probleme in der Realität lösen zu können. Zum anderen soll
sie bei der Veränderung sozialer Systeme praktizierbare Unterstützung liefern.
Hieraus ergibt sich das Spannungsverhältnis der Aktionsforschung, sowohl
den Kriterien der Theorie als auch den Ansprüchen der Praxis zu genügen.[2]

Insbesondere gegenüber der üblichen empirischen Sozialwissenschaft wird der
Vorwurf erhoben, daß eine Theorie ihr Ziel, für die Praxis verwendbare Prinzipien herauszuarbeiten, verfehlt, "... wenn sie ihre Prinzipien so abstrakt werden läßt, daß sie für die Praxis kaum mehr zu brauchen sind."[3]

Die Aktionsforschung dagegen, die im wesentlichen auf Lewin zurückgeht,
sieht ein wesentliches Element der sozialwissenschaftlichen Forschung in vielfältigen Versuchen der Zusammenarbeit von Wissenschaftlern und Praktikern
im sozialen Feld.[4] Anspruch der Aktionsforschung ist es demzufolge, daß der
Forscher im Forschungsprojekt als Beteiligter Einfluß auf den Prozeß nimmt.

---

[1] Um die notwendige Fundierung statistischer Methoden zu gewährleisten, sind Untersuchungen in einer Vielzahl voneinander unabhängiger Betrieben notwendig.

[2] Vgl. Sievers, B., "Organisationsentwicklung als Aktionsforschung, in: ZfO, 47. Jg. (1978),
Heft 4, S. 209-218, hier S. 214 f.

[3] Moser, H., a.a.O., S. 30

[4] Vgl. Lewin, K., "Die Lösung sozialer Konflikte", Bad Nauheim 1953, S. 178 ff.

Somit zählt die Aktionsforschung zur Feldforschung, die zu erforschende Phänomene in realen Gegebenheiten untersucht, ohne ein künstliches Abbild im
Labor zu schaffen[1] und trägt den Charakter eines Feldexperimentes.[2]

Zwar wird die Aktionsforschung hauptsächlich in der Pädagogik eingesetzt,
jedoch werden auch betriebswirtschaftliche Untersuchungen, insbesondere in
der empirischen Organisationsforschung, mit Hilfe der Aktionsforschung
durchgeführt.[3]
Im Rahmen der empirischen Organisationsforschung bietet sich die Aktionsforschung als Methode an, weil sie Strukturen nicht als etwas Gegebenes, sondern als etwas Dynamisches betrachtet und diese Dynamik thematisiert.[4]

2.1.1 Kennzeichen der Aktionsforschung

Grundlegender **Ausgangspunkt** einer im Sinne der Aktionsforschung durchgeführten Untersuchung ist ein akutes in der **Praxis auftretendes Problem**[5]
mit der Zielsetzung, gesellschaftlich relevante Fragen zu beantworten.[6] Zielsetzung der Aktionsforschung ist es, eine Verständigung zwischen Theorie und
Praxis herbeizuführen.[7] Die Gewinnung wissenschaftlicher Erkenntnisse und
verändernde Eingriffe zur Lösung praktisch relevanter Problemstellungen werden dabei gleichzeitig angestrebt.[8]

Aktionsforschung unterstellt, daß **soziale Situationen als Gesamtheit** nur verstanden werden können, wenn die erzielten Ergebnisse gemeinsam mit den
Praktikern analysiert und bewertet werden.[9] Neben einer Aufgabe der Distanz
des Wissenschaftlers zum Forschungsobjekt zugunsten einer teilnehmenden

---

[1] Vgl. Moser, H., a.a.O., S. 42 ff.
[2] Vgl. Sievers, B., a.a.O., S. 214
[3] Vgl. Wächter, H., a.a.O., Sp. 80 f.
[4] Vgl. Wächter, H., a.a.O., Sp. 87
[5] Vgl. Kappler, E., "Aktionsforschung", in: Grochla, E. (Hrsg.), HWO, 2. Aufl., Stuttgart
    1980, Sp. 52-64, hier Sp. 53
[6] Vgl. Wächter, a.a.O., Sp. 83
[7] Vgl. Gmelin, V., "Aktionsforschung im Industriebetrieb", Konstanz 1982, S. 76
[8] Vgl. Kappler, E., a.a.O., Sp. 53/54
[9] Klüver, J. / Krüger, H., "Aktionsforschung und soziologische Theorien", in: Haag, F. et. al.
    (Hrsg.), "Aktionsforschung", München 1972, S. 76-99, hier 76 ff.

Beobachtung bis hin zur aktiven Beteilung des Wissenschaftlers am For-
schungs- und Problemlösungsprozeß[1] ist daher die Einbeziehung der Betroffenen in die Problemerkennung und in die Entwicklung von Strategien zur Pro-
blemlösung wesentlich.[2]

Der Diskurs zwischen Praktiker und Forscher soll sowohl dazu dienen, Informationen zu gewinnen als auch dazu, diese im Forschungsprozeß zu
interpretieren.[3] Hierin grenzt sich Aktionsforschung von der üblichen empirischen Sozialforschung ab, die von den im Handlungsfeld beobachteten Perso-
nen bewußt abstrahiert. Daher läßt sich Aktionsforschung als Kritik an den üblichen Methoden der empirischen Sozialforschung verstehen.[4]

Der mit der Aufwertung von explorativen Forschungsverfahren in Kauf ge-
nommene Verlust von Repräsentativität wird im Sinne der Aktionsforschung
überkompensiert durch die gewonnene Individualisierung und unmittelbare
Relevanz der erzielten Ergebnisse.[5]

Aktionsforschung erhebt den Anspruch, daß **Forschung** Partei ergreifen muß
im Sinne der **Übernahme gesellschaftlicher Verantwortung**, wobei insbesondere die Aktionsforschung im Rahmen der Technologiefolgenabschätzung
als geeignete Methode angesehen wird, um den schnellen technisch-organisatorischen Wandel gesellschaftlich verantwortungsvoll beeinflussen zu
können.[6]

Die Anwendung von Aktionsforschung im Rahmen der Organisationsentwicklung ermöglicht ein systematisches Vorgehen, das eine effektive Veränderung
der Organisation und eine Verbesserung der Arbeitsqualität in der Praxis sicherstellen kann.[7] Die potentiell stärkere Beteiligung der Mitarbeiter durch
die **Verringerung der Arbeitsteilung** und durch die Verflachung der Hierarchien kann im Sinne der Aktionsforschung verstanden werden als eine

---

[1] Vgl. Kappler, E., a.a.O., Sp. 54 ff.
[2] Vgl. Wächter, H., a.a.O., Sp. 82
[3] Vgl. Gmelin, V., a.a.O., S. 76
[4] Vgl. Wächter, H., a.a.O., Sp. 82 ff.
[5] Vgl. Otto, K.-P. / Wächter, H., a.a.O., S. 90 f.
[6] Vgl. Wächter, H., a.a.O., Sp. 81 f.
[7] Vgl. Sievers, B., a.a.O., S. 209

Wahrnehmung der Interessen der Mitarbeiter.[1] Denn umso größer die arbeitsorganisatorische Zergliederung in einem Betrieb entwickelt ist, desto geringer
ist tendenziell die Autonomie des einzelnen Mitarbeiters. Und umso stärker
die Hierarchie ausgeprägt ist, desto fremdbestimmter wird tendenziell die Arbeit auf den unteren Hierarchieebenen.[2]

Da, wie im Laufe dieser Arbeit aufgezeigt wird, mit dem ISAS-Einsatz tendenziell sowohl eine höhere Autonomie des einzelnen Mitarbeiters als auch eine flachere Hierarchie der Organisation verbunden ist, bestätigt sich das Vorgehen der Autoren, für die vorzunehmende Untersuchung der Organisationsveränderungen durch die ISAS-Nutzung den Ansatz über die Aktionsforschung zu wählen.

2.1.2   Kritik an der Aktionsforschung

Im folgenden werden Kritikpunkte der Aktionsforschung dargestellt, die indirekt auch als Kritik am Ansatz der Autoren verstanden werden können. Aufgrund der hohen Bedeutung einer praxisbezogenen Vorgehensweise sehen die
Autoren jedoch keine geeignete Alternative.

Die Aktionsforschung kann keine prinzipielle Unabhängigkeit der ermittelten
Ergebnisse von der Subjektivität des Forschers gewährleisten, wie sie von der
empirischen Sozialforschung gefordert wird.[3]
Zudem bleibt der **Einfluß des Forschers undokumentiert**. Im Vergleich zu
den üblichen Methoden der empirischen Sozialforschung gewinnt die Aktionsforschung daher nicht mehr Sicherheit, jedoch wird die empirische und hand-
lungsorientierte Forschung sachgerechter abgebildet und problematisiert.[4]

An den der üblichen empirischen Forschung gemessenen Standards verfügt die
Aktionsforschung ihrem eigenen Anspruch gemäß nur über **Daten**

---

[1] Vgl. Gmelin, V., a.a.O., S. 98
[2] Vgl. Mergner, U., et. al., "Arbeitsbedingungen im Wandel", Göttingen 1973, S. 178 aus
    Gmelin, V.: "Aktionsforschung im Industriebetrieb", Konstanz 1982, S. 98 f.
[3] Vgl. o. V. Stichwort 'Empirische Sozialforschung' in: Hartfiel, G. / Hillmann, K.-H., "Wör-
    terbuch der Soziologie, 3. Aufl., Stuttgart 1982, S. 166-168, hier S. 166
[4] Vgl. Wächter, H., a.a.O., Sp. 87

mangelnder Qualität, die eine Verallgemeinerung der erzielten Forschungs-
ergebnisse, nicht erlauben.[1]

Da Aktionsforschung bewußt auf bestimmte Abstraktionen oder Übertragun-
gen auf andere Situationen verzichtet, sind die Ergebnisse der **Aktionsforschung auf** die **konkrete Fragestellung beschränkt** und nur in dem zeitlichen und räumlichen Kontext gültig, was in Untersuchungsbereichen mit dynamischen Rahmenbedingungen die Gültigkeit der Ergebnisse zusätzlich ein-
schränkt.[2] Die Aufgabe der Trennung zwischen Praktiker und Wissenschaftler
führt zum Verlust der Objektivität und macht die **Ergebnisse** der Aktionsforschung **gegenüber Falsifikationen immun**, da immer auf die Kontextbedingungen eines Projektes und den Einfluß des Wissenschaftlers verwiesen werden kann.[3]

Die Aktionsforschung läuft Gefahr, eine **Theoriefeindlichkeit** zu entwickeln
und die Praxis zu fetischieren. Ohne Verankerung der sozialen Aktion in der
theoretischen Forschung würde jedoch aus der Aktionsforschung Aktionismus
werden.[4] Aber auch der zentrale Anspruch der Aktionsforschung, die Vermitt-
lung zwischen Theorie und Praxis anzustreben, ist in der Praxis nur schwer zu
verwirklichen und birgt gleichfalls die **Gefahr des Aktionismus**.[5]

2.1.3   Beziehung zwischen Sozialwissenschaften und Aktionsforschung

Die Kritik an der klassischen empirischen Forschung oder ihrer üblichen Methoden soll nicht heißen, daß auf die klassische empirische Forschung verzichtet werden sollte oder ihre Methoden keine Berechtigung hätten,[6] es soll lediglich darauf verwiesen werden, daß die Ergebnisse der Sozialwissenschaften
im Verwendungszusammenhang betrachtet werden sollen.[7] Denn das Ziel der
Sozialwissenschaften kann es nicht sein, einen Status Quo zu erforschen,

---

[1] Vgl. Moser, H., a.a.O., S. 45
[2] Vgl. Wächter, H., a.a.O., Sp. 87
[3] Vgl. Moser, H., a.a.O., S. 45
[4] Vgl. Moser, H., a.a.O., S. 39
[5] Vgl. Kappler, E., a.a.O., Sp. 60
[6] Vgl. Moser, H., a.a.O., S. 116
[7] Vgl. Moser, H., a.a.O., S. 117

sondern sie sollte versuchen, mit ihrer Forschung den Wahrnehmungsbereich - das soziale Feld - zu verändern.[1]

Darüber hinaus sind die Ansprüche der klassichen Methoden der empirischen Sozialforschung wie Objektivität, Reliabilität und Validität nicht frei von Kritik: Die Objektivität ist nicht zu gewährleisten, sobald der Forscher mit den Beforschten in Beziehung tritt. Die Reliabilität ist als Testinstrument von Sprache abhängig, die wiederum einen Einfluß auf die Wahrheit ausübt. Die Validität wird wegen der Kontextabhängigkeit der Untersuchungen häufig angezweifelt.[2]

Das Einhalten dieser Ansprüche war einer der Hauptprobleme der Autoren bei der Erstellung dieser Arbeit, weshalb der Ansatz der Aktionsforschung gewählt wird. Denn aus Sicht der Aktionsforschung führt das Nichterfüllen der genannten Kriterien *nicht* zu einem Verlust an Wissenschaftlichkeit, sofern die Ermittlung der Daten nachvollziehbar dargestellt wird und somit ein Diskurs hierüber geführt werden kann.[3]

Die Organisationsentwicklung im Sinne eines gesellschaftlich bezogenen Wandels von Organisationsstrukturen kann aus der inhaltlichen Interpretation von Aktionsforschung wesentliche Impulse erhalten. Dadurch wird es ermöglicht, den Betroffenen die organisationsbezogenen Strukturen und Prozesse transparent zu machen, die beispielsweise im Rahmen eines Abgleichs des sozialen und technischen Systems im Zuge der Einführung einer ISAS als erforderlich erachtet werden. Die Betroffenen erlangen somit die Möglichkeit, die Strukturen und Prozesse aktiv zu beeinflussen und zu gestalten und sich ihnen gegebenenfalls zu widersetzen.[4]

---

[1] Vgl. Moser, H., a.a.O., S. 13
[2] Vgl. Moser, H., a.a.O., S. 118 ff.
[3] Vgl. Moser, H., a.a.O., S. 122
[4] Vgl. Kappler, E., a.a.O., Sp. 62

2.1.4   Beschreibung des Vorgehens der Autoren

Aus dem breiten Spektrum von Methoden, die die Aktionsforschung zur Eva-
luation, d. h. der "... Sammlung von Daten im Hinblick auf künftige Entscheidungen für oder gegen bestimmte Handlungen ..."[1] , anbietet, wählen die Autoren einen Vergleich mit aus der Literatur bekannten Erkenntnissen.

Im vorliegenden Fall wird ausgehend von den praktischen Erfahrungen der
beiden Autoren bei der Einführung von ISAS die Literatur zu Aussagen dieses
Handlungsfeldes untersucht und in Kapitel fünf zu Thesen zusammengestellt.
Diese Thesen werden danach in Kapitel sechs anhand der praktischen Erfahrungen der Autoren geprüft.

Als problematisch an dem Vorgehen, Vergleiche mit der Literatur durchzuführen, ist, daß die dort aufgeführten Fakten nicht die spezifischen Bedingungen
des Projektes abbilden.[2] Jedoch ist es im Rahmen einer zeitlich begrenzten Diplomarbeit nicht möglich, eine geeignete Alternative zu finden.

Über den betrieblich-organisatorischen Zusammenhang werden im Laufe der
Arbeit ökonomische und kulturelle Einflüsse berücksichtigt. Dies folgt daraus,
daß im Sinne der Aktionsforschung die ISAS-Entwicklung und deren Einsatz
nur im gesellschaftlichen Gesamtzusammenhang erklärbar ist. Dies bezieht
sich erst recht auf die Wechselwirkungen zwischen technischen und organisatorischen Systemen, die nur in ihren gesellschaftlichen Kontexten verständlich
sind. Politische und kulturelle Rahmenbedingungen schränken die Handlungs-
möglichkeiten der verschiedenen Akteure ein, fördern aber auch bestimmte
Entwicklungen in den jeweiligen Systemen, wodurch diese Systeme wiederum
gestützt werden.

2.2   Erklärungsmodelle

Erklärungsmodelle dienen dazu, die Phänomene der Realwelt leichter analysieren zu können. An dieser Stelle soll ein Rückkopplungsmodell entwickelt

---

[1] Vgl. Moser, H., a.a.O., S. 146
[2] Vgl. Moser, H., a.a.O., S. 129

werden, um den Zusammenhang zu den praktischen Erfahrungen der Autoren herzustellen. Es kann gleichzeitig als individueller Beitrag der Autoren zur Aktionsforschung im Rahmen betriebswirtschaftlicher Projekte verstanden werden.

2.2.1 Motivation für das Rückkopplungsmodell

In der Aktionsforschung wechseln sich die Stufen der Forschung - Diagnose, Genese, Prognose - im Sinne eines spiralförmigen Prozesses ab.[1] Ergebnisse werden als Momentaufnahme im Rahmen und in Verbindung des Forschungs-prozesses interpretiert und bilden eine weitere Basis im fortlaufenden zykli-schen Forschungsprozeß.[2]

Diese Kernpunkte der Aktionsforschung bilden für die Autoren die Basis für ihr Rückkopplungsmodel und sollen als Grundlage für die in dieser Arbeit durchzuführende Analyse dienen.

Bei der Einführung von ISAS in Unternehmen lassen sich ihre Auswirkungen auf eine Unternehmensorganisation untersuchen. Dafür ist es notwendig, die stattfindenden Rückkopplungen zu berücksichtigen.

Im Rahmen von organisatorischen Veränderungen läßt sich Aktionsforschung einsetzen, um in Zusammenarbeit mit den betroffenen Mitarbeitern als Organi-sationsmitglieder ihre Interessen zu berücksichtigen, damit die Fähigkeit der Gesamtorganisation gesteigert wird, flexibel und anpassungsfähig reagieren zu können.[3] Insbesondere diese Flexibilität und Anpassungsfähigkeit sollen durch die Rückkopplungen im Modell verdeutlicht werden.

Die Autoren haben im Zusammenspiel mit Management und Anwendern sowie Organisation und ISAS agiert, was es ihnen ermöglicht, im Rahmen der Aktionsforschung Thesen aufzustellen. Für den betrachteten Zeitraum wird vorausgesetzt, daß die betrachteten ISAS als gegeben und in ihrem

---

[1] Vgl. Wächter, H., a.a.O., Sp. 83
[2] Vgl. Kappler, E., a.a.O., Sp. 55/56
[3] Vgl. Otto, K.-P. / Wächter, H., a.a.O., S. 87

Entwicklungsstand als im wesentlichen nicht veränderbar angesehen werden. Die in der ISAS vorgesehenen Parametrisierungen und Anpassungen der Auswertungsberichte lassen dennoch erhebliche individuelle Ausprägungen der ISAS zu. Betrachtet wird daher die Ausschöpfung vorgedachter Ausprägungsmöglichkeiten der ISAS. Gleichfalls beziehen sich die betrachteten Anpassungen im Unternehmen für den betrachteten Zeitraum im wesentlichen auf die arbeitsorganisatorische Ebene.

2.2.2 Erläuterung des Rückkopplungsmodells

Das Rückkopplungsmodell soll die Wechselwirkungen zwischen dem ISAS-Einsatz und den organisatorischen Strukturen betrachten. Die ISAS wird in dem betrachteten Zeitrahmen als gegeben hingenommen.

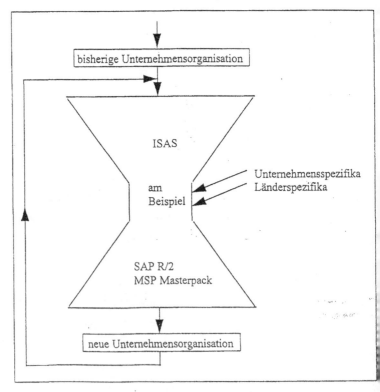

Abb.1: Das Rückkopplungsmodell

Die Analyse bezieht sich auf die einzelnen Mitarbeiter im Unternehmen und darauf aufbauend auf die Auswirkungen des ISAS-Einsatzes in den betrachteten Unternehmen (seitlicher Pfeil 'Unternehmensspezifika'). Dabei soll auch auf die länderspezifischen Unterschiede zwischen den deutschen und den südostasiatischen Verhältnissen eingegangen werden, aus denen möglicherweise eine unterschiedliche Nutzung der ISAS resultiert (seitlicher Pfeil 'Länderspezifika').

Folgende Unternehmens- und Länderspezifika lassen sich beispielsweise anführen:

- Bedingungen auf dem Arbeitsmarkt,

- wirtschaftliche Situation des anwendenden Unternehmens,

- rechtliche Rahmenbedingungen,

- das anvisierte Marktsegment,

- Unternehmenskultur,

- kulturelle Einflüsse.

Ausgangspunkt ist ein idealtypisches Unternehmen, das für den Einsatz einer ISAS vorbereitet ist. Sowohl während der Einführungsphase als auch während der Nutzungsphase finden erhebliche Wechselwirkungen zwischen der ISAS und der Organisationsstruktur statt. Als Folge werden schrittweise ISAS-Ausprägungen und organisatorische Anpassungen vorgenommen, um die sich ergebenden Gestaltungspotentiale möglichst optimal auszunutzen.

Da festgefügte Unternehmensstrukturen nicht ohne weiteres aufgebrochen werden können, läßt sich eine ISAS-Einführung verwenden, um organisatorisch notwendige Veränderungen begründen zu können. Damit werden Veränderungen ermöglicht, ohne bereits im Vorfeld an vielfältigen Widerständen zu scheitern.

Solche Widerstände liefern Ansatzpunkte für das Handeln im Sinne der Aktionsforschung, das an diesen Bruchstellen zum Wesentlichen des sozialen Systems führt. Die konfliktreichen und häufig von Machtinteressen überlagerten Situationen lassen sich über die teilnehmende Beobachtung am besten erfassen. Häufig treten solche Situationen unerwartet auf und sind vordergründig kaum erklärbar. Daher ist es zur angemessenen Analyse dieser Situationen meist notwendig, als Teilnehmer die Kontextbedingungen zu kennen.[1]

Hieraus wird deutlich, daß die Akzeptanz neuer Technologien dann am größten ist, wenn vorhandene Organisationsstrukturen möglichst unverändert abgebildet werden. Jedoch ist zu bedenken, daß diese Strukturen nach dem Einsatz aufgrund der neugeschaffenen Möglichkeiten überdacht und schrittweise geändert werden sollten, um das volle Potential der neuen Techniken auszuschöpfen.[2]

---

[1] Vgl. Moser, H., a.a.O., S. 134
[2] Vgl. Rödiger, K.-H., "Gestaltungspotential und Optionscharakter", in: Rauner, F. (Hrsg.), "Gestalten - eine neue gesellschaftliche Praxis", Bonn 1988, S. 71-81, hier S. 78 f.

3   ORGANISATIONSBEZOGENE GRUNDLAGEN

In diesem Kapitel geht es um die Klärung organisationsbezogener Begriffe, die für den Einsatz moderner Informationstechnik grundlegend sind. Aufgrund der interdisziplinären Themenstellung kann eine scharfe Trennung zwischen Organisation und Informationstechnik nicht problemlos vorgenommen werden.[1] Informationstechnische Grundlagen werden dann in diesem Kapitel behandelt, wenn sie in unmittelbarem Zusammenhang zur Organisation stehen. Der Austausch zwischen den Angehörigen der Disziplinen Informatik und Betriebswirtschaft soll durch ein gemeinsames Begriffsverständnis erleichtert werden, womit auch die gemeinsame Verantwortung der verschiedenen Disziplinen unterstrichen werden soll.[2]

3.1   Organisatorische Grundbegriffe

Zentrale Begriffe für diese Arbeit sind Information, Kommunikation, Standardisierung und Integration. Diese sollen erläutert werden, da ihre Konnotationen in der Betriebswirtschaftslehre und in der Informatik teilweise differieren und da sie darüber hinaus von Disziplinfremden mit verfälschenden oder verallgemeinernden Inhalten verwendet werden.

3.1.1   Information

Informationen stellen Kenntnisse über bestimmte Sachverhalte und Vorgänge in einem Teil der wahrgenommenen Realität dar. *Betriebswirtschaftlich* ist insbesondere *das pragmatische Verständnis* bedeutsam, da die Zweckorientierung im Hinblick auf die organisatorische Aufgabenerfüllung im Mittelpunkt steht.[3] Die Zweckorientierung ergibt sich für ein Unternehmen aus seiner

---

[1] Dies gilt beispielsweise für die Integrationsarten.
[2] Vgl. Rolf, A., "Informatik und Gestaltung", in: InfoTech, 5. Jg. (1993), Heft 4, S. 16-22, hier S. 16
[3] Vgl. Berthel, J., "Information", in: Dichtl, E. / Issing, O. (Hrsg.), "Vahlens Großes Wirtschaftslexikon", Bd. 1, München 1987, S. 859-860, hier S. 859

Aufgabenstellung, Dienstleistungen oder Produkte zu erzeugen und abzusetzen.[1]

Um Informationen zielgerichtet nutzen zu können, müssen sie verfügbar sein oder beschafft werden. Daher können Informationen und die zu ihrer Erlangung bereitgestellten Mittel als knappe Ressourcen angesehen werden.[2] Eine ISAS kann zur Deckung bestehender nicht befriedigter Bedarfe der Informationsversorgung und Kommunikationsbeziehungen eingesetzt werden.[3]

3.1.2 Kommunikation

Als Kommunikation wird der Vorgang des Austausches einer oder mehrerer Informationen verstanden.[4]

Betriebswirtschaftlich wird mit Kommunikation ein Austausch von Information zur aufgabenbezogenen Verständigung bezeichnet.[5] Sie dient der Koordination der betrieblichen Teilbereiche und der Einzelaufgaben der Stelleninhaber, die durch die Arbeitsteilung eines komplexen Prozeßablaufes entstanden sind.[6]

Vom EDV-gestützten Kommunikationssystem ist das durch die Organisation geschaffene Kommunikationssystem zu unterscheiden. Das Kommunikationssystem eines Unternehmens besteht also aus mindestens zwei Teilbereichen - der durch die EDV geschaffenen *technischen* Kommunikationsstruktur und der durch die Organisation aufgebauten *formalen* Kommunikationsstruktur.[7] Die formalen Aspekte der Kommunikationsprobleme beziehen sich auf die Behandlung der im Gesamtunternehmen oder in einem Teilbereich gegebenen

---

[1] Vgl. Berthel, J., "Betriebliche Informationssysteme", Stuttgart 1975, S. 13
[2] Vgl. Cleveland, H., "Information as a ressource", in: The McKinsey Quarterly, o. Jg. (1983), Heft 8, S. 37-41, hier S. 37 ff.
[3] Vgl. Sandler, C. H., "Innovative Technologien im Vertrieb", Frankfurt am Main 1986, S. 32
[4] Vgl. Berthel, J., Informationssysteme, a.a.O., S. 16
[5] Vgl. Reichwald, R., "Kommunikation", in: Baetge, J. et. al. (Hrsg.), "Vahlens Kompendium der Betriebswirtschaftslehre", Bd. 2, München 1984, S. 377-406, hier S. 380
[6] Vgl. Berthel, J., Informationssysteme, a.a.O., S. 16
[7] Vgl. Brönimann, C., "Aufbau und Beurteilung des Kommunikationssystems von Unternehmungen", Bern 1970, S. 78

Informationen und auf die zweckmäßige Organisation des Informationsflusses.[1]

3.1.3 Standardisierung

"Unter Standardisierung soll das antizipierende Durchdenken von Problemlösungswegen und die darauf aufbauende Festlegung von Aktivitätsfolgen verstanden werden, so dass diese im Wiederholungsfall mehr oder weniger routinisiert und gleichartig ablaufen."[2]

Die Standardisierung informationstechnischer Fragestellungen betrifft beispielsweise die Datenübertragung und die Benutzerschnittstellen. Die Standardisierung betriebswirtschaftlich-organisatorischer Elemente findet sich zum Beispiel für die Finanzbuchhaltung in Form der T-Kontenstruktur, den Buchungssätzen und Kontierungsrichtlinien.[3]

Für die Benutzerschnittstelle als Bestandteil der **informationstechnischen Standardisierung** ist anzustreben, daß sowohl Eingaben als auch Ausgaben unterschiedlicher Anwendungen standardisiert sind, damit der Anwender ohne großen Lernaufwand und ohne Umgewöhnung zwischen verschiedenen Anwendungen wechseln kann.[4]

Betrieblich-organisatorische Standardisierung beschreibt den Grad der Regelung von Arbeitsabläufen. Diese Regelungen lassen sich beispielsweise in Form von Aufgabenbeschreibungen festhalten.[5]

---

[1] Vgl. Brönimann, C., a.a.O., S. 13
[2] Hill, W. / Fehlbaum, R. / Ulrich, P., "Organisationslehre", Bd. 1, 4. Aufl., Bern - Stuttgart 1989, S. 266
[3] Vgl. Scheer, A.-W., "EDV-orientierte Betriebswirtschaftslehre", 4. Aufl., Berlin u. a. 1990, S. 112
[4] Vgl. Krcmar, H., "Integration in der Wirtschaftsinformatik - Aspekte und Tendenzen", in: SzU, "Integrierte Informationssysteme", Bd. 44, Wiesbaden 1991, S. 3-18, hier S. 6
[5] Vgl. Reichwald, R., "Büroautomation, Bürorationalisierung und das Wirtschaftlichkeitsproblem", in: SzU, "Büroautomation", Bd. 42, Wiesbaden 1990, S. 65-92, hier S. 75 f.

3.1.4   Integration

Im Rahmen dieser Arbeit werden die informationstechnische und die betrieblich-organisatorische Integrationsebene unterschieden. Unter informationstechnischer Integration werden die Datenintegration und die Datenstrukturintegration zusammengefaßt. Die betrieblich-organisatorische Integration umfaßt die Modulintegration und die Funktionsintegration.

Zielrichtung einer Integration können eine Aufgabe, ein Mitarbeiter, ein Team oder ein ganzes Unternehmen bilden. Das integrierte Betrachten aller Unternehmensbereiche kann als ganzheitliche Sicht des Unternehmens bezeichnet werden.[1]

Grundlegende Voraussetzung einer unternehmensweit integrierten Informations- und Kommunikations-Verarbeitung[2] ist somit eine für alle Unternehmensbereiche **gemeinsame Datenbasis**, die die Teilsysteme zu einem Gesamtsystem zusammenführt. Dabei kommt der Herstellung und dem Aufzeigen von Querverbindungen und Verweisen zwischen den unterschiedlichen Unternehmensprozessen eine besondere Bedeutung zu.[3]

Bei der *betrieblich-organisatorischen* Integration geht es darum, dezentrale Vorgänge verschiedener Ebenen wieder zusammenzuführen, sämtliche Einzelbereiche umfassend zu koordinieren und einen Ausgleich zwischen einer Arbeitsteilung und einer ressortübergreifenden Koordination herzustellen, der zu einer optimalen Effizienz der Organisation führt.[4]

---

[1] Vgl. Krcmar, H., a.a.O., S. 8
[2] Im folgenden wird 'Information und Kommunikation' durch IuK abgekürzt.
[3] Vgl. Scholz, M. / Weichhardt, F., "Aufbruch der Informationsverarbeitung zu einem unternehmensweiten Informationsmangement", in: Fuhrmann, S. / Pietsch, T. (Hrsg.), "Marktorientiertes Informations- und Kommunikationsmanagement in Unternehmen", Berlin 1990, S. 153-176, hier S. 157
[4] Vgl. Wössner, M., "Integration und Flexibilität - Unternehmensführung in unserer Zeit", in: Adam, D. et. al. (Hrsg.), "Integration und Flexibilität", Wiesbaden 1990, S. 61-77, hier S. 72

3.2   Organisation

Betriebliche Organisationen als sozio-technische Systeme werden als offene Systeme verstanden, die mit ihrer Umwelt in einem Beziehungszusammenhang stehen. Die beiden Teilsysteme - das soziale und das technische - funktionieren nach verschiedenen Regeln.[1] Die Optimierung der Organisation als ein soziotechnisches System erfordert das Zusammenwirken des technischen und des sozialen Teilsystems.[2] Das technische Teilsystem ist daher unter Berücksichtigung arbeits- und organisationsgestalterischer Anforderungen zu verbessern, während im sozialen Teilsystem die technischen Randbedingungen zu beachten sind.[3]

Ausgehend vom sozio-technischen Systemansatz stehen im Zusammenwirken technischer und sozialer Subsysteme sowohl die Befriedigung individueller Bedürfnisse der Mitarbeiter als auch die Zielerfüllung der Organisation im Mittelpunkt des Interesses.[4]

3.2.1   Aufgaben

Die im Rahmen dieser Arbeit vorgenommene informationsverarbeitungsorientierte Kategorisierung der Aufgaben führt zu folgenden Aufgabenarten:

Nicht formalisierbare Aufgaben, die einzelfallorientiert und tendenziell in den oberen Hierarchieebenen vorherrschend sind, teilweise formalisierbare Aufgaben, die von der einfachen zur qualifizierten Sachbearbeitung reichen und mit den Aufgabenträgern der mittleren Hierarchieebenen in Verbindung gebracht werden, sowie formalisierbare Aufgaben, die einen starken Routinecharakter

---

[1] Vgl. Frei, F. et. al., "Die kompetente Organisation, Qualifizierende Arbeitsgestaltung - die europäische Alternative", Stuttgart 1993, S. 53

[2] Frei, F. et. al. verstehen das technische Teilsystem i. e. S., d. h. als physische Objekte und Abläufe einschließlich der Gebäude und Räumlichkeiten; das soziale Teilsystem ist die "... Gesamtheit aller personalen, organisationalen und unternehmenskulturellen Bedingungen." Vgl. Frei, F. et. al., a.a.O., S. 173

[3] Vgl. Frei, F. et. al., a.a.O., S. 149

[4] Vgl. Krallmann, H. / Pietsch, T., "Die Dreidimensionalität der Büroautomation", in: SzU, "Büroautomation", Bd. 42, Wiesbaden 1990, S. 3-24, hier S. 10

aufweisen und deren Anteil auf den unteren Hierarchieebenen am höchsten ist.[1]

Vom pyramidenförmigen Aufbau der Organisation ausgehend nimmt auf höherer Hierarchieebene tendenziell die Standardisierbarkeit der Aufgaben ab und umso geringer ist der Anteil, der sich innerhalb der ISAS abbilden läßt. Betrachtet man untergeordnetete Hierarchieebenen, so kann tendenziell eine Zunahme der Standardisierbarkeit beobachtet werden, was mit einer Zunahme der Abbildbarkeit in der ISAS gleichzusetzen ist.

Die Festlegung von Aufgaben erfolgt sowohl unter aufbau- als auch unter ablauforganisatorischen Gesichtspunkten. Dazu wird eine Charakterisierung der Aufgaben anhand der Merkmale Verrichtungsvorgang, Verrichtungsobjekt, zur Verrichtung notwendiger Arbeiten und Hilfsmittel sowie räumlicher und zeitlicher Bezug vorgenommen.[2]

3.2.2 Aufbauorganisation

Als Aufbauorganisation wird eine Struktur mit einem längerwährenden Charakter und festschreibbaren Beziehungen zwischen Stellen und Abteilungen bezeichnet.[3] Innerhalb der Aufbauorganisation erfolgt die Zuordnung der Aufgaben zu den Instanzen.[4]

Im Rahmen der Aufbauorganisation spielen insbesondere die Hierarchie, die Qualifikation, die Kompetenz und die Macht eine Rolle, auf die im folgenden eingegangen wird.

---

[1] Vgl. Picot, A. / Reichwald, R., "Bürokommunikation - Leitsätze für den Anwender", 3. Aufl., Hallbergmoos 1987, S. 70 ff.

[2] Vgl. Kosiol, E., "Aufbauorganisation", in: Grochla, E. (Hrsg.), HWO, 2. Aufl., Stuttgart 1980, Sp. 179-187, hier Sp. 181

[3] Vgl. Hoffmann, F., "Aufbauorganisation", in: Frese, E., (Hrsg.), HWO, 3. Aufl., Stuttgart 1992, Sp. 208-221, hier Sp. 208 f.

[4] Vgl. Wöhe, G., "Einführung in die Allgemeine Betriebswirtschaftslehre, 18. Aufl., München 1993, S. 182

Eine **Hierarchie** ist zu verstehen als eine Struktur von Über- und Unterord-
nungsrelationen.[1] Die einzelnen 'Knoten' in dieser Struktur sind Stellen oder
Abteilungen. Eine Stelle ist innerhalb der Aufbauorganisation eines Unternehmens das kleinste personenbezogene Strukturierungskriterium bei der organisatorischen Aufgabenverteilung.[2] Die Zusammenführung mehrerer Stellen
nach festgelegten Kriterien (z. B. Aufgaben, Produkte, Regionen), die ab einer
bestimmten Unternehmensgröße zur Handhabung der organisatorischen Komplexität notwendig wird, führt zu organisatorischen Einheiten, die als Abteilungen bezeichnet werden.[3]

Probleme großer Hierarchien bestehen darin, daß mit einer steigenden Anzahl
involvierter Stellen auch die Gefahr des Informationsverlustes zunimmt und
einige Stellen lediglich damit betraut sind, Informationen weiterzugeben, ohne
sie verwerten zu können.[4]

Unter **Qualifikation** wird die Gesamtheit aller persönlichkeitsspezifischen
Kenntnisse und Fähigkeiten verstanden.[5] Es lassen sich die fachliche und die
Führungsqualifikation unterscheiden. Die fachliche Qualifikation bezieht sich
auf das Fachwissen auf einem Sachgebiet und läßt sich auch der Informations-
und Expertenmacht zuordnen. Die Führungsqualifikation bezieht sich auf die
Fähigkeit, gezielten Einfluß auf andere Organisationsmitglieder auszuüben.[6]

Kompetenz wird im betrieblich-organisatorischen Sinne verstanden als die
Ausstattung mit Rechten und Befugnissen. Die Zuweisung von Kompetenzen
bildet die formale Grundlage für einen Stelleninhaber, handelnd tätig zu

---

[1] Vgl. Krüger, W., "Wechselwirkungen zwischen Autorität, Wertewandel und Hierarchie", in:
   Seidel, E. / Wagner, D. (Hrsg.), "Organisation - Evolutionäre Interdependenzen von
   Kultur und Struktur der Unternehmung", Wiesbaden 1989, S. 91-106, hier S. 94
[2] Vgl. Thom, N., "Stelle, Stellenbildung und -besetzung", in: Frese, E., (Hrsg.), HWO,
   3. Aufl., Stuttgart 1992, Sp. 2321-2333, hier Sp. 2321
[3] Vgl. Kieser, A. / Kubicek, H., "Organisation", 3. Aufl., Berlin - New York 1992, S. 80
[4] Vgl. Brönimann, C., a.a.O., S. 101
[5] Vgl. Remer, A., "Instrumente unternehmenspolitischer Steuerung", Berlin - New York 1982,
   S. 327
[6] Vgl. Niederfeichtner, F., "Qualifikation als Führungsproblem", in: Kieser, A. / Reber, G. /
   Wunderer, R. (Hrsg.), HWFü, Stuttgart 1987, Sp. 1749-1758, hier Sp. 1749 f.

werden. Kompetenzen haben daher einen wesentlichen Einfluß auf den individuellen Handlungsspielraum eines Organisationsmitgliedes.[1] In engem Zusammenhang mit der Kompetenzverteilung steht die Dezentralisierung, mit der neben den Kompetenzen die Verantwortlichkeit für die Erfüllung der Aufgaben übertragen wird.[2]

Für den einzelnen Aufgabenträger impliziert die Zugriffsmöglichkeit auf die ISAS eine verbesserte Informationsversorgung, woraus sich eine erweiterte Auskunftskompetenz ableitet.

Im Hinblick auf **Macht** können unternehmenspolitische Prozesse als Umgang mit Konflikten betrachtet werden, in denen sämtliche Unternehmensmitglieder versuchen, ihre Ziele und Interessen durchzusetzen und zu sichern. Unternehmenspolitik ist daher ein sozialer Prozeß, in dem Auseinandersetzungen im wesentlichen gekennzeichnet sind durch Macht bzw. Machtausübung.[3]

Der Besitz von Informationen sowie das Zugriffsrecht auf Informationen gelten in Unternehmen als Statussymbol oder Machtmittel. Die Weitergabe von Informationen bzw. das Vorenthalten von Informationen erfolgt daher häufig aus persönlich-taktischen Gründen.[4]
In Verbindung mit einer ISAS spielt die Informations- und Expertenmacht[5] eine besondere Rolle. Informationsmacht wird durch die Vergabe entsprechender Zugriffsrechte innerhalb der ISAS entscheidend vorbestimmt, womit bisherige Machtstrukturen aufgebrochen werden können. Expertenmacht bedeutet in diesem Zusammenhang das Verständnis der Komplexität und der Abläufe der ISAS. Dies kann zu erheblichen Machtverschiebungen zugunsten derjenigen führen, die frühzeitig das Handling der ISAS beherrschen.

---

[1] Vgl. Bleicher, K., "Kompetenz", in: Grochla, E. (Hrsg.), HWO, 2. Aufl., Stuttgart 1980, Sp. 1056-1064, hier Sp. 1056 f.
[2] Vgl. Picot, A., "Organisation", in: Baetge, J. et. al. (Hrsg.), Vahlens Kompendium der Betriebswirtschaftslehre, Bd. 2, München 1984, S. 95-158, hier S. 122 f.
[3] Vgl. Dorow, W., "Unternehmenspolitik", Stuttgart u. a. 1982, S. 19 ff.
[4] Vgl. Berthel, J., Informationssysteme, a.a.O., S. 89
[5] Vgl. French, J.R.P. / Raven, B.H., "The Bases of Social Power", in: Cartwright, D. / Arbor, A. (Hrsg.), "Studies in Social Power", Michigan 1959, S. 150-167, hier S. 164

3.2.3 Ablauforganisation

Unter **Ablauforganisation** werden die Arbeitsprozesse verstanden, die innerhalb der Aufbaustruktur ablaufen.[1] In der Ablauforganisation wird die Erfüllung der Aufgaben nach räumlichen und zeitlichen Vorgängen festgelegt. Dabei werden die Mitarbeiter, die Arbeitsmittel, die Arbeitsobjekte und Informationen in einen Beziehungszusammenhang gebracht und strukturiert.[2]

Im Zusammenhang mit der Wirkungsuntersuchung der ISAS interessieren im
Bereich der Ablauforganisation vor allem die Punkte Arbeitsteilung,
Koordination und Prozeßketten, die im folgenden dargestellt werden.

Die **Arbeitsteilung** im Rahmen einer Organisation ermöglicht es, die Gesamtaufgabe eines Unternehmens in überschaubare Teilaufgaben zu untergliedern.[3] Bei der Zuordnung von Teilaufgaben zu strukturellen Organisationseinheiten ist danach zu unterscheiden, ob nach dem Merkmal der Verrichtung
oder des Objektes der Aufgabenerfüllung vorgegangen wird.[4] ·

Die direkte Konsequenz der Arbeitsteilung besteht darin, daß durch die Zu-
sammenfassung ähnlicher Tätigkeiten eine Stelle gebildet wird, woraus eine
leichtere Einarbeitungsmöglichkeit und eine höhere Spezialisierung des einzelnen folgt.[5]
Zwar werden durch die Spezialisierung in den Fachabteilungen die isoliert betrachteten Teilaufgaben schneller und kostensparender bearbeitet als in einer
ganzheitlichen Unternehmensorganisation, jedoch verursachen die vielfältigen

---

[1] Vgl. Wedekind, E., "Interaktive Bestimmung von Aufbau- und Ablauforganisation als Instrument des Informationsmanagements", Diss., Bonn 1987, S. 11
[2] Vgl. Wedekind, E., a.a.O., S. 23 f.
[3] Vgl. Bössmann, E., "Die ökonomische Analyse von Kommunikationsbeziehungen in Organisationen", Habil., Berlin - Heidelberg - New York 1967, S. 1
[4] Vgl. Grochla, E., "Grundlagen der organisatorischen Gestaltung", Stuttgart 1982, S. 96 ff.
[5] Vgl. Wöhe, G., a.a.O., S. 184

Kommunikations- und Koordinationserfordernisse zwischen den Fachabteilungen hohe Kosten und Zeitverluste.[1]

Die mit der Arbeitsteilung verbundene Zerlegung der Gesamtaufgabe in Teilaufgaben erfordert die **Koordination** der Teilaufgaben sowohl in sachlicher
als auch in zeitlicher Hinsicht. Die Koordination übernimmt die Aufgabe, die
Einzelleistungen aufeinander abzustimmen.[2]
Die wesentliche Aufgabe eines betrieblichen Informationssystems besteht in
seiner Koordinationsfunktion.[3] Der Teil der Koordination, der einen hohen
Formalisierungsgrad aufweist, läßt sich in einer ISAS abbilden. Damit besteht
die Möglichkeit, diesen Teil der dispositiven Tätigkeiten der ISAS zu übertragen, womit der Anteil dispositiver Tätigkeit zurückgeführt werden kann.

Eine **Prozeßkette** ist zu verstehen als ein logischer Aufbau von Geschäftsvorfällen, wobei ein Geschäftsvorfall eine Abbildung einer betrieblichen Aufgabenstellung (z. B. Rechnungseingang, Zahlungsausgang) einschließlich der
Beschreibung der dazu notwendigen Arbeitsschritte darstellt. Ein Arbeits-
schritt bildet in einem Geschäftsvorfall die betrachtete kleinste Einheit.[4]

Die ISAS ist zu verstehen als ein Mittel zur Integration und ermöglicht damit
eine ganzheitliche Sicht der betrieblichen Aufgaben. Dabei wird die ISAS als
eine Querschnittsfunktion verstanden, die sämtliche Bereiche der Wertschöp-
fungskette eines Unternehmens erfaßt. Aus der Integration ergeben sich bessere Möglichkeiten zur Koordination und zusätzliche Gestaltungsmöglichkeiten
zur Strukturierung der Arbeitsorganisation sowie der Führungs- und Entscheidungsprozesse.[5] Hieraus wird deutlich, daß das Wertschöpfungsketten-Modell

---

[1] Vgl. Pietsch, T. / Fuhrmann, S., "Erfolgreicher Strukturwandel durch leistungsfähiges Management, strategische Unternehmensführung und anforderungsgerechte Personalqualifikation", in: Fuhrmann, S. / Pietsch, T., (Hrsg.), "Marktorientiertes Informations- und
Kommunikationsmanagement im Unternehmen", Berlin 1990, S. 129-152, hier S. 146
[2] Vgl. Rühli, E., "Koordination", in: Frese, E. (Hrsg.), HWO, 3. Aufl., Stuttgart 1992,
Sp. 1164-1175, hier Sp. 1168 f.
[3] Vgl. Bössmann, E., a.a.O., S. 43
[4] Vgl. Boll, M., "Prozeßorientierte Implementation des SAP-Softwarepaketes", in: WI, 35. Jg.
(1993), Heft 5, S. 418-423, hier S. 422
[5] Vgl. Reichwald, R., Büroautomation, a.a.O., S. 68

Porters sowohl in einer ISAS realisiert als auch durch eine ISAS unterstützt werden kann.

Diese integrative Sichtweise führt zu einer Verlagerung von der Bereichsorientierung zur Prozeßorientierung.[1]

Anhand der Beschreibung von Geschäftsvorfällen lassen sich notwendige aufbau- und ablauforganisatorische Anpassungen vornehmen.[2]

3.2.4   Organisationsstrukturen

Unterscheiden lassen sich zwei idealtypische Strukturen der Unternehmensorganisation. Es handelt sich dabei um die verrichtungsorientierte und die objektorientierte Organisation.

Durchgängige Ansätze zur Erklärung der Wahl einer bestimmten Organisationsstruktur für Unternehmen lassen sich nicht finden.[3] Zunehmender **Einfluß auf die Organisationsstruktur** und dessen Handhabung im Unternehmen wird dem **Produktionsfaktor Information** zugerechnet.[4]

Die zentrale Frage der Einführung und der Anwendung von ISAS bezieht sich darauf, ob sich das Unternehmen bei der Ausnutzung der sich bietenden organisatorischen Gestaltungsspielräume eher an der ISAS oder an den betrieblichen Strukturen orientiert.

Die **funktionsorientierte Organisation** führt zu Reibungsverlusten sowohl aus organisatorischer Sicht als auch aus informatorischer Sicht. Die wenig aufeinander abgestimmten Abläufe zwischen den Funktionalabteilungen führen zu Insellösungen der EDV und den damit verbundenen unternehmensweiten Nachteilen wie Daten-Redundanz, Mehrfacherfassungen sowie Medienbrüche. Die daher notwendige Integration erfordert eine grundlegende Änderung der

---

[1] Vgl. Becker, J., "CIM-Integrationsmodell. Die EDV-gestützte Verbindung betrieblicher Bereiche", Berlin - Heidelberg - New York 1991, S. 6
[2] Vgl. Boll, M., a.a.O., S. 422
[3] Vgl. Wittstock, M., "Die Auswirkungen neuer Informations- und Kommunikationstechniken auf mittelständische Unternehmen", Stuttgart 1987, S. 42
[4] Vgl. Wittstock, M., a.a.O., S. 47

Ablauforganisation bei den Prozeßketten eines Unternehmens. Aus den ablauforganisatorischen Anpassungen resultieren wiederum Änderungen in der Aufbauorganisation.[1]

Wesentliche Voraussetzung für eine **objektorientierte Organisationsstruktur** ist eine integrierte Informationsverarbeitung mit zentraler Datenbasis.[2] Weiterhin muß eine Zugriffsmöglichkeit auf sämtliche Informationen, die die Bearbeitung des Vorganges erforderlich macht, gegeben sein. Dabei müssen die Informationen aktuell und örtlich ungebunden zur Verfügung stehen.[3] Diese Voraussetzung läßt sich durch den Einsatz einer ISAS erfüllen.

---

[1] Vgl. Pocsay, A., "Methoden- und Tooleinsatz bei der Erarbeitung von Konzeptionen für die integrierte Informationsverarbeitung", in: SzU, "Integrierte Informationssysteme", Bd. 44, Wiesbaden 1991, S. 65-80, hier S. 66

[2] Vgl. Pietsch, T. / Fuhrmann, S., a.a.O., S. 146

[3] Vgl. Schwetz, R., "Arbeitsplatz Büro. Umstrukturierung der Büroarbeit durch Kommunikationssysteme", in: net, 37. Jg., (1983), Heft 2, S. 54-59, hier S. 59

4   INFORMATIONSTECHNISCHE GRUNDLAGEN

Im Rahmen dieses Kapitels soll auf ISAS im allgemeinen und auf die von den Autoren betrachteten Softwaresysteme im besonderen eingegangen werden. Hieraus werden Folgerungen für die vorzunehmende Analyse gezogen.

4.1   Integrierte Standard-Anwendungssoftware

Integrierte Standard-Anwendungssoftware vereint die Merkmale der integrierten Software, der Standardsoftware und der Software für betriebliche Anwendungen.

Unter einer ISAS soll ein 'impliziter Informations-Manager' verstanden werden, der bei angemessenem Einsatz das Mißmanagement der Ressource Information begrenzen kann.[1] Durch ein solches System wird demzufolge die Bereitstellung der unternehmensrelevanten Informationen ermöglicht. Die Auswertung muß jedoch weiterhin durch den Anwender erfolgen, z. B. als Interpretation einer automatisch erstellten Bilanz. Die vielfältigen Möglichkeiten der Informationsaufbereitung in Form von Berichten stellen ein geeignetes Hilfsmittel zur strategischen Informationsplanung dar und können somit zu Wettbewerbsvorteilen genutzt werden.[2]

Eine solche Software umfaßt *alle* betrieblichen Funktionen wie Finanzbuchhaltung, Auftragsabwicklung, etc. Die Module, mit denen diese betrieblichen Funktionen abgebildet werden, verwenden *dieselbe* Datenbank, so daß keine datentechnischen Schnittstellenprobleme entstehen und die Datenintegrität gewährleistet wird. *Alle* Unternehmensebenen von der Geschäftsführung bis zur Sachbearbeitung sind in der ISAS abgebildet, und *sämtliche* Phasen der unternehmerischen Aufgaben von der Planung über die Ausführung bis hin zur

---

[1] Vgl. Angermeyer, H. C., "Die Einführung von Informations-Management - eine Führungsaufgabe", in: ZfO, 62. Jg. (1993), Heft 4, S. 235-241, hier S. 235 f.

[2] Vgl. Fricke, J. / Neumann, T., "Strategische Informationsplanung", in: ZfO, 62. Jg. (1993), Heft 5, S. 304-311, hier S. 305

Kontrolle lassen sich mit ihr durchführen,[1] so daß sie auch als entscheidungs-
unterstützendes System verstanden werden kann.

Die Relevanz einer integrierten Standard-Anwendungssoftware ergibt sich aus
dem in den Unternehmen vorherrschenden Bedürfnis nach integrierten Ge-
samtlösungen, mit deren Hilfe eine ganzheitliche Sichtweise des Unternehmens[2] und somit eine Verfolgung der Unternehmensziele mit Hilfe von be-
reichs- bzw. abteilungsübergreifenden Maßnahmen realisierbar wird.[3] Damit
läßt sich die Anforderung erfüllen, daß Informationen nicht nur in einer Abteilung, sondern vielmehr unternehmensweit koordiniert und zusammenwirkend
verfügbar gemacht werden müssen.[4]

Um die ganzheitliche Sichtweise abbilden zu können, muß eine ISAS eine
Real-Time-Kommunikation gestatten, eine Erweiterbarkeit muß gewährleistet
werden und die Zugriffsrechte müssen unternehmensweit flexibel gestaltbar
sein.

Die dialogorientierte **Real-Time**-Kommunikation zwischen Mensch und Ma-
schine muß von einer integrierten Standard-Anwendungssoftware erfüllt werden. Daraus folgt, daß Veränderungen durch einen Vorgang zu zeitgleichen
und automatischen Fortschreibungen in sämtlichen Vorgängen, die mit dem
ändernden Vorgang in einem sachlichen Bezug stehen, führen.[5] "Solche ..

---

[1] Vgl. Österle, H., "Unternehmensstrategie und Standardsoftware: Schlüsselentscheidungen
für die 90er Jahre", in: Österle, H. (Hrsg.), "Integrierte Standardsoftware: Entscheidungshilfen für den Einsatz von Softwarepaketen", Bd. 1, Hallbergmoos 1990, S. 11-36,
hier S. 15

[2] Vgl. Ortner, E., "Unternehmensweite Datenmodellierung als Basis für integrierte Informationsverarbeitung in Wirtschaft und Verwaltung", in: WI, 33. Jg. (1991), Heft 4,
S. 269-280, hier S. 270

[3] Vgl. Binder, R. / Stickel, E., "Entwurf und Entwicklung eines Information-Engineering-
Konzeptes", in: Rau, K.-H. / Stickel, E. (Hrsg.), "Software Engineering- Erfahrungsbe-
richte aus Dienstleistungsunternehmen, Handel und Industrie", Wiesbaden 1991,
S. 67-94, hier S. 76

[4] Vgl. Kattler, T., "Office Automation: Spiegelbild der Realität", in: OM, 40. Jg. (1992),
Heft 11, S. 41-45, hier S. 41

[5] Vgl. Sinzig, W., "Datenbankorientiertes Rechnungswesen", 3. Aufl., Berlin u. a. 1990,
S. 303

Realtime-Anwendungen wirken sich auf Arbeitsinhalte und Verantwortlichkeiten im Fachbereich ... aus. Die Abläufe werden transparenter, die Tätigkeiten rücken näher zum Anwender und werden dadurch für diesen
nachvollziehbar."[1]

Voraussetzung für eine Real-Time-Verarbeitung ist die Dialogverarbeitung.
Diese erlaubt im Vergleich zur Batchverarbeitung die Ausrichtung der Planung anhand von Ereignissen, die Funktionsintegration auf einem Arbeitsplatz
und das interaktive Abfragen von Informationen bei der
Entscheidungsfindung.[2] Der Übergang von Batch- auf Dialogverarbeitung bildet die wesentliche Voraussetzung für eine arbeitsorganisatorische
Dezentralisation.

Bei zeitunkritischer Verarbeitung großer Datenmengen ist nach wie vor eine
Batchverarbeitung sinnvoll, wie beispielsweise für wöchentliche Zah-
lungsläufe oder monatliche Vorsteueranmeldungen.

Der modulare Aufbau einer ISAS gewährleistet die **Erweiterbarkeit** der
integrierten Standard-Anwendungssoftware, d. h. daß Weiterentwicklungen
auch zukünftig in die Software integriert werden können, was zur langfristigen
Sicherung der Investitionskosten beiträgt.[3]

Die **Zugriffsrechte** müssen sich sowohl hinsichtlich der Information als auch
hinsichtlich der abgebildeten Funktionsbereiche flexibel und individuell gestalten lassen. Dadurch wird sowohl die Aufgabenintegration als auch die freie
Informationsversorgung systemseitig ermöglicht.[4] Dies ist insbesondere notwendig, um betriebsindividuelle Organisationsstrukturen abbilden zu können.
Darüber hinaus muß sich eine ISAS leicht an organisatorische Veränderungen

---

[1] Meister, C., "Customizing von Standardsoftware", in: Österle, H. (Hrsg.), "Integrierte Stan-
    dardsoftware: Entscheidungshilfen für den Einsatz von Softwarepaketen", Bd. 1, Hall-
    bergmoos 1990, S. 25-44, hier S. 28
[2] Vgl. Scheer, A.-W., Betriebswirtschaftslehre, a.a.O., S. 58
[3] Vgl. Bonney, J. / Drodofsky, H., "Erfahrungen mit der Software-Produktionsumgebung bei
    debis Systemhaus", in: Rau, K.-H. / Stickel, E. (Hrsg.), "Software Engineering - Erfah-
    rungsberichte aus Dienstleistungsunternehmen, Handel und Industrie", Wiesbaden 1991,
    S. 1-21, hier S. 4
[4] Vgl. Kaske, S., "MIS, EIS, CIS - Babylon ist mitten unter uns", in: OM, 40. Jg. (1992), Heft
    11, S. 46-48, hier S. 46 f.

anpassen lassen, die sich auf Aufgabeninhalte und abteilungsübergreifende Kompetenzverlagerungen beziehen können.

Trotz der beträchtlichen Vorteile, die mit einer ISAS erzielbar sind, ist zu betonen, daß lediglich Informationen zur Entscheidungsvorbereitung geliefert werden können. Die eigentliche Entscheidung, die von vielfältigen Kontextfaktoren abhängt, die in programmierten Entscheidungsmodellen oder Simulationsverfahren nicht abbildbar sind, muß weiterhin durch den Nutzer getroffen werden.[1]

Im folgenden wird ISAS anhand verschiedener Kriterien klassifiziert. Die gewählten Klassifikationskriterien stellen nicht die einzige Möglichkeit dar, eine Einordnung vorzunehmen, sind jedoch im Hinblick auf die durchzuführende Analyse einer ISAS als organisatorisches Gestaltungsinstrument von zentraler Bedeutung.

4.1.1   Einordnung anhand softwaretechnischer Kriterien

Im Rahmen dieser Arbeit läßt sich Software sinnvollerweise anhand der drei Dimensionen Integration, Standardisierung, Anwendung einordnen. Hierbei wird die integrierte Software der Insellösung, die Standard- der Individualsoftware sowie die Anwendungssoftware der Systemsoftware gegenübergestellt. Insbesondere die Abgrenzung von Standard- und Individualsoftware ist als fließend anzusehen, wie unten näher erläutert wird.

Die hier angeführten Dimensionen werden in den folgenden Abschnitten erläutert und präzisieren die Eigenschaften einer ISAS.

---

[1] Vgl. Wedekind, E., a.a.O., S. 42

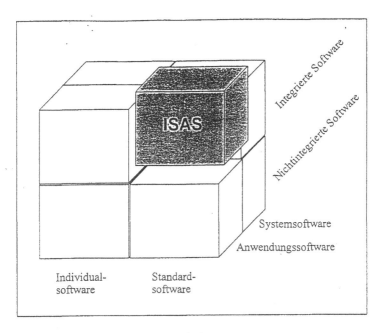

Abb. 2: Das Drei-Dimensionen-Modell der ISAS

4.1.1.1   Integrierte Software

Bei einer integrierten Software bauen alle Module auf einem gemeinsamen Datenbestand auf, durch den die Daten- und Datenstrukturintegration gewährleistet ist.

Die einzelnen Module sind aufeinander abgestimmt und untereinander eindeutig miteinander verbunden. Hierbei bilden sie eine gegenseitige Integration, so daß die einzelnen Module sowohl datenliefernde als auch datenempfangene Teilsysteme bilden und wesentliche Elemente eines durchgängigen Datenflusses darstellen. Darüber hinaus gewährleistet die Integration der Module eine umfassende Datenaktualität.

Software, die lediglich für einen oder isolierte Aufgabenbereiche anwendbar ist, ohne - wie bei der integrierten Software - gesamte betriebliche Teilbereiche abdecken und zusammenfügen zu können, wird als Insellösung

verstanden. Damit gehen die dargestellten Vorteile[1] einer unternehmensweiten Integration, insbesondere die angestrebte Schnittstellen- und Redundanzfreiheit, verloren. Einige dieser nichtintegrierten Software-Systeme bieten
standardmäßig Schnittstellenprogramme zum Anschluß an integrierte Standardsoftware an.

Beispiele für Insellösungen sind das Personalverwaltungssystem Paisy und das
Datev-Verbundprogramm NESY zur externen Rechnungslegung.

4.1.1.2   Standardsoftware

Standardsoftware ist eine programmierte Lösung vorgedachter Aufgabenstellungen und kann über Parametrisierungen den unternehmensspezifischen Gegebenheiten angepaßt werden. Ein wichtiger Leitgedanke von Standardsoftware besteht darin, das 'Rad nicht immer neu erfinden zu müssen'.[2]
Je höher die Standardisierbarkeit einer Aufgabe, desto genauer ist der
Informations- und Kommunikationsbedarf vorhersehbar und desto höher ist
der Informations- und Kommunikationsanteil, der von der ISAS zur Verfügung gestellt werden kann. Kommunikationskomponenten werden im Rahmen
der Kommunikationsfestlegung in der ISAS integriert.

Primäres Merkmal einer Standardsoftware ist die hohe Marktdurchdringung,
so daß die Software für den betreffenden Markt einen Standard darstellt.
Demzufolge liegt bei geringen Implementierungszahlen keine Standardsoftware vor.[3] Dieser Argumentation folgend kann eine Software nicht von vorn-
herein eine Standardsoftware sein, sondern muß zu Beginn ihres Lebenszy-
klus' als Individualsoftware eingestuft werden.

---

[1] Vgl. den Gliederungspunkt 3.1.4 Integration
[2] Vgl. Gantenbein, H. / Zanga, R., "Aufgabenverteilung zwischen Fach- und Informatikabteilung bei Auswahl, Einsatz und Betrieb von Standardsoftware", in: Österle, H. (Hrsg.),
"Integrierte Standardsoftware: Entscheidungshilfen für den Einsatz von Softwarepaketen", Bd. 2, Hallbergmoos 1990, S. 75-91, hier S. 90
[3] Vgl. Scheer, A.-W., Betriebswirtschaftslehre, a.a.O., S. 139

Charakteristisch für Standardsoftware ist ihre Anwendbarkeit für eine breite Aufgabenklasse sowie für Unternehmen unterschiedlicher Branchen. Dagegen wird Individualsoftware lediglich für spezifische Aufgabenstellungen eines bestimmten Unternehmens erstellt, sie ist eng mit festgefügten Aufgabenstellungen verknüpft und daher nur begrenzt einsetzbar.[1]

4.1.1.2.1   Evolution von Individual- zu Standardsoftware

Von funktionierenden Marktselektionsmechanismen ausgegehend stellt die Standardsoftware die evolutionäre Auslese der erfolgreichsten Individualsoftware-Pakete dar.[2] Entscheidend für die Selektion der Individualsoftware, die sich als Standardsoftware durchsetzt, sind bestimmte Kriterien, die sie von den übrigen Individualsoftware-Paketen abheben. Diese Eigenschaften müssen vom Hersteller bereits in der ersten Version abgebildet werden, so daß das Schwergewicht der Entwicklung im ersten System zu sehen ist.[3] Ein systematisches Vorgehen der Hersteller von Standardsoftware kann jedoch nicht angenommen werden; Standardsoftware hat sich oft evolutionär aus einer guten Individualsoftware entwickelt.[4]

Gründe dafür, daß sich geeignete Individualsoftware nicht als Standard etabliert, können ein zu kleiner Abnehmerkreis oder ein mangelndes Interesse des Herstellers an einer Weiterveräußerung sein.

4.1.1.2.2   Flexibilität

Standardsoftware muß in ihrer Funktionalität so allgemein gehalten sein, daß sie potentiell von einem breiten Kundenkreis eingesetzt werden kann.[5] Somit ist Standardsoftware dahingehend genormt und vereinheitlicht,[6] daß keine

---

[1] Vgl. Oetinger, R., "Benutzergerechte Software-Entwicklung", Berlin u. a. 1988, S. 20.

[2] Bekannte Beispiele hierfür sind das Betriebssystem UNIX, die Netzwerksoftware NOVELL oder die Programmiersprache C, die zwar der Systemsoftware zuzurechnen sind, aber dennoch die Entwicklung stellvertretend erläutern.

[3] Vgl. Scheer, A.-W., Betriebswirtschaftslehre, a.a.O., S. 124

[4] Vgl. Floyd, C., "Informatik - eine Lernwerkstatt", in: FifF, 12. Jg. (1995), Heft 1, S. 42-49, hier S. 43

[5] Vgl. Pietsch, M., "PAREUS-RM - ein Tool zur Unterstützung der Konfiguration von PPS-Parametern im SAP-System R/2", in: WI, 35. Jg. (1993), Heft 5, S. 434-445, hier S. 435

[6] Vgl. Meister, C., a.a.O., S. 27

betriebsspezifischen Anwendungen abgebildet werden. Dazu ist es notwendig, abstrahierend von einer bestimmten Form der Aufgabenerledigung Strukturen, Methoden und Regeln festzulegen, durch deren Kombination sich eine möglichst große Anzahl differenter Formen der Aufgabenerledigung realisieren läßt, so daß die Software das Anforderungsprofil vieler verschiedener Anwender erfüllen kann.[1] Um eine hohe Flexibilität zu gewährleisten, werden Anpassungen an betriebsindividuelle Gegebenheiten vorgesehen,[2] die in Form von Parametrisierung der Programme erfolgen.[3] Die abgebildeten Informationsbeziehungen und die Organisationsstrukturen dürfen nicht zementiert werden, sondern es muß eine Anpaßbarkeit an sich ändernde Bedingungen ermöglicht werden.[4] Die Flexibilität von Standardsoftware ermöglicht den Einsatz in unterschiedlich strukturierten Unternehmen verschiedener Branchen.[5] Standardsoftware wird somit für eine große Anzahl von Unternehmen oder Unternehmenstypen erstellt und auch von ihnen verwendet.[6] Eine Standardsoftware kann daher als Rahmen verstanden werden, in dem vom Anwender zu entscheiden ist, wie unternehmensspezifische Geschäftsvorfälle geeignet abgebildet werden sollen.[7] Da sich jedes Unternehmen in einer spezifischen Ausgangslage befindet, wird dadurch die individuelle Ausprägung der Standardsoftware determiniert.[8] Die Standardsoftware entwickelt sich beim konkreten Einsatz 'vor Ort' durch die kundenindividuellen Ausprägungen zur Individualsoftware. Daher ist bereits bei der Erstellung von Standardsoftware die Intention leitend, individuelle Ausprägungs- und Gestaltungsmöglichkeiten realisieren zu können.

Beim Einsatz von Standardsoftware müssen in besonderem Maße die Wechselwirkungen mit der Organisation und zukünftige betrieblich-organisatorische

---

[1] Vgl. Oetinger, R., a.a.O., S. 136
[2] Vgl. Scheer, A.-W., Betriebswirtschaftslehre, a.a.O., S. 147
[3] Vgl. Pietsch, M., a.a.O., S. 435
[4] *Gerade* das festgefügte, mechanistische Leitbild der Organisation führte in den 70er Jahren zum Scheitern von Management Informationssystemen (MIS). Vgl. Wedekind, E., a.a.O., S. 40
[5] Vgl. Meister, C., a.a.O., S. 27
[6] Vgl. Joswig, D., "Das Controlling-Informationssystem CIS", Wiesbaden 1992, S. 2
[7] Vgl. Pietsch, M., a.a.O., S. 434 f.
[8] Vgl. Meister, C., a.a.O., S. 28

Änderungen antizipiert werden. Damit soll sichergestellt werden, daß notwendige Anpassungen an die dynamische Umwelt nicht von der Standardsoftware behindert, sondern unterstützt werden.[1] Wenn Software eingeführt wird, die weder die arbeitsorganisatorischen Folgen noch die Bedürfnisse der Benutzer in ausreichendem Umfang berücksichtigt, kann es zu suboptimalen Aufgabenverteilungen und Unternehmensprozessen kommen, die für die Anwender belastend und für das Unternehmen ineffizient sind.[2]

Die Flexibilität der Standardsoftware, unternehmens- und branchenübergreifend eingesetzt werden zu können, ist allerdings mit einem wesentlichen Nachteil belastet. Die Anpassung der Standardsoftware zur Abbildung unternehmensspezifischer Besonderheiten kann zu einem erheblichen zeitlichen Aufwand und hoher Ressourcenbindung führen.[3] Eine konkrete Aufgabendurchführung wird dann erst nach dem Festlegen einer Vielzahl von Parametern, die mit bestimmten organisatorischen Ausprägungen verbunden sind, möglich.[4]

4.1.1.2.3   Qualitätsniveau

Ein weiterer Vorteil von Standardsoftware ist das hohe Qualitätsniveau.[5] Durch den branchen- und bereichsübergreifenden vielfachen Einsatz der Software werden Erfahrungen gesammelt, von denen sämtliche Nutzer profitieren können. Beispielsweise können Programmier- oder Anwendungsfehler, die in *einem* Unternehmen erkannt werden, für *sämtliche* Anwender korrigiert werden.[6] Von Verbesserungen, Erweiterungen und Wünschen anderer Anwender profitieren alle Nutzer.[7] Dadurch gewinnt das System im Laufe der Zeit eine

---

[1] Vgl. Scheer, A.-W., Betriebswirtschaftslehre, a.a.O., S. 225
[2] Vgl. Rödiger, K.-H., a.a.O., S. 75
[3] Vgl. Joswig, D., a.a.O., S. 2
[4] Vgl. Oetinger, R., a.a.O., S. 35
[5] Vgl. Oetinger, R., a.a.O., S. 20
[6] Vgl. Jäger, E. / Pietsch, M. / Mertens, P., "Die Auswahl zwischen alternativen Implementierungen von Geschäftsprozessen in einem Standardsoftwarepaket am Beispiel eines Kfz-Zulieferers", in: WI, 35. Jg. (1993), Heft 5, S. 424-433, hier S. 425
[7] Vgl. Scheer, A.-W., Betriebswirtschaftslehre, a.a.O., S. 141

hohe Stabilität.[1] Das Qualitätsniveau wird somit durch die Übertragung der Verantwortung für die Pflege und Wartung der Standardsoftware auf den Softwarehersteller erreicht, was durch die Vereinheitlichung zusätzlich zu erheblichen Kostenreduzierungen der Softwarewartung führt.[2]

Die Qualität der Unterstützung durch den Hersteller hängt darüber hinaus vom Schulungsangebot, dem Vorhandensein einer Hotline, sorgfältig ausgearbeiteter Benutzerdokumentation, Online-Hilfetexten und Wartungsgarantien ab.[3]

4.1.1.2.4   Kosten

Ein wesentlicher Vorteil von Standardsoftware liegt darin, daß sie langfristig kostengünstiger ist[4] als Individuallösungen. Da der Anteil der Kosten für die Programmerstellung eines IuK-Systems ungefähr 90 % der Gesamtkosten beträgt, wird auch für Anwendungssoftware, wie schon bei Systemsoftware üblich, zunehmend Standardsoftware eingesetzt.[5] Beim Einsatz von Standardsoftware lassen sich die hohen Entwicklungskosten auf die anwendenden Unternehmen aufteilen und somit erheblich reduzieren.[6] Ein zusätzlicher Kostenvorteil kann in der Entlastung unternehmenseigener Entwicklungsressourcen gesehen werden.[7]

Zudem steht die Standardsoftware vergleichsweise schnell produktiv zur Verfügung und das Entwicklungsrisiko liegt beim Softwarehersteller.[8]

Nachteile der Individualsoftware liegen in den hohen Entwicklungskosten und dem langen Entwicklungszeitraum. Darüber hinaus besteht die Gefahr, daß die nach wie vor hohe Entwicklungsgeschwindigkeit sowohl bei der Hard- als auch bei der Softwareproduktion zu einer schnellen Veraltung der

---

[1] Vgl. Bonney, J. / Drodofsky, H., a.a.O., S. 12
[2] Vgl. Scheer, A.-W., Betriebswirtschaftslehre, a.a.O., S. 141
[3] Vgl. Brenner, W., "Auswahl von Standardsoftware", in: Österle, H. (Hrsg.), "Integrierte Standardsoftware: Entscheidungshilfen für den Einsatz von Softwarepaketen", Bd. 2, Hallbergmoos 1990, S. 9-24, hier S. 17
[4] Vgl. Joswig, D., a.a.O., S. 2
[5] Vgl. Schmidt-Prestin, B., "Neue Technik in Büro und Verwaltung: rationell einsetzen - sozial gestalten!", München 1987, S. 21 f.
[6] Vgl. Bonney, J. / Drodofsky, H., a.a.O., S. 12
[7] Vgl. Oetinger, R., a.a.O., S. 20
[8] Vgl. Joswig, D., a.a.O., S. 2

Individualsoftware im Hinblick auf system-, anwendungs- und anwenderbezo-
gene Kriterien führt.[1]

Die Eigenentwicklung einer Individualsoftware erfordert umfangreiche
Ressourcen und birgt daher erhebliche unternehmerische Risiken. Neben den
häufigen Fehlern wie beispielsweise einer zu geringen Anzahl von Testläufen,
was zu einem instabilen System führt, oder einer mangelhaften Dokumentati-
on, die die Wartung und Nachpflege des Systems erschwert, kann die Indivi-
dualentwicklung der Software eine Eigendynamik erlangen, die dazu führt,
daß die realisierte Funktionalität erheblich hinter der geforderten Funktionalität zurückbleibt.

Während Standardsoftware immer extern erstellt wird, kann die Herstellung
der Individualsoftware und damit die Verantwortung für Konzept und Realisierung sowohl in Eigenfertigung erfolgen als auch an externe Softwarehäuser
übertragen werden.[2]   In beiden Fällen muß die Verfügbarkeit der laufenden
Anwendungsunterstützung sichergestellt sein.[3]

In der mittel- bis langfristigen Bindung an den Softwarehersteller liegt ein un-
ternehmerisches Risiko, weshalb anbieterbezogene Merkmale ins Kalkül
einbezogen werden sollten, um negative Folgewirkungen wie unzureichende
Unterstützung oder Wartung zu vermeiden.[4]   Insbesondere ist der wirtschaftliche Fortbestand des Softwareherstellers bei der Auswahl einer ISAS zu
beachten.[5]

4.1.1.3   Anwendungssoftware

Anwendungssoftware soll als softwaretechnische Abbildung betrieblicher Aufgaben und Lösungswege verstanden werden.[6] Sie stellt aufgrund der Aufga-
benadäquatheit ein Hilfsmittel dar, das von einem Benutzer mit geringen

---

[1] Vgl. Joswig, D., a.a.O., S. 2
[2] Vgl. Bishoff, R., "Die Auswahl von Informatikprodukten", in: Kurbel, K. / Strunz, H.
    (Hrsg.), "Handbuch Wirtschaftsinformatik", Stuttgart 1990, S. 793-811, hier S. 795
[3] Vgl. Kaske, S., a.a.O., S. 47
[4] Vgl. Pocsay, A., a.a.O., S. 78
[5] Vgl. Österle, H., a.a.O., S. 15
[6] Vgl. Brenner, W., a.a.O., S. 10

EDV-Vorkenntnissen in kurzer Zeit zur Unterstützung seiner Tätigkeiten eingesetzt werden kann. Die Anwendung muß möglichst einfach gestaltet sein, um eine hohe Benutzerfreundlichkeit zu gewährleisten. Dabei sollen eine möglichst einfache Einarbeitung, Bedienung und Nutzung erreicht werden, um die Akzeptanz der Anwender zu erhöhen. Benutzerfreundlichkeit läßt sich in Erlernbarkeit, Handhabbarkeit und Robustheit untergliedern.[1]

Die Erlernbarkeit bemißt sich nach dem Zeitaufwand, den ein Anwender benötigt, um den sachgerechten Umgang mit dem System zu beherrschen. Die Handhabbarkeit umschreibt die Plausibilität, Verständlichkeit und Übersichtlichkeit sämtlicher vom System angeforderten Daten sowie die Reaktionen des Systems. Die Robustheit ist durch die Reaktion eines Systems auf irrtümlich oder gewollt fehlerhafte Eingaben des Benutzers gekennzeichnet. Fehlerhafte Eingaben sollten frühzeitig erkannt und vom System mit einer aussagekräftigen Fehlermeldung abgewiesen werden.[2]

Nur solche Anwendungssoftware, die diesen Kriterien in einem hohen Ausmaß genügt, kann sich auf dem Markt durchsetzen und sich zur Standard-Anwendungssoftware entwickeln.[3] Anwendungssoftware, aus denen sich Standard-Anwendungssoftwaresysteme entwickelt haben, sind beispielsweise Textverarbeitungs-, Tabellenkalkulations-, Finanzbuchhaltungs- und Warenwirtschaftssysteme.

Die softwaretechnischen Weiterentwicklungen ermöglichen und verlangen den Einsatz von Anwendungssoftware, um einer weitgehend durchgängigen Abbildung der betrieblich erforderlichen Aufgaben im Hinblick auf die effiziente Verwirklichung der übergeordneten Unternehmensziele näherkommen zu können.[4]

---

[1] Vgl. Plattner, H., "Der Einfluß der Client-Server-Architektur auf kaufmännische Anwendungssysteme", in: SzU, "Integrierte Informationssysteme", Bd. 44, Wiesbaden 1991, S. 103-109, hier S. 107
[2] Vgl. Joswig, D., a.a.O., S. 167 ff.
[3] Vgl. Brenner, W., a.a.O., S. 16
[4] Vgl. Brombacher, R., "Effizientes Informationsmanagement - die Herausforderung der Gegenwart und Zukunft", in: SzU, "Integrierte Informationssysteme", Bd. 44, Wiesbaden 1991, S. 111-134, hier S. 115

Die der Anwendungssoftware gegenübergestellte Systemsoftware dient der Administration der Hardware und stellt Dienstprogramme zur Verfügung. Im wesentlichen handelt es sich um Betriebssysteme, Datenbanken sowie Werkzeuge zur Software-Erstellung.[1] Der Einsatz einer Systemsoftware erfordert fundiertere EDV-Vorkenntnisse beim Anwender als dies bei der Anwendungssoftware notwendig ist.

Systemsoftware wird üblicherweise nur noch als Standardsoftware angeboten.[2]

Die Tendenz der Standardisierung, die sich im Bereich der Systemsoftware durchgesetzt hat, ist jetzt auch im Bereich der Anwendungsoftware zu beobachten.

4.1.2   Einordnung anhand des Zweckbezuges zur betrieblichen Aufgabe

Im Hinblick auf die Art der betrieblichen Aufgabe sollen ISAS in den umfassenderen Rahmen der Informations- und Kommunikations-Systeme eingeordnet werden.

Unter einem Informations- und Kommunikations-System soll ein System verstanden werden, das aus folgenden Elementgruppen und ihren Beziehungen untereinander besteht: die betriebliche Information und Kommunikation, die Informationsprozesse, die mittels Methoden, Formen und Regelungen konkretisiert werden, die Aktionsträger der Informationsprozesse und der Zweckbezug zur Aufgabe, für den IuK-Systeme eingesetzt werden.[3]

Der Zweckbezug dient als Unterscheidungskriterium verschiedener IuK-Systeme. Eine unternehmerisch sinnvolle Unterteilung sind die Bereiche Telekommunikation, Dokumentenverwaltung und Vorgangsbearbeitung.

---

[1] Vgl. Scheer, A.-W., Betriebswirtschaftslehre, a.a.O., S. 10 f.
[2] Vgl. Merkel, H., "Organisatorische Gestaltungslücken in der Praxis", in: ZfO, 54. Jg. (1985), Heft 5/6, S. 313-317, hier S. 316
[3] Vgl. Köhler, R., "Informationssysteme für die Unternehmensführung", in: zfb, 41. Jg. (1971), S. 27-58, hier S. 37

```
┌─────────────────────────────────────────────────────────────┐
│        luK-Systeme                                           │
│        │                                                     │
│        │    Telekommunikation                                │
│        │    ┌──────────────────────────                      │
│        │    │  Telefax                                       │
│        │    ├──────────────────────────                      │
│        │    │  Telefon                                       │
│        │    ├──────────────────────────                      │
│        │    │  Electronic Mail                               │
│        │    │  ...                                           │
│        │                                                     │
│        │    Dokumentenverwaltung                             │
│        │    ┌──────────────────────────                      │
│        │    │  Textverarbeitung                              │
│        │    ├──────────────────────────                      │
│        │    │  Tabellenkalkulation                           │
│        │    ├──────────────────────────                      │
│        │    │  Graphik                                       │
│        │    │  ...                                           │
│        │                                                     │
│        └─   Vorgangsbearbeitung                              │
│             ┌──────────────────────────                      │
│             │  Produktion                                    │
│             ├──────────────────────────                      │
│             │  Finanzbuchhaltung                             │
│             ├──────────────────────────                      │
│             │  Lager                                         │
│             └──────────────────────────                      │
└─────────────────────────────────────────────────────────────┘
```

Abb. 3: Unterscheidungskriterien von IuK-Systemen

Die Telekommunikation setzt sich im wesentlichen aus der Übermittlung von Sprache (Telefon), der Übertragung von Schriftstücken (Telefax) und dem Datenaustausch (E-Mail) zusammen.

Die Dokumentenverwaltung erfolgt auf PCs mit Softwareprogrammen für die Textverarbeitung, die Tabellenkalkulation und die Graphikerstellung.

Integrationsbemühungen sowohl bei der Telekommunikation als auch bei der Dokumentenverwaltung beziehen sich auf die Zusammenführung der technisch bislang unterschiedlichen Erfassungsformen von beispielsweise Sprache, Schrift oder Graphiken.[1]

Die Vorgangsbearbeitung bezieht sich auf die Erledigung von Geschäftsvorfällen in Unternehmen. Sie wird meist unterteilt anhand der verschiedenen Funktionalbereiche in einem Unternehmen. Die Softwareunterstützung bezog sich in der Vergangenheit schwerpunktmäßig auf die Funktionalbereiche

---

[1] Vgl. Wittmann, E., "Neue Informations- und Kommunikationstechnik und Macht in der Unternehmung", München 1990, S. 32

Produktion, externe Rechnungslegung, Lager- sowie Personalverwaltung einschließlich Lohn- und Gehaltsabrechnung.

Die hier betrachteten ISAS sind als IuK-Systeme zu verstehen, die sich auf die Vorgangsbearbeitung in Unternehmen beziehen

Auch andere Einteilungen von IuK-Systemen und Begrifflichkeiten sind denkbar. So ließe sich beispielsweise die Dokumentenverwaltung der Bürokommunikation und die Vorgangsbearbeitung der Büroautomation zuordnen. Dabei steht die Bürokommunikation für wenig formalisierbare Aufgaben und die Büroautomation für stark formalisierbare Aufgaben.[1]

Darüber hinaus sollen IuK-Systeme hier als **betrieblich** und **rechnergestützt** verstanden werden.

Mit der Einschränkung auf **betriebliche** Systeme soll der Bezug zu dem Bereich geschaffen werden, der der Produktions- und Leistungserstellung in einem Unternehmen dient. Die Beschränkung auf **rechnergestützte** IuK-Systeme erfolgt im wesentlichen aufgrund der quantitativen und qualitativen Dimension, die sich aus rechnergestützten Systemen ergibt: Bestimmte Verarbeitungsformen und Anwendungsgebiete eröffnen sich lediglich aus den Möglichkeiten, die mit dem Einsatz von Rechnern verbunden sind. Dies betrifft beispielsweise das zu verarbeitende Informationsvolumen, die Auswertungskapazitäten und die damit verbundenen unternehmensintegrierenden Wirkungen. Ohne Unterstützung von Rechnern sind diese in den letzten Jahren zu beobachtenden Auswirkungen von IuK-Techniken kaum erklärbar.

In einer Organisation als sozio-technischem System stellt ein IuK-System die verwendete Technik dar, die mit dem sozialen Teilbereich arbeitsorganisatorischer Aufgabenerfüllung in Zusammenhang gebracht werden muß. Die Hauptaufgabe des IuK-Systems besteht in der Informationsbereitstellung zur

---

[1] Vgl. Rolf, A. et.al., "Technikleitbilder und Bürobedarf", Opladen 1990, S. 11 ff.

Unterstützung einer effizienten Leistungserstellung nach dem Wirtschaftlich-
keitsprinzip.[1]

Die Bedeutung eines IuK-Systems beruht auf dem intensiven Zusammenhang
der verschiedenen Tätigkeiten einer arbeitsteiligen Organisation.[2] Ein IuK-
System ist in Organisationen als ein "... besonders intensives Mittel der Koor-
dinierung und Integrierung ..." und als "... aufbaumäßige Beziehungsgrundlage
für den raumzeitlichen Arbeitsablauf" zu verstehen.[3]

Durch die Formen der IuK-technischen Integrationsarten ergeben sich neuartige Gestaltungsmöglichkeiten der Organisation. So läßt sich beispielsweise eine räumliche Dezentralisierung durchführen, ohne an den jeweiligen verteilten
Arbeitsplätzen Informations- oder Kommunikationsmängel in Kauf nehmen zu
müssen. Dies gilt z. B. für Mitarbeiter mit wechselnden Einsatzorten, die mit
Hilfe mobiler und leistungsfähiger IuK-Technik in den IuK-Prozeß eingebunden werden können.[4]

Aus den neuen Möglichkeiten der IuK-Technik ergibt sich die zunehmende
Bedeutung der Information und Kommunikation für das Unternehmen. Diese
Bedeutung ist zwar seit langem bekannt, jedoch läßt sich mit Hilfe der IuK-
Technik eine quantitative unternehmensweite Informations- und Kommunika-
tionsversorgung erreichen und darauf aufbauend eine effiziente Integration der
betrieblichen Teilbereiche zu einem ganzheitlich geführten Unternehmen
verwirklichen. Weiterhin erfordert die hohe Entwicklungsdynamik der IuK-
Technik und ihrer Anwendungssysteme eine ständige Anpassung der organisatorischen Strukturen, um die IuK-Systeme optimal einsetzen zu können.[5]

---

[1] Vgl. Brombacher, R., a.a.O., S. 114
[2] Vgl. Kosiol, E., "Organisation der Unternehmung", Wiesbaden 1962, S. 147 ff.
[3] Vgl. Kosiol, E., Organisation, a.a.O., S. 178 f.
[4] Vgl. Picot, A. / Reichwald, R., "Der informationstechnische Einfluß auf Arbeitsteilung und
    Zentralisierungsgrad in Büro- und Verwaltungsorganisationen", in: Hermanns, A.
    (Hrsg.), "Neue Kommunikationstechniken", München 1986, S. 85-94, hier S. 90 ff.
[5] Vgl. Szyperski, N. / Winand, U., "Informationsmanagement und informationstechnische
    Perspektiven", in: Seidel, E. / Wagner, D. (Hrsg.), "Organisation - Evolutionäre Interde-
    pendenzen von Kultur und Struktur der Unternehmung", Wiesbaden 1989, S. 133-150,
    hier S. 138 f.

4.1.3 Mainframe- versus Client-Server-Architektur

Neben der softwaretechnischen Realisation einer ISAS ist der hardwaretechnische Aufbau zu betrachten. Hierbei lassen sich im wesentlichen die Mainframe- und die Client-Server-Architektur unterscheiden.

DV-technisch liegt der Unterschied zwischen Mainframe-Struktur und Client-Server-Netz lediglich in der Hierarchie und in der Möglichkeit der Benutzer, sich vom Netz abzukoppeln und stand-alone zu arbeiten. Während die Mainframe-Struktur mit einer sehr flachen Rechner-Hierarchie auskommt, ist für das Client-Server-Netz meist eine mehrstufige Hierarchie notwendig mit einer aufwendigen Netzverwaltung sowohl durch Rechner als auch durch Personal.

Moderne DV-Architekturen nutzen das Client-Server-Konzept, indem für die Dokumentenverwaltung die dezentrale Struktur zum Tragen kommt, während beim Arbeiten mit der Anwendungssoftware zur Vorgangsbearbeitung die intelligenten Workstations der Anwender zu dummen Terminals degradiert werden, um die Datenintegrität nicht zu gefährden.[1] Vorteile dieser Architektur sind eher DV-technischer denn betrieblich-organisatorischer Art. Im Vordergrund steht das sehr viel bessere Preis-Leistungverhältnis spezialisierter Rechner gegenüber Großrechnern. Zudem können beim Client-Server-Konzept heterogene Rechnernetze mit verschiedenen Betriebssystemen parallel genutzt werden.

Client-Server-Architekturen dienen daneben zum Aufbrechen der zentralen DV-Abteilungen, die zunehmend als schwerfällig empfunden werden.[2]

Die in der Literatur vielfältig zu findenden Aussagen zu organisatorischen Verbesserungsmöglichkeiten durch den Einsatz von Client-Server-Architekturen beziehen sich für die Vorgangsbearbeitung meist auf die Organisation des Rechenzentrums.

---

[1] Vgl. Plattner, H., "Client/Server-Architekturen", in: Scheer, A.-W. (Hrsg.), "Handbuch des Informationsmanagement", Wiesbaden 1993, S. 923-937, hier S. 923 ff.
[2] Vgl. Jaccottet, B., "Zur Bedeutung von Client/Server-Architekturen in Großunternehmen", in: WI, 37. Jg. (1995), Heft 1, Februar 95, S. 57-64, hier S. 57

Voraussetzung einer ISAS, die den Anforderungen einer integren Datenhaltung genügen soll, ist eine zentrale Datenbank. Werden verteilte Datenbanken eingesetzt, so sind für die Vorgangsverwaltung Maßnahmen zur Sicherung der Datenintegrität zu ergreifen.

"Das Fundamentalprinzip einer verteilten Datenbank lautet, daß eine verteilte Datenbank für den Benutzer wie eine nicht verteilte, d. h. zentralisierte Datenbank erscheinen muß."[1] Diese logisch einheitliche Sicht für die Benutzer und die Anwendungen sicherzustellen, führt in der Praxis zu erheblichen technischen Schwierigkeiten, da insbesondere konsistente und integre Datenbestände gewährleistet werden müssen.[2] Werden auf verteilten Datenbanken Redundanzen zugelassen, wie dies bei Client-Server-Architekturen erfolgen kann, so resultiert daraus ein Verlust der Datentransparenz.[3] Solange jedoch in einer Client-Server-Architektur lediglich Spezialaufgaben von verschiedenen Rechnern bei Beibehaltung einer zentralen Datenspeicherung wahrgenommen werden, bleibt die Datenintegrität erhalten.

Allgemein anerkannt ist, daß Einheitlichkeit und Standardisierung durch die Dezentralisierung der Informationsverarbeitung gefährdet werden können.[4] Während diese Tatsache aufgrund der zentralen Datenhaltung uneingeschränkt für die Vorgangsbearbeitung gilt, muß sie für den Bereich der Dokumentenverwaltung in Frage gestellt werden. Daraus folgt, daß Standardanwendungen zur Vorgangsbearbeitung auf dem zentralen EDV-System durchzuführen sind, während Anwendungen zur Dokumentenverwaltung auch dezentral ausgeführt werden können. Individuelle Auswertungen lassen sich dezentral in den Fachabteilungen durchführen, indem Daten von der zentralen Datenbank auf dezentrale Rechner übertragen und dort ausgewertet werden. "Dieses bedeutet, daß die Klarheit und die Durchgängigkeit des betriebswirtschaftlichen

---

[1] Scheer, A.-W., "Wirtschaftsinformatik - Referenzmodelle für industrielle Geschäftsprozesse", 5. Aufl., Berlin u. a. 1994, S. 72
[2] Vgl. Scheer, A.-W., Betriebswirtschaftslehre, a.a.O., S. 91
[3] Vgl. Scheer, A.-W., Wirtschaftsinformatik, a.a.O., S. 72
[4] Vgl. Heilmann, H., "Organisation und Management der Informationsverarbeitung im Unternehmen", in: Kurbel, K. / Strunz, H., (Hrsg.), "Handbuch Wirtschaftsinformatik", Stuttgart 1990, S. 683-702, hier S. 690

Konzeptes, wie sie durchgängige Softwaresysteme anbieten, beeinträchtigt werden können."[1]

4.2   Beschreibung der betrachteten Software-Systeme

Nach einer Beschreibung der gemeinsamen Merkmale der beiden betrachteten Software-Systeme soll auf jeweils spezielle Merkmale beider Systeme eingegangen werden.

4.2.1   Gemeinsame Merkmale der beiden Software-Systeme

Bei beiden in der vorliegenden Arbeit betrachteten Software-Systemen - SAP R/2 und Masterpack - handelt es sich um integrierte Standardanwendungs-Software mit den oben dargestellten Eigenschaften. Es läßt sich eine IuK-technische Abbildung eines Gesamtunternehmens vornehmen. Die softwaretechnische Konzeption ist dabei als branchenunabhängig anzusehen.[2]

Die ISAS sind in einzelne Module untergliedert. Dazu zählt die Finanzbuchhaltung mit der **Debitoren-, Kreditoren-** und **Anlagenbuchhaltung** sowie das **Hauptbuch**. Weitere Module dienen dazu, die operative Verarbeitung zu unterstützen; hierbei handelt es sich um **Beschaffung, Lagerhaltung, Vertrieb, Produktions- und Planungssystem** sowie **Personal**. Das Zusammenwirken der Module bildet die Grundlage für die **Kostenrechnung**.

---

[1] Scheer, A.-W., Betriebswirtschaftslehre, a.a.O., S. 151
[2] Hierbei ist jedoch zu beachten, daß Spezifika der einzelnen Branchen zu berücksichtigen sind wie dies insbesondere für Banken und Versicherungen gilt, für die besonderen Anforderungen in Form gesetzlicher Vorschriften gelten.

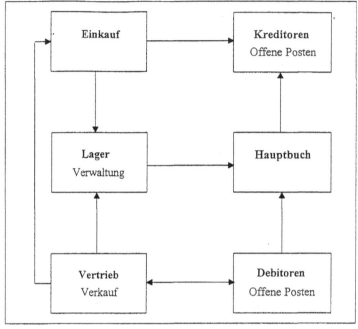

Abb. 4: Integration der von SAP- und Masterpack-Kunden häufig eingesetzten Module[1]

Wird z. B. in einem Unternehmen mit integrierter Software eine Bestellung abgegeben, so wird der zuständige Sachbearbeiter Menge und Verkaufspreise in das System eingeben. Nach physikalischer Überprüfung bei Wareneingang bestätigt der Lagerverwalter die jeweiligen Mengen ohne Neueingabe, wonach die Rechnung gedruckt sowie in der Finanzbuchhaltung die offenen Debitoren auf den neuesten Stand gebracht werden. Der zuständige Buchhalter (bei angenommener funktionaler Trennung von Auftragsannahme und Finanzbuchhaltung) muß bei Eingang einer Zahlung diese einer im System befindlichen Forderungen zuordnen, die Forderung selbst muß er nicht mehr eingeben.

Entsprechend werden Bilanz und Gewinn- und Verlustrechnung des Unternehmens sowohl durch den Lagerabgang als auch durch die erzielten Verkaufserlöse automatisch fortgeschrieben.

---

[1] Eine vergleichbare Darstellung wählt auch Meister, C., a.a.O., S. 40

4.2.1.1   Abbildung von Transaktionen

Eine Transaktion bildet einen betriebswirtschaftlichen Vorgang innerhalb der ISAS ab. Mit Hilfe einer Transaktion werden sämtliche Bewegungsdaten beschrieben, die beim Abbilden von Geschäftsvorfällen erzeugt werden. Beispielsweise sind dies Bestellungen, Wareneingänge, Materialentnahmen, Kundenaufträge, Fakturen und Zahlungsein- oder -ausgänge. Sie stellt somit einen zentralen Bezugspunkt einer ISAS dar, der die Eindeutigkeit, Redundanzfreiheit und Vollständigkeit sicherstellt. Eine Transaktion wird in genau einem Datensatz wiedergegeben und erhält zu diesem Zweck eine eindeutige Datensatznummer.[1] Ausgehend von den Einzeldatensätzen erfolgt die Fortschreibung transaktionsbedingt abhängiger Datensätze im selben oder in nachgelagerten Systemmodulen zur Sicherung der Systemintegrität.

Im allgemeinen bestehen Transaktionen aus mehreren Bildschirmseiten.[2] Sind die relevanten Eingabefelder gefüllt, so wird die aktuelle Bildschirmseite abhängig von der laufenden Verarbeitung über eine spezielle Tastatureingabe bestätigt, um zur nächsten Bildschirmseite zu gelangen. Erst wenn sämtliche Bildschirmseiten durchlaufen und vom Anwender bestätigt wurden, erfolgt die Verarbeitung der im Laufe der Transaktion eingegebenen Daten und deren Übernahme in die entsprechenden Dateien der Datenbank.

Bei anwendertypischen Tätigkeiten wird in den Datensätzen oder in einer Protokolldatei[3] hinterlegt, wann und durch wen sie angelegt wurden und was im Datensatz wann durch wen geändert wurde. Dies dient nicht in erster Linie der Kontrolle der Mitarbeiter, sondern der Sicherheit und Integrität der Daten, was zumindest im Bereich des Rechnungswesens zum Teil auch gesetzlich vorgeschrieben ist.

---

[1] In der SAP-Begriffswelt wird dabei von einem Beleg gesprochen.
[2] Im Anhang wird ein Beispiel eines typischen Transaktionsablaufes dargestellt.
[3] Hinweise in Protokolldateien werden beispielsweise bei Veränderungen bestehender Datensätze erzeugt.

4.2.1.2 Modularität

Die betrachteten ISAS sind modular aufgebaut, d. h. die verschiedenen Unternehmensbereiche werden weitgehend unabhängig voneinander dargestellt in dem Sinne, daß ein Modul ohne zwangsweise Verwendung eines anderen benutzt werden kann.[1]

Durch den modularen Aufbau der ISAS wird ein partieller Aufbau des Systems und eine Variation in der Zusammensetzung der Module ermöglicht. Weiterhin wird die unternehmensspezifische Anpassungsfähigkeit erhöht und es läßt sich eine sukzessive Einführung des Gesamtsystems durchführen.[2]

Der sukzessive Anschluß neuer Module stellt bei diesem Ansatz einen sehr wichtigen Vorgang dar, denn zum Zeitpunkt der Einführung der jeweiligen Module werden die Parameter für die Integration gesetzt, d. h. in welcher Form die Daten zwischen den Modulen ausgetauscht werden. Aus betrieblich-organisatorischer Sicht ist zu beachten, daß sich bei Zuschaltung eines Moduls meist die Arbeitsweise der Beschäftigten ändert, indem durch den Wegfall von Mehrfacharbeiten mehr kontrolliert und zugeordnet werden muß.

4.2.1.3 Integration

Die verschiedenen Module sind zwar selbständig ablauffähig, jedoch ist zu beachten, daß der Integrationsnutzen mit einer zunehmenden Anzahl eingesetzter Module sowie steigender Anwenderzahl wächst.[3]

Jedes Modul greift direkt auf andere Module zu, so daß beispielsweise Buchungen in der Finanzbuchhaltung bei entsprechender Mitkontierung sofort auf den jeweiligen Kostenstellen und bei den Kostenarten sichtbar werden oder daß die Abschreibungsbuchungen in der Anlagenbuchhaltung sofort das Hauptbuch der Finanzbuchhaltung verändern.

---

[1] Der Einsatz nur eines Moduls ist jedoch selten sinnvoll, da dann eine Insellösung aufgebaut wird, bei der auf die Vorteile der Integration verzichtet wird.

[2] Vgl. Wolfram, G., "Einsatz und Management von Informations- und Kommunikationstechniken in einem Handelsunternehmen", in: Fuhrmann, S. / Pietsch, T., (Hrsg.), "Marktorientiertes Informations- und Kommunikationsmanagement im Unternehmen", Berlin 1990, S. 47-70, hier S. 51

[3] Vgl. Meister, C., a.a.O., S. 28

Die Module bieten bei einem entsprechend integrierten Einsatz eine umfassende Funktionalität für die ganzheitliche und bereichsübergreifende Vorgangsbearbeitung im Unternehmen.

4.2.1.4   Integration von externer Software

Da die praktische Erfahrung zeigt, daß es in den Unternehmen separate Systeme gibt, die nach wie vor Verwendung finden sollen, ist nach Möglichkeit eine Anbindung dieser Systeme zu ermöglichen. Notwendige Voraussetzung hierfür ist eine präzise Schnittstellendefinition. Da in beiden betrachteten ISAS die Definition der Schnittstellenformate eindeutig festgelegt sind und dem Anwender offen gelegt werden, ist es in der Regel möglich, daß herstellerfremde Systeme eingebunden werden und Daten von ihnen erhalten oder an sie liefern können. Wegen der nicht standardisierten Schnittstellen zwischen den verschiedenen Systemen führt dies in der Praxis oft zu schwerwiegenden Problemen. Zum einen stellen getätigte Investitionen für das Unternehmen einen Wert dar, der in der Praxis häufig weiterhin genutzt werden soll. Zum anderen kann die neue Software durch zunächst nur modularen Einsatz getestet bzw. eine sukzessive Einführung und die einmalige Datenübernahme aus dem abzulösenden System ermöglicht werden. Da Schnittstellen offengelegt sind, ist es möglich, bestehende Individualentwicklungen für branchenspezifische Besonderheiten oder unternehmensbezogene Spezialanforderungen zu integrieren, deren Funktion nicht in der ISAS abgebildet wird.

4.2.1.5   Tabellensteuerung und Parameterfestlegung

Die Flexibilität der Software wird durch die Tabellensteuerung und die Parametrisierung erreicht und ermöglicht eine unternehmensspezifische Ausprägung, so daß sich die einzelnen Systemfunktionen auf die Belange des anwendenden Unternehmens ausrichten lassen. Hierbei müssen keine Modifikationen in den Programmen durchgeführt werden; dagegen werden Tabellen und Parameter, auf die die Programme zugreifen und die die Programme steuern, entsprechend auf die Bedürfnisse des Anwenders eingestellt. Diese Einstellungen erfolgen i. d. R. einmalig vor Produktivstart, es lassen sich jedoch auch kurzfristig Anpassungen an sich ändernde Anforderungen und Gegebenheiten im laufenden Betrieb durchführen.

Das Verhalten läßt sich über eine Vielzahl von Parametern beeinflussen, die zum Teil in wechselseitiger Abhängigkeit stehen. Dabei ist jedoch zu beachten, daß beide ISAS oftmals unterschiedliche Alternativen anbieten, bestehende oder umzustrukturierende Geschäftsprozesse abzubilden und zu unterstützen. Die Anzahl der notwendigen Tabellen bewegt sich je nach Anzahl der eingesetzten Module zwischen mehreren hundert und einigen tausend.

Im folgenden soll dargestellt werden, wie die Tabellen nicht nur Steuerschlüssel,[1] Kostenstellen o.ä. definieren, sondern auch den gesamten Datenfluß durch die ISAS-Systeme kontrollieren. Der Fluß der Daten soll anhand einer Ausgangsrechnung an Debitor XYZ für die Artikel A, B und C dargestellt werden.

Hierbei fließen die unterschiedlichen Beträge auf verschiedenen Wegen durch die Systeme. Die Verkaufserlöse werden dem Debitor in Rechnung gestellt und müssen in der Gewinn- und Verlustrechnung sowie als Forderungen in der Bilanz ausgewiesen werden. Die Zuordnung eines Debitors zu einer Bilanzbzw. Gewinn- und Verlustrechnungsposition muß vor erstmaliger Bebuchung des Debitors in einer Tabelle abgelegt werden, um den zielgerichteten Datenfluß zu gewährleisten. Die ausgehenden Artikel reduzieren den Lagerbestand und der entsprechende Warenwert mindert die Bilanzposition 'Fertigfabrikate' sowie in der Gewinn- und Verlustrechnung die Anschaffungs- und Herstellungskosten. Entsprechend den Debitorenzuordnungen werden für jeden Artikel die zugeordneten Konten in Tabellen festgehalten.

---

[1] Ein einfaches Beispiel wird anhand der Festlegung von Mehrwertsteuersätzen im Anhang aufgezeigt.

Im **Vertriebsmodul** führt das Verbuchen einer solchen Rechnung zu einer entsprechenden Saldoerhöhung der Verkaufserlöse, die bei einer Kostenstellenzuordnung der Artikel A, B und C weiter differenziert werden können. Wird der Verkäufer der Artikel miterfaßt, so wird dessen Verkaufssaldo erhöht, der für die Feststellung von Provisionen herangezogen werden kann. Durch entsprechenden Zugriff auf die Anschaffungs- und Herstellungskosten werden zudem Auswertungen der Margen auf Artikelebene ermöglicht.

Als Schlüssel für die Übergabe der Daten in die **Debitorenbuchhaltung** dienen die eindeutig vergebene Debitorenbezeichnung sowie die Rechnungsnummer, die automatisch vom System vergeben wird. Mit Hilfe der Debitorenbezeichnung wird die Rechnung eindeutig einem Debitor zugeordnet und der entsprechende Saldo des Debitors erhöht. In der Debitorenbuchhaltung dient die Rechnungsnummer der Detailverwaltung, die u. a. die Zuordnung einer eingehenden Zahlung zu einem offenen Rechnungsposten vereinfacht.

Als Schlüssel für die Übergabe der Daten aus dem Vertriebsmodul in die **Warenwirtschaft** dienen die eindeutige Artikelnummer sowie wiederum die Rechnungsnummer. Mit Hilfe der Artikelnummer werden die numerischen Ab- und Zugänge eines jeden Artikels festgehalten. Die Rechnungsnummer und die damit verbundenen Daten wie Datum oder Debitor ermöglichen eine chronologische Auflistung der Ab- und Zugänge nach Datum und Empfänger.

Entsprechend den Debitoren werden jedem Artikel (bzw. Gruppen von Artikeln) Bilanz- sowie Gewinn- und Verlustkonten in einer Tabelle zugeordnet, die die Übernahme der Daten in das Hauptbuch automatisieren und den Anwender von dieser Routinetätigkeit entlasten.

Das buchhalterische Gesamtergebnis bzw. die Datenänderungen in den einzelnen Modulen sieht folgendermaßen aus:

Vertriebs-modul	Debitoren-buchhaltung	Waren-wirtschaft	Hauptbuch
			Bilanz
Vergabe einer Rechnungsnummer	+ Saldo Debitor XYZ	- Bestand A	+ Forderungen aus Verkaufserlösen
Verkaufsanalysen		- Bestand B	- Lagerbestand (= Warenwert)
		- Bestand C	
			GuV
			+ Verkaufserlöse
			- Warenwert

Tabelle 1: Auswirkung eines Verkaufs auf die Daten verschiedener Module

4.2.1.6   Zugriffsrechte

Der Zugriffsschutz soll die mißbräuchliche Verwendung von Daten, deren Verfälschung oder Zerstörung verhindern. (Datenschutz i. e. S.)

In den betrachteten ISAS läßt sich über ein mehrstufiges Berechtigungskonzept ein detaillierter Zugriffsschutz der Daten realisieren. Hierbei werden für jeden einzelnen Benutzer die zulässigen Transaktionen festgelegt. Innerhalb dieser Transaktionen kann der Datenzugriff auf bestimmte Mandanten, Buchungskreise und Werke eingeschränkt werden und sogar bis auf einzelne Datensätze eingegrenzt werden.

4.2.1.7   Erstellung individueller Auswertungsberichte

In beiden ISAS ist eine hohe Anzahl vordefinierter Auswertungsberichte enthalten, die sich in der Aufbereitung der Auswertungen den individuellen Wünschen des Anwenders durch Tabellensteuerung anpassen und sich somit auf die Informationsbedarfe der Anwender ausrichten lassen. Die Auswertungsberichte decken den überwiegenden Teil des betrieblichen Informationsbedarfs ab. Besondere betriebliche Auswertungen lassen sich über die Anpassung bestehender Berichte oder über die Erstellung neuer mit Hilfe des

Report-Generators erzielen, so daß eine individuelle Programmierung kaum erforderlich wird.[1]

Wichtiges Kriterium beim Umgang mit den Informationsmöglichkeiten der ISAS ist die Entscheidung für eine bestimmte Anzahl bzw. Art von Berichten, die für das Unternehmen als relevant angesehen wird. Fehlentwicklungen in diesem Bereich können leicht zu Informations- und Papierflut führen,[2] da die vorhandenen Informationen über verschiedene Auswertungsberichte unterschiedlich aufbereitet und dargestellt werden können, ohne einen Informationszugewinn zu erzielen.

4.2.1.8   Individualprogrammierung

Beide Systeme bieten die Möglichkeit, mit der jeweiligen 4GL eventuell notwendige unternehmensindividuelle Ausprägungen mit Hilfe einer kontrollierten Individualprogrammierung zu erfüllen. Dies stellt einen fließenden Übergang zur Individualprogrammierung dar, wodurch allerdings die oben dargestellten Nachteile der Individualsoftware zum Tragen kommen. Häufig werden Anwenderwünsche realisiert, die einen kaum erkennbaren betrieblichen Zusatznutzen schaffen, jedoch die Integrität der Daten und den langfristigen Einsatz des Standards gefährden. Daher sollte dieses Verfahren auch nur in begründeten Ausnahmefällen und kontrolliert erfolgen; ansonsten könnten Anpassungen und Fehlerkorrekturen bei Releasewechseln nicht mehr ordnungsgemäß in das jeweilige System eingespielt werden.[3]

---

[1] Beide Autoren haben mit ihren Systemen übereinstimmend die Erfahrung gemacht, daß etwa 90 % der Erfordernisse im Controlling und Berichtswesen durch die Standardsoftware abgedeckt wird.

[2] Vgl. Baumann, W. / Gerber, W., "Entscheidung gegen Standardsoftware am Beispiel FERAG", in: Österle, H. (Hrsg.), "Integrierte Standardsoftware: Entscheidungshilfen für den Einsatz von Softwarepaketen", Bd. 1, Hallbergmoos 1990, S. 55-66, hier S. 58

[3] Den Autoren ist kein Fall bekannt, bei dem die Standardsoftware nicht an die jeweiligen Gegebenheiten des Anwenders angepaßt wurden, wodurch eine Individualität entsteht.

4.2.2　Spezielle Merkmale der Software-Systeme

Eine umfassende Beschreibung der komplexen Systeme SAP R/2 und MSP-Masterpack soll an dieser Stelle nicht erfolgen, da im Rahmen der vorliegenden Arbeit die Auswirkungen dieser Anwendungen auf die Unternehmen betrachtet werden und somit die Benutzersicht im Vordergrund steht.

Eine tiefergehende Beschreibung der den Systemen zugrunde liegenden Daten- und Funktionsmodelle wird daher nicht durchgeführt.

4.2.2.1　　Die Standard-Anwendungssoftware SAP-R/2

Im folgenden werden die speziellen Merkmale von SAP-R/2 dargestellt.

4.2.2.1.1　　Die SAP-Philosophie

Die SAP AG bietet im Bereich der betrieblichen Anwendungssoftware ausschließlich Standardlösungen an. Dabei verfolgt SAP den Leitgedanken, unternehmensspezifische Belange lediglich anhand der Hinterlegung der unternehmensindividuellen Parameter in Tabellen abzubilden. Daraus ergibt sich, daß der Programmcode in den verschiedenen Unternehmen, die das SAP-System einsetzen, unverändert bleiben kann, die diversen Tabellen jedoch unternehmensspezifisch ausgeprägt sind und sich z. T. wesentlich unterscheiden.

Die Tabellen haben im SAP-System unter anderem die Funktion, Texte und Parameter zu verwalten, Benutzereingaben zu prüfen oder eine Querprüfung bei abhängigen Tabellen durchzuführen.

4.2.2.1.2　　Der Verbreitungsgrad von R/2

R/2 wird seit Mitte der 70er Jahre von der SAP AG entwickelt und konnte sich inzwischen als Standard-Anwendungssoftware weltweit durchsetzen. Das Produkt R/2 richtet sich an Großunternehmen und Konzerne. 86 der 100 größten deutschen Unternehmen setzen SAP R/2 ein. Insgesamt wenden über 1400

Unternehmen in Deutschland SAP R/2 an. In den Vereinigten Staaten setzen neun der zehn größten Unternehmen SAP-Software ein.

Die marktdominierende Stellung der SAP AG wird durch die fortlaufende fachliche und technische Weiterentwicklung sowie durch den umfangreichen und ständigen Wartungs- und Beratungsservice[1] gestärkt.

4.2.2.1.3 Merkmale des R/2-Systems

Das System R/2[2] deckt weite Teile betriebswirtschaftlicher Funktionen ab. Es zeichnet sich im wesentlichen durch folgende Merkmale aus: Real-Time-Verarbeitung, Integration der Daten und der betrieblichen Anwendungen sowie Flexibilität bezüglich der Anpassung an unternehmensindividuelle Gegebenheiten und an Veränderungen im laufenden Betrieb. Die Real-Time-Verarbeitung in R/2 ermöglicht die sofortige Verarbeitung eingegebener Daten. Die Datenerfassung am Entstehungsort fördert darüber hinaus die Systemintegration. Somit stehen bei einmaliger Dateneingabe die aktuellen Daten in sämtlichen relevanten Modulen automatisch und aktualisiert zur Verfügung. Die in R/2 abgebildete Flexibilität ermöglicht einen branchenunabhängigen Einsatz in verschiedenen Unternehmen.

Im SAP-System erweist es sich jedoch als schwierig, die Einstellung der vielen Parameter in den verschiedenen Tabellen eines Moduls durchzuführen. Selbst die Regulierung weniger Parameter kann bereits kompliziert sein.[3] Aus der Ausprägung der SAP-Software über Parametereinstellungen erwächst somit eine Komplexität, die vom Anwender nicht mehr beherrschbar ist. Wesentliches Problem einer SAP-Einführung ist daher eine konsistente und zudem optimale Einstellung der Parameter für ein konkretes Unternehmen.[4]

---

[1] Vgl. SAP AG (Hrsg.), "System RK, Funktionsbeschreibung", Walldorf 1993, S. 3
[2] Seit 1992 bietet SAP das Produkt R/3 an, das auf einer Client-Server-Technik mit zentraler Datenbank arbeitet. R/3 unterscheidet sich im wesentlichen durch die verwendete Hardware-Architektur und die Oberfläche mit Windowtechnik und Mausführung; die Funktionalität von R/3 ist vergleichbar mit der von R/2. Vgl hierzu auch Ludwig, L. / Mertens, P., "Die Einstellung der Parameter eines Materialwirtschaftssystems in einem Unternehmen der Hausgeräteindustrie", in: WI, 35. Jg. (1993), Heft 5, S. 446-454, hier S. 454
[3] Vgl. Mertens, P., "SAP-Einführung", in: WI, 35. Jg. (1993), Heft 5, S. 417-417, hier S. 417
[4] Vgl. Pietsch, M., a.a.O., S. 434 f.

Über die jeweiligen Tabellenausprägungen hinaus ist es möglich, in der SAP-eigenen Programmiersprache ABAP/4 für spezifische Aufgabenstellungen in den Unternehmen individuelles Coding hinzuzufügen.

Ein weiteres Merkmal des R/2-Systems ist die Mehrmandantenfähigkeit, d. h. es lassen sich in einem System eigenständige Bereiche abbilden, die datentechnisch und in der Anwendung voneinander getrennt sind. Diese Mandanten lassen sich dazu nutzen, rechtlich voneinander getrennte Unternehmen abzubilden. Klassisches Anwendungsbeispiel hierfür ist das Rechenzentrum, das als Outsourcing-Unternehmen für verschiedene Unternehmen die Aufgaben der Datenverarbeitung übernimmt. In R/2 lassen sich bis zu 100 verschiedene Mandanten einrichten.

4.2.2.1.4   Hard- und Softwarevoraussetzungen

Der Einsatz des SAP-Systems R/2 erfordert bestimmte Großrechneranlagen der Hardwarehersteller IBM oder Siemens. Zudem sind abhängig von der verwendeten Hardware notwendige Systemsoftware-Voraussetzungen für den Betrieb von R/2 zu schaffen. Dies betrifft das Betriebssytem, das Datenkommunikationssystem und das Datenbanksystem.

In einer Übersicht stellen sich die hardwaretechnischen und systemsoftwaretechnischen Voraussetzungen für den Einsatz von SAP R/2 wie folgt dar:

Hardware	Betriebssystem	Datenkommuni-kationssystem	Datenbanksystem
IBM 370 / XXX	SSX / VSE	CICS	VSAM
IBM 30 XX	DOS / VSE	CICS	VSAM, DL1, ADABAS, SQL / DS
IBM 43 XX	VSE / SP	CICS	VSAM, DL1, ADABAS
IBM 3090 IBM 9370	OS / MVS	CICS, IMS-DC	VSAM, DL1, ADABAS, IMS-DB, DB2
Siemens 7.5 XX	BS2000	DCAM / UTM	ISAM / UPAM, ADABAS
Siemens 7.500-C Siemens 7.8 XX	OS / MVS	CICS, IMS-DC	VSAM, DL1, ADABAS, IMS-DB, DB2

Tabelle 2: Hardware und Systemsoftware für R/2

3 Informationstechnische Grundlagen

4.2.2.1.5 Grundlegender Aufbau des SAP-Systems

Das System R/2 setzt sich aus dem SAP-Basis-System und den verschiedenen Anwendungsmodulen zusammen. Die Module bauen auf der Grundlage des SAP-Basis-Systems auf.

Die Anwendungsmodule umfassen die betriebswirtschaftlichen Anwendungsbereiche Vertrieb und Versand (Modulname: RV), Produktionsplanung und -steuerung (RM-PPS), Materialwirtschaft (RM-MAT) mit den Unteranwendungen Qualitätssicherung (RM-QSS) und Instandhaltungen (RM-INST), Personaladministration und -abrechnung (RP), Finanzbuchhaltung (RF), Anlagenbuchhaltung (RA), Kostenabrechnung (RK) und Projektabrechnung (RK-P).

Alle Module sind im SAP-System integriert, so daß prinzipiell auf alle Daten anderer Anwendungen zugegriffen werden kann. Dennoch ist es nicht notwendig, alle Anwendungen einzusetzen, es läßt sich auch nur ein Teil der Anwendungen integriert einsetzen oder nur eine Anwendung allein.

Das SAP-Basis-System stellt die Steuerungsmechanismen für die einzelnen Anwendungsmodule und deren Zusammenwirken zur Verfügung. Desweiteren stellt das SAP-Basis-System die Programmiersprache ABAP/4 bereit, in der der überwiegende Teil der Anwendungen geschrieben ist und die es dem Anwender ermöglicht, Eigenentwicklungen durchzuführen oder Änderungen und Anpassungen der vorhandenen Programme vorzunehmen.

4.2.2.1.6 Zugriffsrechte im R/2-System

Neben einer allgemeinen Zulassung, das SAP-System nutzen zu können (Systemzugangsberechtigung), werden jedem einzelnen Benutzer nur bestimmte Systemzugriffe eingeräumt (Benutzerberechtigungen).

Die Systemzugangsberechtigung wird über eine eindeutige Namensvergabe und ein Kennwort bei der Anmeldung an das SAP-System geprüft.

Die Benutzerberechtigungen legen für jeden im SAP-System autorisierten Benutzer fest, welche Verarbeitungen im einzelnen durchgeführt werden dürfen. Hierbei wird ein mehrdimensionales Berechtigungskonzept eingesetzt. Im wesentlichen wird zum einen festgelegt, welche Transaktionen oder Transaktionsgruppen ausgeführt werden dürfen und zum anderen, welche Datenbereiche ausgewertet werden dürfen. Die Datenbereiche können beispielsweise auf bestimmte logische Datenbanken oder auf bestimmte Kontengruppen von Sach- oder Personenkonten beschränkt werden.

4.2.2.1.7   Aufbau des R/2-Bildschirms

Der Bildschirm im SAP R/2-System unterteilt sich in verschiedene Felder und Zeilen, von denen einige eine feste Position auf dem Bildschirm einnehmen[1] :

Überschriftenzeile		
Arbeitsbereich		
Dialognachrichtenzeile		
OK-Code-Feld	PF-Tastenzeile	System-statusfeld

Abb. 5: Aufbau des R/2-Bildschirms

Die **Überschriftenzeile** kennzeichnet den Vorgang, der gerade bearbeitet wird, hierbei handelt es sich in der Regel um die Bezeichnung einer betriebswirtschaftlichen Aufgabenstellung. Dadurch ist es jederzeit möglich, festzustellen, in welchem Vorgang sich der Anwender befindet.

Der **Arbeitsbereich** dient zur Eingabe, Änderung oder Anzeige von Daten. Abhängig von der laufenden Verarbeitung werden hier Eingaben in Form von Neueingaben oder von Änderungen der Daten durch den Anwender erwartet, oder es werden vom Anwender angeforderte Daten in aufbereiteter Form angezeigt.

Im Arbeitsbereich einer Bildschirmseite lassen sich Schlüsselfelder und Eingabefelder unterscheiden. Die Schlüsselfelder dienen dazu, die Eingabefelder zu

---

[1] Im Anhang wird der Aufbau eines Bildschirmes anhand einer Bildschirmseite der Buchungstransaktion erläutert.

bezeichnen. So steht beispielsweise neben einem Eingabefeld, das zur Aufnahme des Kundennamens dient 'NAME'. Während also die Schlüsselfelder SAP-Begriffe auf einer Bildschirmseite ausgeben, lassen sich Eingabefelder vom Anwender mit Text bzw. entsprechenden Daten füllen. Die Eingabefelder lassen sich in sogenannte Muß- und Kann-Eingabefelder unterscheiden. Die Muß-Eingabefelder, die durch ein Fragezeichen gekennzeichnet sind, müssen vom Anwender mit Daten gefüllt werden, um die Verarbeitung fortführen zu können. Die Kann-Eingabefelder sind alle übrigen Felder, die eine Dateneingabe ermöglichen, jedoch nicht erfordern.

In der **Dialognachrichtenzeile** werden Mitteilungen des SAP-Systems an den Benutzer hinterlegt. Die unterschiedlichen Nachrichtenarten sind durch einen vorangestellten Buchstaben klassifiziert: 'I' steht für eine Informationsmeldung, W für eine Warnmeldung, 'E' verweist auf einen logischen Fehler, während 'F' einen formalen Fehler kennzeichnet, 'A' bezeichnet einen Abbruch und auf 'N' folgt eine Nachricht an den Anwender. Beispielsweise werden bestimmte Eingaben des Benutzers mit einer Fehlermeldung quittiert (z. B. 'F052 Wert nicht numerisch') oder es werden erfolgreich durchgeführte Transaktionen bestätigt (z. B. 'I002 Beleg gebucht unter Nummer = 4 93467894').

Die vom Anwender vorgenommenen Eingaben im **OK-Code-Feld** (Operationskommando-Feld) steuern die Verarbeitung im SAP-System. Damit der Anwender die gewünschten Verarbeitungen im R/2-System durchführen kann, muß er die Eingabemöglichkeiten, insbesondere die Transaktionscodes, kennen.

Abhängig von dem gerade zu bearbeitenden Vorgang wird in der **PF-Tastenzeile** die Belegung der verschiedenen Funktionstasten erläutert. Die Funktionstasten dienen dazu, den laufenden Vorgang im SAP-System zu beeinflussen, sich Hilfen anzeigen zu lassen oder in mehrseitigen Ausgaben zu blättern. Das **Systemstatusfeld** dient unter anderem dazu, die Bildschirmseite der gerade laufenden Anwendung eindeutig zu bezeichnen.

4.2.2.1.8   Online-Hilfe in R/2

Von jedem Bildschirm lassen sich im R/2-System Online-Hilfen aufrufen. Dies erfolgt über die Funktionstaste PF1. Zu dem Feld, auf dem der Cursor gerade positioniert ist, wird vom R/2-System ein Hilfetext ausgegeben, der das entsprechende Feld erläutert. Treten also zu einem bestimmten Feld auf einer Bildschirmseite Fragen auf, so läßt sich über die Positionierung des Cursors und die PF1-Taste gezielt die Online-Hilfe abrufen. Es sind also zu den verschiedenen Schlüsselfeldern, Eingabefeldern, Dialognachrichtenzeilen, Systemstatusfeldern und PF-Tastenzeilen je nach der jeweiligen Bedeutung der einzelnen Felder detaillierte Beschreibungen erhältlich.

Mit der Funktionstaste PF3 wird der Hilfetext verlassen und der Ausgangsbildschirm erscheint wieder.

Auch zu Dialognachrichten lassen sich weitergehende Hinweise ausgeben, indem der Cursor auf die Dialognachrichtenzeile positioniert und die Funktionstaste PF1 betätigt wird.

Werden zu bestimmten Themen Erläuterungen gewünscht, so kann durch die Eingabe von '?H' im OK-Code-Feld eine Auswahl von Dokumentationen zu verschiedenen Bereichen angezeigt und über PF-Tasten abgerufen werden.

4.2.2.2   Die Standard-Anwendungssoftware MSP-Masterpack

Im folgenden werden die speziellen Merkmale von MSP-Masterpack dargestellt.

4.2.2.2.1   Die Masterpack-Philosophie

Masterpack wurde von der Firma MSP - inzwischen wurde eine Umfirmierung zu Masterpack business Systems vorgenommen - entwickelt. Es handelt sich dabei um eine integrierte Standard-Anwendungssoftware für Handels- und Produktionsorganisationen.

Masterpack wurde anfänglich als Finanzbuchhaltungssoftware konzipiert, entwickelte sich aber durch Erarbeiten zusätzlicher Module, meist in enger

Kooperation mit den anwendenden Unternehmen, zu einer alle Verwaltungsbereiche umfassenden integrierten Standardsoftware.

Leitgedanke ist - vergleichbar dem SAP-System - das Abbilden der Eigenhei-
ten eines Unternehmens durch Parametrisierung, d. h. individuelle Belegung
von Tabellen. Diese parametrisierten Tabellen regeln den Datenfluß durch das
System, dienen aber beispielsweise auch der Plausibilitätskontrolle auf Benut-
zer- und Systemebene.

4.2.2.2.2   Der Verbreitungsgrad von Masterpack

Masterpack kommt insbesondere bei mittelständischen Unternehmen zum Einsatz. Dienstleistungsunternehmen sind keine Zielgruppe für den Einsatz von
Masterpack, denn aufgrund der mit ca. 100 Mitarbeitern relativ niedrigen Per-
sonaldecke kann eine expansive Verbreitung, bzw. die Umprogrammierung
der Software für Dienstleister nicht durchgeführt werden. Bei größeren Kunden aus Handel und teilweise Produktion besteht in Australien eine direkte
Konkurrenzbeziehung zu SAP R/3.

Das hauptsächliche Verbreitungsgebiet von Masterpack ist Australien, wo die
Firma beheimatet ist. Weitere Verbreitungsgebiete sind mittlerweile die USA,
Großbritannien und Südostasien.

4.2.2.2.3   Merkmale des Masterpack-Systems

Masterpack dient dazu, die Verwaltung von Handels- und Produktionsbetrie-
ben effizient zu gestalten. Hierzu stellt die Real-Time-Verarbeitung sicher, daß
alle betriebswirtschaftlichen Informationen zeitnah aus dem System für Aus-
wertungs- oder Analysezwecke zur Verfügung stehen.

Die vollständige Integration der Module gewährleistet das Vorhandensein der
Daten nicht nur in dem Eingabemodul, sondern in allen Modulen, in denen sie
benötigt werden, insbesondere lassen sich jederzeit Bilanzen oder Gewinn-
und Verlustrechnungen erstellen sowie Konsolidierungen vornehmen.

Masterpack ermöglicht individuelle Anpassungen der vorgegebenen Standards. Dies erfolgt im wesentlichen nicht durch Individualprogrammierung, sondern durch ein individuelles Anpassen der Tabellen, die das gesamte System steuern. Besonders wichtig sind die Tabellen für die System- bzw. Modulintegration, da sie den Datenaustausch zwischen den Modulen festlegen. Individuelle Auswertungsberichte lassen sich jederzeit generieren und in ein benutzerspezifisches Untermenü des Report-Menüs hinterlegen.

Die Mehrmandantenfähigkeit rechtlich (oder logisch) getrennter Unternehmen ist gewährleistet, wobei sich auch eine Konsolidierung über alle Mandanten durchführen läßt.

Die Komplexität des Masterpack-Systems ist aufgrund der Spezialisierung auf Handels- und Produktionsunternehmen im Vergleich zu den Produkten von SAP überschaubarer. Als Folge ist es einer Person möglich, Masterpack nach ca. 1-2 jähriger Einarbeitung soweit zu überblicken, daß sie Systemänderungen vornehmen kann, ohne daß es dabei zu ungeplanten Folgewirkungen kommt. Aufgrund der intensiven Zusammenarbeit zwischen Masterpack und den Anwenderunternehmen hinsichtlich der Weiterentwicklung entsteht auf der Nutzerseite ein erhebliches System-Know-how, das später individuelle Anpassungen von Modulen vereinfacht. Masterpack stellt aus diesem Grunde allen Anwendern den Quellcode zur Verfügung, der bei Einhaltung vorgegebener Richtlinien, ohne zukünftige Upgrades zu gefährden, nach Bedarf angepaßt werden kann. Jede benutzerinitiierte Änderung der Software birgt dennoch die inhärenten Gefahren von Individualanpassungen.

4.2.2.2.4   Hard- und Softwarevoraussetzungen

Masterpack ist für Client-Server-Architekturen im Real-Time-Betrieb entwickelt worden. Die systemtechnische Plattform bilden das Betriebssystem UNIX und die relationale Datenbank UniVerse. Masterpack wurde in der 4.-Generationssprache SB+ entwickelt, die sich als für das Rapid-Prototyping gut eignete Programmiersprache erwiesen hat.

4.2.2.2.5   Grundlegender Aufbau des Masterpack-Systems

Masterpack setzt sich aus einer Reihe von Anwendungsmodulen zusammen, die in ihrer Gesamtheit oder einzeln zum Einsatz kommen können.

Im Rechnungswesen werden die Module ACCOUNTS PAYABLE, (Kreditorenbuchhaltung), ACCOUNTS RECEIVABLE (Debitorenbuchhaltung), GENERAL LEDGER, (Sachkontenbuchhaltung, Kosten-und Ergebnisrechnung sowie FIXED ASSETS, (Anlagenbuchhaltung) angeboten. Die Materialwirtschaft wird durch das INVENTORY-Modul abgedeckt, die Logistik durch PURCHASING, der Vertrieb durch SALES. Das Personalwesen wird durch die Module PAYROLL und PERSONELL abgedeckt, die Auftrags- und Projektsteuerung und -kontrolle durch das Modul JOB COSTING und die Produktionsplanung durch das Modul PRODUCTION.

Das Konzept des modularen Aufbaus ermöglicht den Einsatz eines oder mehrerer dieser Module, wobei die Integration, d. h. die Verfügbarkeit aller Daten aus allen eingesetzten Modulen gewährleistet ist.

Für Auswertungszwecke steht ein Report Generator für die Universe-Datenbank zur Verfügung.

4.2.2.2.6   Zugriffsrechte im Masterpack-System

Die **Zugriffsrechte**, mit denen ein hoher Anteil der Flexibilität des Systems erreicht wird, beziehen sich auf verschiedene Systemaspekte.

Für jeden Benutzer wird beim Einloggen die Zugriffsberechtigung auf das Masterpack-System geprüft.

Im Auslieferungszustand von Masterpack hat ein eingeloggter Benutzer Zugriff auf alle Module und Komponenten des Systems. Diese Zugriffsmöglichkeiten können auf vier Ebenen eingeschränkt werden:

Auf der obersten Ebene wird der Zugriff zu einem gesamten Modul kontrolliert. Dies kann aus betriebsinternen Gründen geschehen oder um das System für den einzelnen möglichst überschaubar zu halten.

Bei der zweiten Ebene handelt es sich um die Hauptmenüebene, die für alle Module identisch ist. Insbesondere dann, wenn das Unternehmen eine Trennung von ausführender und kontrollierender Tätigkeiten anstrebt, ist an dieser Stelle eine entsprechende Zuweisung der Zugriffsrechte auf die Menüpunkte durchzuführen.

Auf der dritten Ebene werden die Zugriffsrechte auf einzelne Menüpunkte oder Untermenüpunkte zugewiesen, d. h. es wird festgelegt, welche Berichtsarten ein Mitarbeiter einsehen bzw. ausdrucken oder welche Art von Geschäftsvorfällen er ausführen darf oder für welche Stammdaten er zuständig ist.

Die vierte Ebene bezieht sich auf die Eingabemasken mit ihren jeweiligen Eingabefeldern. Jedes dieser Felder kann mit benutzerspezifischen Wertebereichen versehen werden. Soll beispielsweise ein Mitarbeiter aus dem Einkaufsbereich nur Güter bis zu einer Höhe von DM 800,-- bestellen dürfen, so wird der entsprechende Bereich auf 0-800 eingestellt. Wird dieser Wert überschritten, so kann die Bestellung zwar erfaßt werden, sie muß aber von einem Mitarbeiter mit der entsprechenden Berechtigung freigegeben werden.

4.2.2.2.7   Oberfläche und Navigierbarkeit von Masterpack

Bei Masterpack wird für den Einsatz der verschiedenen Module systemweit eine einheitliche Bedienung zugesichert, die durch standardisierte Eingabemasken unterstützt wird. Somit wird es erleichtert, sich in die Funktionsweise weiterer Module einzuarbeiten, wenn die Anwendung anderer Module bereits erlernt wurde.

In Masterpack finden die aktuellen GUI-Standards Anwendung, d.h. maus- oder tastaturgesteuerte Pull-Down-Menüs, Pop-up-Windows etc.

Die Pull-Down Menüs aller Masterpack-Module sind folgendermaßen aufgebaut:

'Modul'					
Maintenance	Reports	Enquiries	Transactions	Periodic	Utilities

Abb. 6: Pull-Down Menüs der Masterpack-Module

Unter 'Modul' wird dem Benutzer angezeigt, in welchem Bereich des Systems er sich momentan aufhält.

Unter dem Menüpunkt 'Maintenance' wird im wesentlichen die Stammdatenpflege vorgenommen. Hier werden beispielsweise Debitoren und Kreditoren angelegt, Artikelnummern gepflegt, zu Artikelgruppen zusammengefaßt und Unternehmensbereichen zugeordnet und auch der Kontenrahmen festgelegt.

Unter 'Reports' lassen sich die Systemdaten ausdrucken. Jedes Modul umfaßt ca. 100 Standardreports, die der Benutzer um eigene Berichte erweitern kann. Beispielsweise lassen sich für den Vertriebsbereich die täglichen, wöchentlichen oder monatlichen Verkäufe nach Verkaufsregion, nach Artikel, nach Artikelgruppe, nach Außendienstmitarbeiter oder nach Kunde oder Kundengruppe ausgeben.

'Enquiries' ist ähnlich aufgebaut wie 'Reports', wobei sich an dieser Stelle Informationen auf dem Bildschirm anzeigen lassen.

Unter dem Punkt 'Transactions' werden die eigentlichen Geschäftsvorfälle verbucht. Verkäufe, Materialeingänge, Anlagenabgänge, Rechnungsein- und -ausgänge usw. werden in dem jeweiligen Modul hier erfaßt.

Bei 'Periodic' werden hauptsächlich solche Geschäftsvorfälle durchgeführt, die regelmäßig einmal im Monat (Monatsabschluß in der Buchhaltung) oder im Jahr (Bilanz, GuV, Inventur) durchgeführt werden. Periodisch kann jedoch beispielsweise auch die Eingabe von Wechselkursen sein, die je nach Unternehmen täglich, wöchentlich oder monatlich neu festgelegt werden. Von diesem Menüpunkt wird auch das System-Backup gestartet.

'Utilities' ist nur dem Systemadministrator zugänglich. Hier werden insbesondere Benutzer oder Benutzergruppen definiert und mit Zugriffsrechten für das System ausgestattet. Ebenfalls werden hier Systemarbeiten ausgeführt wie beispielsweise die Neudimensionierung von Dateien, wenn die Zugriffszeiten aufgrund großer Datenmengen zu langsam werden.

Die Navigierbarkeit innerhalb des Systems ist sehr komfortabel. So stehen dem Benutzer z. B. mittels Maus und Menüleiste bzw. mittels

Identifikationsbuchstaben aus der Menüleiste und der Esc-Taste die gebräuchlichsten Navigationsinstrumente zur Verfügung.

Darüber hinaus kann der Benutzer kontextunabhängig von jedem Menüpunkt eines Moduls zu jedem beliebigen Menüpunkt eines anderen Moduls springen, was insbesondere bei telefonischen Anfragen von Kunden oder Lieferanten hilfreich ist, um schnell individuelle Auskünfte erteilen zu können.

4.2.2.2.8   Online-Hilfe in Masterpack

Zwei Arten der Online-Hilfe lassen sich in Masterpack unterscheiden:
- mehrstufige, kontextsensitive Hilfetexte,
- intuitive kontextsensitive Hilfe mit möglichen Feldbelegungen des momentanen Feldes.

Die mehrstufigen, kontextsensitiven Hilfetexte werden mit der Funktionstaste 'F1' aktiviert. Zu der aktuellen Cursorposition wird im ersten Schritt ein ein- bis zweizeiliger Kurztext eingeblendet, der kurz die zu tätigende Eingabe erläutert.

Reicht dies dem Anwender nicht aus, kann er durch nochmaliges Betätigen der Funktionstaste 'F1' einen detaillierten Text von ca. einer halben Bildschirmseite zum bearbeiteten Feld erhalten.

In einem allgemeinen Hilfebereich, in dem vergleichbar den Hilfefunktionen der Lotus- oder Microsoftprodukte gezielt nach Stichworten gesucht werden kann, lassen sich Erläuterungen ausgeben.

Der intuitiven, kontextsensitiven Hilfe liegt der Gedanke zugrunde, daß der Anwender seine Aufgaben im System leichter durch Angabe der bisher in diesem Feld abgespeicherten Werte erfüllen kann. Muß er beispielsweise einen Steuerschlüssel eingeben, benötigt er nicht unbedingt eine textuelle Begründung, sondern vielmehr die jeweils im System verwendeten Kürzel.

Durch Betätigen der Funktionstaste 'F3' erhält er tabellarisch die Werte aufgelistet:

Tax Code	Percent
TC1	0 %
TC2	7 %
TC3	15 %
usw.	

Tabelle 3: Mehrwertsteuerschlüssel

4.3 Folgerungen für die vergleichende Analyse

Aus der im Rahmen dieses Kapitels vorgenommenen Darstellung der beiden ISAS wird deutlich, daß Unterschiede auf einer technischen Ebene zu suchen sind, während die jeweilige Konzeption und Zielsetzung einer unternehmensweiten IuK-technischen Abbildung aller Geschäftsprozesse übereinstimmen. Da die in dieser Arbeit betrachteten Auswirkungen auf die Unternehmen in hohem Maße auf vergleichbare Konzeption und Zielsetzung zurückzuführen sind, soll im weiteren von einer generellen Vergleichbarkeit der beiden Software-Systeme ausgegangen werden.

Aufgrund der flexibel gestaltbaren Zugriffsrechte sind den mit Hilfe der ISAS darstellbaren Organisationsformen kaum Grenzen gesetzt. Für die Softwareentwickler folgt das aus dem Leitbildern der vollständigen Integration aus betriebswirtschaftlicher Sicht und aus der Notwendigkeit, ein konkurrenzfähiges Produkt am Markt zu haben. Gäbe es bei den darstellbaren Organisationsformen Einschränkungen, so hätte dies Wettbewerbsnachteile gegenüber den Mitanbietern zur Folge.

An dieser Stelle soll noch einmal betont werden, daß es sich bei der von den Autoren gewählten Vorgehensweise um einen Einzelfall-Ansatz und um Feldforschung im Sinne der Aktionsforschung handelt.

Der Einzelfall-Ansatz ist, im Gegensatz zum deduktiven Stichprobenansatz, induktiv, d. h. die am Beobachtungsobjekt gewonnen Erkenntnisse werden nach Einordnung in den theoretischen Bezugsrahmen zu wissenschaftlichen Thesen verallgemeinert. Dieser Ansatz hat eine hohe Bedeutung, wenn wirklichkeitsnahe Aussagen gesucht werden. Bei der Feldforschung geht es, im Gegensatz zur Laborforschung, um die wirklichkeitsnahe Betrachtung der untersuchten Objekte oder Zusammenhänge. Da die Abhängigkeiten der Untersuchungsobjekte von dem Kontext nur schwer kontrollierbar sind, sind die gewonnenen Erklärungen nur eingeschränkt - auf den Kontext - verwendbar. Wesentlicher Vorteil der Feldforschung liegt in den realitätsnahen Aussagen. Als problematisch können sich die vielen nur schwer kontrollierbaren Randbedingungen auswirken, deren Auswirkung auf das Untersuchungsergebnis nur schwer abgeschätzt werden können.[1]

---

[1] Vgl. Heinrich, L. J., a.a.O., S. 4 ff.

5 THESEN[1] ZU DEN AUSWIRKUNGEN INTEGRIERTER STANDARD-ANWENDUNGSSOFTWARE

Unternehmen unterliegen den zunehmend komplexen und z. T. widersprüchlichen Einflüssen der Absatz-, Technologie- und Arbeitsmärkte ebenso wie denen der existierenden Organisationsstrukturen mit ihren vielfältigen Macht- und Kompetenzbeziehungen. Daher ist es gegenwärtig schwer abzusehen, wie sich der Einsatz rechnergestützter IuK-Systeme vollzieht und welche Auswirkungen dies auf Formen der Arbeitsorganisation und Arbeitsteilung, auf Kundenbeziehungen und auf Qualifikationsstrukturen hat sowie welche Auswirkungen sich daraus für die einzelnen Mitarbeiter ergeben.[2]

Für viele Unternehmen gilt integrierte Standard-Anwendungssoftware heute als *das* Hilfsmittel zur Lösung unternehmerischer Probleme und damit als strategische Option für die neunziger Jahre. Die Konkurrenzfähigkeit vieler Unternehmen wird von der Leistungsfähigkeit ihrer Anwendungssoftware abhängen;[3] eine strategische Positionierung des Unternehmens am Markt und die längerfristige Sicherung der Wettbewerbsfähigkeit erfordern den ISAS-Einsatz und die damit möglichen Rationalisierungsmaßnahmen.[4] Die Nutzung dieser Rationalisierungspotentiale gilt nach wie vor als ein wesentliches Ziel

---

[1] Die Autoren wählen bewußt den Begriff 'These' anstelle von 'Hypothese'. Denn Hypothesen im Sinne empirischer Forschung bedeuten, daß sie falsifizierbar oder verifizierbar sind. Die Falsifikation bzw. Verifikation statistischer Hypothesen setzt jedoch voraus, "... daß sich das Gesamtsystem, z. B. betriebliches Handeln unter Markt- und Wettbewerbsbedingungen, nicht verändert - eine offensichtlich unrealistische Annahme." Braun, W., "Forschungsmethoden der Betriebswirtschaftslehre", in: Wittmann, W., "Handwörterbuch der Betriebswirtschaft", Bd. 1, 5. Aufl., Stuttgart 1993, Sp. 1220-1236, hier Sp. 1233. Viel wichtiger in diesem Zusammenhang ist nach Meinung der Autoren, daß es sich nicht nur um eine realitätsferne Annahme (Praxis-Theorie-Verhältnis) handelt, sondern daß damit die Untersuchung von dynamischen, den Untersuchungsgegenstand verändernden Vorgängen, verhindert wird.

[2] Vgl. Lutz, B., "Zum Verhältnis von Analyse und Gestaltung in der sozialwissenschaftlichen Technikforschung", in: Rauner, F. (Hrsg.), "Gestalten - Eine neue gesellschaftliche Praxis", Bonn, 1988, S. 15-23, hier S. 20 f.

[3] Vgl. Aschmann, M. / Rau, K.-H. / Schröder, E., "Systematische Anwendungsentwicklung mit Hilfe eines CASE-Tools", in: Rau, K.-H. / Stickel, E. (Hrsg.), "Software Engineering- Erfahrungsberichte aus Dienstleistungsunternehmen, Handel und Industrie", Wiesbaden 1991, S. 95-135, hier S. 97

[4] Vgl. Gabriel, R. et. al., "Einsatz und Bewertung von Informations- und Kommunikationssystemen aus Anwender- und Benutzersicht", in: WI, 37. Jg., (1995), Heft 1, S. 24-32, hier S. 25

der ISAS-Einführung.[1] Es ist anzunehmen, daß in vielen Fällen damit eine Reduzierung der Belegschaft, auch über Entlassungen, angestrebt wird oder Umsatzerhöhung bei gleichem Personalbestand.

Ziel kann es auch sein, aus einer ganzheitlichen Sicht eine grundlegende Restrukturierung des Unternehmens durchzuführen. Dabei ist mit weitreichenden organisatorischen Auswirkungen insbesondere auf die betrieblichen Strukturen und Prozesse zu rechnen.[2]

Der ISAS-Einsatz führt insbesondere zu neuen Perspektiven der Entscheidungsvorbereitung und Entscheidungsfindung; wesentlich sind jedoch zusätzliche Möglichkeiten des Informationszuganges und Veränderungen in den Organisationsstrukturen.[3]

Der Einsatz einer ISAS läßt sich in die Einführungsphase und die Nutzungsphase untergliedern. Dementsprechend beziehen sich die Auswirkungen zum einen auf die kurzfristigen Aspekte der Einführungsphase, zum anderen auf die langfristigen Aspekte der Nutzungsphase.[4] Aufgrund dieses unterschiedlichen Zeithorizontes sind für beide Phasen jeweils unterschiedliche Kriterien zu berücksichtigen.

Die Untersuchung der **Auswirkungen von ISAS** soll auf mehreren Ebenen geschehen. Die Marktbedingungen stellen eine eher volkswirtschaftliche Sicht her, indem Konsequenzen für alle am Markt agierenden Unternehmen aufgezeigt werden. Die Projektebene soll Einflüsse des Projektvorgehens auf den ISAS-Einsatz sowie sonstige Bedingungen für die erfolgreiche Einführung aufzeigen. Im Mittelpunkt der Betrachtung stehen die Ebene der Gesamtorganisation sowie die Individualebene, bei denen die Auswirkungen auf das Unternehmen und die einzelnen Mitarbeiter anhand verschiedener Kriterien untersucht werden.

---

[1] Vgl. Binder, R. / Stickel, E., a.a.O., S. 81
[2] Vgl. Wittmann, E., a.a.O., S. 1
[3] Vgl. Sihler, H., "Das Unternehmen als Expertensystem", in: Adam, D. et. al. (Hrsg.), "Integration und Flexibilität", Wiesbaden 1990, S. 425-432, hier S. 430
[4] Beispielsweise betrifft dies Kommunikationsbeziehungen, die lediglich wegen Nachfragen zum Einsatz des neuen Systems oder wegen ungewohnter Aufgabenstrukturen notwendig werden und die im Laufe der Zeit abnehmen.

5.1   Auswirkungen auf die Markt- und Wettbewerbsbedingungen

Der Wandel der Marktbedingungen und der damit für die Unternehmen geltenden Randbedingungen ist in erheblichem Maße auf die technischen Weiterentwicklungen im IuK-Bereich zurückzuführen.

Da immer mehr Unternehmen moderne IuK-Techniken einsetzen, erhöht sich
für das einzelne Unternehmen der **Marktdruck**, mit seinen Wettbewerbern
gleichzuziehen. Notwendig wird dies "... aus dem Zwang zur besseren und
schnelleren Reaktionsfähigkeit der Unternehmungen, durch zunehmende
Komplexität und erhöhte Variabilität der Marktbeziehungen".[1]

Der Wettbewerbsdruck erfordert den Einsatz neuer Entwicklungen in der IuK-
Technik und führt zu einer Dynamisierung und Internationalisierung des Wett-
bewerbs, einer Verkürzung der Produktlebenszyklen, einem zunehmenden
Preisverfall neuer Produkte und einer Differenzierung der Kundenwünsche.[2]

Festzuhalten ist also, daß die Weiterentwicklungen in der IuK-Verarbeitung
mit der Ausweitung ihrer Nutzungsmöglichkeiten und die steigenden Marktanforderungen sich gegenseitig bedingen.[3]

Da sich die Rahmen- und Marktbedingungen für Unternehmen immer schneller wandeln, ist **Flexibilität** zu einem kritischen Erfolgsfaktor geworden. Dabei soll Flexibilität verstanden werden als die einfache Anpassungsfähigkeit
eines Unternehmens hinsichtlich der sich ändernden Gegebenheiten und
Aufgabenstellungen.[4]

---

[1] Berthel, J., Informationssysteme, a.a.O., S. 96
[2] Vgl. Meffert, H., "Klassische Funktionenlehre und marktorientierte Führung - Integrationsperspektiven aus der Sicht des Marketing", in: Adam, D. et. al. (Hrsg.), "Integration
   und Flexibilität", Wiesbaden 1990, S. 373-408, hier S. 378
[3] Vgl. Rockart, J.F. / Short, J.E., "Information Technologie in the 1990s: Managing Organizational Interdependence", in: Sloan Management Review, 1989, Heft 1, S.7-17, hier
   S. 8 f.
[4] Vgl. Jacob, H., "Flexibilität und ihre Bedeutung für die Betriebspolitik", in: Adam, D. et. al.
   (Hrsg.), "Integration und Flexibilität", Wiesbaden 1990, S. 15-60, hier S. 16

Bei der Einführung ist insbesondere zu berücksichtigen, daß auf zukünftige Marktanforderungen schnell und flexibel reagiert werden und das IuK-System an hinzukommende Anforderungen angepaßt werden kann.[1] Die Erhöhung der Flexibilität dient dazu, sich an nicht vorhersehbare Veränderungen in einem möglichst kurzen Zeitraum zieladäquat anpassen zu können.[2] Sie verringert das Risiko von Fehleinschätzungen bezüglich der Marktbedingungen, da eine schnellere und kostengünstigere Korrektur möglich ist als ohne flexibilitätswirkende Maßnahmen.[3]

Ein effizient eingesetztes, leistungsstarkes Informationssystem stellt im zwischenbetrieblichen Wettbewerb einen Erfolgsfaktor dar, der mit den qualifizierten Beschäftigen, den Vertriebskanälen oder dem Produktsortiment vergleichbar ist.[4] Werden im Rahmen eines erfolgreichen ISAS-Einsatzes die zwischen den betrieblichen Teilaufgaben bestehenden Interdependenzen sowohl durch organisatorische als auch durch EDV-technische Maßnahmen angemessen abgebildet und unterstützt, so läßt sich die **Wettbewerbsposition** eines Unternehmens sichern oder verbessern.[5]

Um sich einen Wettbewerbsvorteil zu verschaffen, wird demnach nicht mehr vorrangig, wie in den 80er Jahren, die Entwicklung innovativer Produkte als wesentliche Zielrichtung eines marktorientierten Unternehmens angesehen, sondern zusätzlich der Aufbau einer leistungsfähigen, unternehmensindividuellen Organisationsstruktur, die **flexiblere** Reaktionen auf sich verändernde Marktbedingungen ermöglicht und daher schneller die vom Markt geforderten Leistungen und Produkte anbieten kann als konkurrierende Anbieter.[6]

Wesentliche Veränderungen der Marktbedingungen betreffen die Kunden, an denen sich die Unternehmen stärker orientieren müssen, was sie durch die Unterstützung einer ISAS auch können, die gestiegene Bedeutung der

---

[1] o. V., "Mehr Produktivität im Vertrieb", in: Oracle-Welt, o.Jg. (1994), Heft 1, S. 21-24, hier S. 21
[2] Vgl. Wössner, M., a.a.O., S. 69
[3] Vgl. Jacob, H., a.a.O., S. 44 f.
[4] Vgl. Österle, H., Unternehmensstrategie, a.a.O., S. 12
[5] Vgl. Boll, M., a.a.O., S. 423
[6] Vgl. Pietsch, T. / Fuhrmann, S., a.a.O., S. 129

Information und den Grad der Arbeitsteilung. Auf diese unternehmensrelevanten Einflußgrößen soll in den folgenden Abschnitten im einzelnen eingegangen werden.

5.1.1 Veränderung der Kundenbeziehungen

Seit Anfang der 80er Jahre hat sich für viele Unternehmen der expandierende Anbietermarkt mit dem Angebot von Massenprodukten zu einem diversifizierten und segmentierten Käufermarkt gewandelt. Da die Kunden ihren Erstbedarf an Konsumgütern gesättigt haben, wandelten sich viele Märkte von einem expandierenden Markt zu einem Ersatzbedarfsmarkt, auf dem darüber hinaus mehr Konkurrenten anbieten.[1] Die damit verbundene Veränderung des Nachfrageverhaltens fordert den Unternehmen eine wesentlich stärkere Kundenorientierung ab.

Der zunehmende Wettbewerb auf den Märkten betont die Notwendigkeit der Kundenorientierung und erfordert von den Unternehmen die Steigerung der Qualität der angebotenen Produkte oder Dienstleistungen,[2] die Erhöhung der Lieferbereitschaft[3] und Verkürzung der Lieferzeiten sowie die Erzielung von Kostenvorteilen.[4] Die ISAS trägt durch die Unterstützung schneller Angebotserstellung, jederzeitiger Auskunftsbereitschaft sowie verstärkter Berücksichtigung von Kundenwünschen dazu bei, die Servicequalität zu erhöhen. Die Erhöhung der Lieferbereitschaft kann durch die Verkürzung der Auftragsdurchlaufzeiten, die Verkürzung der Entwicklungszeiten[5] sowie die Verringerung der Reaktionszeiten[6] mit Hilfe der ISAS erreicht werden.

---

[1] Vgl. Hammer, M. / Champy, J. "Business Reengineering, Frankfurt am Main - New York 1994, S. 30

[2] Vgl. Pocsay, A., a.a.O., S. 66

[3] Vgl. Eversheim, W., "Moderne Produktionstechnik - Aufgabe und Herausforderung für die Betriebswirtschaft", in: Adam, D. et. al. (Hrsg.), "Integration und Flexibilität", Wiesbaden 1990, S. 97-135, hier S. 99

[4] Vgl. Pocsay, A., a.a.O., S. 66

[5] Vgl. Zangl, H., "Wirtschaftlichkeitsnachweis beim Einsatz von Standardsoftware", in: Österle, H. (Hrsg.), "Integrierte Standardsoftware: Entscheidungshilfen für den Einsatz von Softwarepaketen", Bd. 2, Hallbergmoos 1990, S. 93-124, hier S. 121

[6] Vgl. Lindemann, V., "Prozeßorientierung - Schlüssel für Wettbewerbsfähigkeit", in: PC-Netze, 6. Jg. (1994), Heft 4, S. 81-81, hier S. 81

Das Sammeln von Informationen über jeden einzelnen Kunden ermöglicht das gezielte Eingehen auf dessen Bedürfnisse und die erhebliche Verbesserung der kundenindividuellen Serviceleistung. Dies gilt beispielsweise für Versandhäuser, die die Gewohnheiten und Vorlieben der Kunden festhalten können, und darüber hinaus bei telefonischen Rückfragen automatisch mit dem selben Sachbearbeiter verbinden, so daß das Gefühl einer Vertrautheit entsteht.[1]

Im Dienstleistungsbereich wird eine bessere Kundenausrichtung durch einen festen Ansprechpartner erwartet, der für sämtliche Fragen zuständig ist. Auch wenn ein Mitarbeiter nicht für alle Geschäftsvorfälle zuständig sein kann, so sollte jedoch ein Geschäftsvorfall von einem Mitarbeiter durchgängig betreut werden, was mit Hilfe einer ISAS möglich ist. Beispielsweise kann ein Bankkunde erwarten, daß ein Kreditwunsch von der Bonitätsprüfung über eine Wirtschaftlichkeitsberechnung bis hin zur Abgabe eines Kreditangebotes nur von einem Mitarbeiter der Bank betreut wird, daß es also für den Kunden lediglich einen Ansprechpartner gibt.

5.1.2   Zunehmende Bedeutung der Information

"... in jüngster Zeit [wird] die Information oft als vierter Produktionsfaktor bezeichnet .., der an sich praktisch unbegrenzt vorhanden und verwertbar ist. Information wird damit zu einem zentralen Erfolgsfaktor für die Wettbewerbsfähigkeit einer Unternehmung."[2]

Damit entscheidet die schnelle Informationsversorgung in immer stärkerem Maße über die derzeitige und zukünftige Wettbewerbsfähigkeit des Unternehmens: **"Der informationsorientierte Wettbewerb beginnt"**[3]

---

[1] Vgl. Hammer, M. / Champy, J., a.a.O., S. 32
[2] Meister, C., a.a.O., S. 26
[3] Picot, A.: "Der Produktionsfaktor Information in der Unternehmensführung", in: IM, 5. Jg., (1990), Heft 1, S. 6-14, hier S. 12

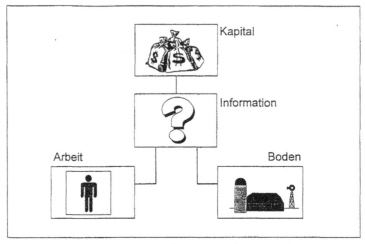

Abb. 7: Information als vierter Produktionsfaktor mit den relevanten Substitutions-

beziehungen[1]

Volkswirtschaftlich werden die drei Produktionsfaktoren[2] Kapital, Boden und Arbeit abgegrenzt. Für ein Unternehmen läßt sich der Produktionsfaktor Arbeit in eine elementare und eine dispositive Variante unterscheiden. Die dispositive Arbeit nimmt eine Steuerungsfunktion zur Kombination der Produktionsfaktoren im Leistungsprozeß ein. Diese Steuerungsfunktion wiederum wird wahrgenommen, indem Informationen zu Entscheidungen verarbeitet werden.[3]

Entscheidend dafür, daß Information zum vierten Produktionsfaktor wird, sind die Substitutionsbeziehungen zu den anderen Produktionsfaktoren, insbesondere wenn Entscheidungen in Ungewißheitssituationen zu treffen sind. Häufig werden dann Sicherheitszuschläge durch die Bereitstellung zusätzlicher Ressourcen gebildet. Dies kann beispielsweise in Form einer Lagerhaltung erfolgen, die i. d. R. dazu dient, ungewisse Produktions- oder Absatzschwankungen ausgleichen zu können. Lassen sich die Unsicherheiten durch die   Informationsverarbeitung   vermindern,   wodurch   eine   geringere

[1] Vgl. Küchler, P. R., a.a.O., S. 247
[2] Im betriebswirtschaftlichen Sinne werden die Produktionsfaktoren Betriebsmittel, Werkstoffe und Arbeit betrachtet.
[3] Vgl. Gutenberg, E., "Grundlagen der Betriebswirtschaftslehre", Bd. 1, 23. Aufl., Berlin - Heidelberg - New York 1979, S. 3

Lagerhaltung notwendig wird, so wird ein Teil der Kapitalbindung im Lager durch die Informationsverarbeitung substituiert. In diesem Fall ist der Nutzen der Information sogar quantifizierbar, was nur selten möglich ist.[1]

Ein weiteres Beispiel verdeutlicht, daß die traditionellen Produktionsfaktoren durch die Information zum Teil substituiert werden können. Eine Erhöhung des Marktanteils könnte zum einen durch einen höheren Personaleinsatz, d. h. Aufstockung des Faktors Arbeit, erreicht werden. Alternativ dazu könnten die Mitarbeiter - insbesondere im Außendienst - mit Laptops ausgestattet werden, wodurch aufgrund der besseren Informationsversorgung eine Produktivitäts-steigerung und damit eine Umsatz- bzw. Marktanteilssteigerung erzielt werden sollte. Somit ist das Ziel auch durch einen verstärkten Einsatz des Produkti-onsfaktors Information erreichbar.[2]

Der steigende Komplexitätsgrad und die zeitkritische Abwicklung der Ge-schäftsvorfälle erfordern eine integrierte Informationsverarbeitung, die voll-ständige und aktuelle Informationen zur Verfügung stellt, um durch eine er-höhte Aktions- und Reaktionsgeschwindigkeit die Wettbewerbsfähigkeit des Unternehmens erhalten oder ausbauen zu können.[3]

Insbesondere die Integration stellt dabei eine wesentliche Voraussetzung für das Erlangen von Wettbewerbsvorteilen durch Informationsvorsprung dar, z. B. im Bereich 'Durchlaufgeschwindigkeit von Aufträgen', 'Globalisierung von Dienstleistungen' oder 'Informationsvorsprung bei Entscheidungen'.[4]

5.1.3   Veränderungen des Grades der Arbeitsteilung

Der Einsatz einer ISAS führt zu einer Verminderung der Vorteile, die für die Arbeitsteilung gelten, beispielsweise nur Informationen für eine bestimmte Verrichtung am Arbeitsplatz bereitstellen zu müssen. Gleichzeitig läßt sich

---

[1] Vgl. Schüler, W., "Informationsmanagement: Gegenstand und organisatorische Konsequen-zen", in: Spremann, K. / Zur, E. (Hrsg.), "Informationstechnologie und strategische Füh-rung", Wiesbaden 1989, S. 181-187, hier S. 182 f.

[2] Vgl. Küchler, P. R., "Herleitung einer IS-Strategie aus der Unternehmensstrategie", in: ZfO, 61. Jg. (1992), Heft 4, S. 246-251, hier S. 246 f.

[3] Vgl. Ischebeck, W., "Anforderungen an das Management von Informationszentren", in: SzU, "Integrierte Informationssysteme", Bd. 44, Wiesbaden 1991, S. 81-90, hier S. 84

[4] Vgl. Österle, H., Unternehmensstrategie, a.a.O., S. 17

durch eine ISAS-Anwendung der Nachteil des hohen Koordinationsaufwandes arbeitsteilig organisierter Abläufe vermeiden.[1]

Die ISAS kann daher als ein sachliches Arbeitsmittel verstanden werden, das es ermöglicht, mehrere Teilaufgaben zu einer übergeordneten Aufgabe zusammenzufassen, die mit Hilfe der integrierten Informationsverarbeitung von einem Mitarbeiter bewältigt werden kann. Die integrierte Informationsverarbeitung ist also ein Instrument, das die Komplexität von Teilaufgaben leichter beherrschbar macht. Somit wird deutlich, daß die integrierte Informationsverarbeitung nicht grundsätzlich die Arbeitsteilung aufhebt, sondern den Grad der Arbeitsteilung lediglich zurückführen kann. Folgende Graphiken sollen die geschichtliche Entwicklung der Arbeitsteilung andeuten:

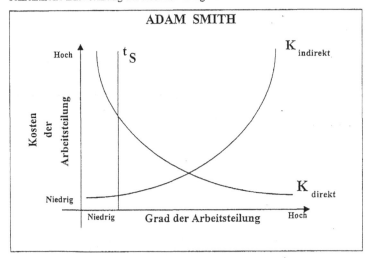

Abb. 8: Grad der Arbeitsteilung zu Zeiten Adam Smith[1]

Als indirekte Kosten ($K_{indirekt}$) der Arbeitsteilung können genannt werden: Planungskosten, auf Arbeitsunzufriedenheit beruhende Fehlzeiten, Kosten der aufgrund der Arbeitsteilung notwendigen Leistungsanreizsysteme, Kosten der Kontrolltätigkeiten und Organisationskosten aufgrund schwerfälliger Koordination im Rahmen der Bürokratie.[2]

---

[1] Vgl. Scheer, A.-W., Betriebswirtschaftslehre, a.a.O., S. 65 f.
[2] Vgl. Ridder, H.-G., "Arbeitsorganisation, Qualifikation, Entlohnung", in: Ridder, H.-G. / Janisch, R. / Bruns, H.-J. (Hrsg.), "Arbeitsorganisation und Qualifikation", München - Mering 1993, S. 11-26, hier S. 15 ff.

Direkte Kosten (K_{direkt}) sind z. B. Qualifikations- oder Einarbeitungskosten, also Personalkosten, welche mit zunehmender Arbeitsteilung sinken.

Zu Zeiten Adam Smiths (vertikale Linie t_S) war der Grad der Arbeitsteilung aus heutiger Sicht sehr niedrig. Die direkten Kosten der Arbeitsteilung waren erheblich höher als die indirekten und eine Erhöhung des Grades der Arbeitsteilung führte in dieser Situation zu einer günstigeren Kostenlage für das Unternehmen, da die direkten Kosten schneller sanken als die indirekten Kosten anstiegen. Erstrebenswert war in dieser Lage offensichtlich die Annäherung an den Schnittpunkt der direkten und indirekten Kosten, dem 'optimalen Grad der Arbeitsteilung', in dem keine Verbesserung der Kostensituation möglich ist. Diese Annäherung wurde durch den noch mangelnden technischen Fortschritt begrenzt.

Zu Zeiten Taylors (vertikale Linie t_T) war der Grad der Arbeitsteilung bereits erheblich weiter an den 'optimalen Grad der Arbeitsteilung' herangerückt als zu Zeiten Adam Smiths. Dennoch überwogen auch hier die direkten Kosten der Arbeitsteilung, was deren Zunahme wirtschaftlich sinnvoll erscheinen ließ.

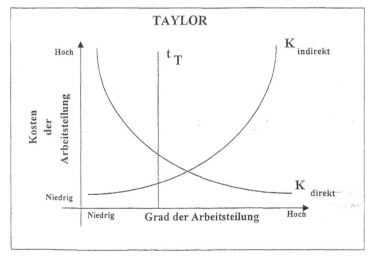

Abb. 9: Grad der Arbeitsteilung zu Zeiten F. Taylors

Unterstützt wurde die Zunahme der Arbeitsteilung durch den Zusammenhang zwischen detaillierter Arbeitsteilung und der zur Durchführung der Teilaufgaben notwendigen Qualifikation der Mitarbeiter, der sich anhand folgender Graphik veranschaulichen läßt:

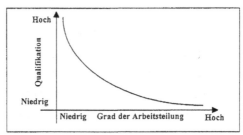

Abb. 10: Zusammenhang zwischen Grad der Arbeitsteilung und Qualifikation[1]

Offensichtlich nahm die notwendige Qualifikation der Mitarbeiter mit zunehmender Arbeitsteilung ab, was zu niedrigen direkten Kosten der Arbeitsteilung führte, da unqualifizierte Arbeitskräfte im Produktionsprozeß eingesetzt werden konnten.

Heute haben sich jedoch sowohl der Ausbildungsstand als auch die Aufgabeninhalte der Mitarbeiter grundlegend verändert. Die Arbeiter sind in den Industrieländern weit besser ausgebildet und daher in der Lage, komplexe Aufgabeninhalte schnell zu erfassen und auszuführen. Der Anteil von körperlicher im Vergleich zu geistiger Arbeit hat erheblich abgenommen; es besteht eine viel höhere Automatisierung der Arbeitsabläufe, die eine höhere Qualifikation der Arbeiter erfordern. Demzufolge sind die Vorteile der Arbeitsteilung nicht mehr in der Form gegeben, da heute fast alle Arbeitskräfte in der Lage sind, auch kompliziertere Sachverhalte zu überblicken.

Die Vermutung liegt daher nahe, daß die Arbeitsteilung soweit vorangetrieben worden ist, daß das Ausmaß der indirekten Kosten oft die Höhe der direkten

---

[1] Vgl. Lorenzen, H.-P., "Neuere Umsetzungsstrategien des Programms 'Forschung und Humanisierung des Arbeitslebens", in: Rauner, F. (Hrsg.), "Gestalten - eine neue gesellschaftliche Praxis", Bonn 1988, S. 83-91, hier S. 90

Kosten der Arbeitsteilung überschritten haben und daß eine Rückführung der Arbeitsteilung zu Kostenvorteilen führt.[1]

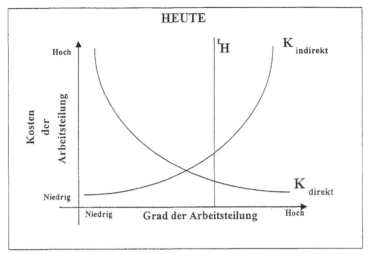

Abb. 11: Grad der Arbeitsteilung heute

In manchen Bereichen ist davon auszugehen, daß derzeit der Grad der Arbeitsteilung das 'Optimum' überschritten hat (t_H), was eine Rückführung im Sinne einer Aufgabenintegration sinnvoll erscheinen läßt.

Erst im Zuge der neuen technischen Möglichkeiten gibt es diese zunehmenden Integrationsbemühungen, die der seit etwa zwei Jahrhunderten geltenden Maxime 'Arbeitsteilung bringt Vorteile' entgegenwirken. Das hierfür notwendige Umdenken hinsichtlich organisatorischer Strukturen geht z. T. langsam vonstatten.

Da die Arbeitsteilung seit Adam Smith als Grundlage unseres Wohlstandes gilt und viele Strukturen in Arbeit und Gesellschaft auf ihr beruhen, ist die Abkehr von der Arbeitsteilung ein schwieriger Prozeß. Die Gründe dafür, daß früher keine erwähnenswerten Änderungen in Richtung einer Aufgabenintegration unternommen wurden, obwohl entsprechende Arbeitsorganisationskonzepte wie Gruppenarbeit bereits seit langem bekannt sind, sind auf den einfachen ökonomischen Sachverhalt zurückzuführen, daß die indirekten

---

[1] Vgl. Ridder, H.-G., a.a.O., S. 15 ff.

Kosten der Arbeitsteilung bislang niedriger eingeschätzt wurden als die direkten.[1]

Für die Veränderung dieser Sichtweise gibt es vielschichtige Begründungen. Den Autoren geht es in dieser Arbeit um die technikbedingten Möglichkeiten, die erst seit kurzem gegeben sind, obwohl auch Kostenargumente für eine solche Entwicklung herangezogen werden können. Allerdings läßt sich die Arbeitsteilung nur mit Hilfe der neuen Technik in einem vergleichsweise günstigen finanziellen Rahmen durchführen.

Die Frage, ob es für ein Unternehmen sinnvoll ist, durch die integrierte Software tayloristische Strukturen zu unterstützen oder zu optimieren, kann nicht allgemeinverbindlich entschieden werden, sondern muß sich immer auf ein konkretes Unternehmen beziehen und insbesondere die Unternehmensaufgaben berücksichtigen.

5.2   Bedingungen für die erfolgreiche Einführung einer ISAS

Während der Einführungsphase werden wichtige Weichenstellungen für den langfristigen Erfolg der anschließenden Nutzungsphase einer ISAS vorgenommen. Daher sollen die wesentlichen Einflußfaktoren an dieser Stelle aufgeführt werden.

Die Einführung einer ISAS zählt zu den komplexen betrieblichen Projekten, was ein planmäßiges und in logischen Schritten strukturiertes Vorgehen erfordert.

Im ersten Schritt werden, einem **Projektablaufplan** folgend, die langfristig angestrebten Unternehmensziele sowie die vorhandene Aufbau- und Ablauforganisation mit ihren Kommunikations- und Informationsbeziehungen ermittelt. Anschließend wird der vorgefundene Ist-Zustand, insbesondere im Hinblick auf eine der Leistungserstellung angepaßten Organisations- und Kommunikationsstruktur, analysiert. Aufbauend auf der Ist-Analyse ist ein

---

[1] Vgl. Ridder, H.-G., a.a.O., S. 12 f.

Soll-Konzept zu erstellen, in dem ein anzustrebender Zielzustand entwickelt und beschrieben wird,[1] der nach Möglichkeit von allen Betroffen mitgetragen werden soll. Anschließend wird ein Einführungszeitplan mit den zeitlich abgestuften zu erreichenden Zwischenergebnissen festgelegt. Parallel dazu werden Aufgaben und Verantwortlichkeiten verteilt, wobei die analytischen, prognostischen und kreativen Fähigkeiten der einzelnen Teammitglieder aufeinander abzustimmen sind. Ferner ist eine laufende Kontrolle der Projektdurchführung sowie die abschließende Beurteilung des erreichten Zustandes vorzunehmen.[2]

Um den zielgerichteten Projektablauf zu gewährleisten, muß das Projektmanagement sicherstellen, daß eine hohe Motivation im Projektteam herrscht, sich die Gruppe mit der Projektaufgabe identifiziert und daß ausreichende Kommunikationsbeziehungen zwischen den Projektmitgliedern bestehen.

5.2.1 Einführungsstrategie

Die **Einführungsstrategie** erfordert die Klärung der wesentlichen Fragen, in welchem Unternehmensbereich mit der Einführung, d. h. mit welcher Unternehmensfunktion die Integration der Teilsysteme begonnen werden soll,[3] bzw. ob in allen Unternehmensbereichen gleichzeitig der Systemeinsatz aufgenommen werden soll. Die erste Vorgehensweise wird als Step-by-Step-Einführung bezeichnet, während die zweite vorgehensweise unter dem Begriff 'big-bang' bekannt ist.[4]

Die **Step-by-Step**-Einführung beginnt mit der Einführung nur eines oder weniger Module und läßt die anderen Module nacheinander folgen; dabei ist jedoch bei den zuerst eingeführten Modulen darauf zu achten, daß weitere Module folgen werden. Dies sollte auch dann berücksichtigt werden, wenn die Verwendung bestimmter Module noch nicht geplant ist.

Der wesentliche Vorteil des Step-by-Step-Vorgehens liegt im allmählichen Vertrautwerden der Anwender mit dem System. Dagegen liegt der erhebliche

---

[1] Vgl. Boll, M., a.a.O., S. 420
[2] Zum Phasenkonzept vgl. auch Meister, C., a.a.O., S. 41 ff.
[3] Vgl. Scholz, M. / Weichhardt, F., a.a.O., S. 159
[4] Vgl. Meister, C., a.a.O., S. 30

Nachteil in einer möglicherweise notwendigen Schaffung von temporären Schnittstellen zu vorhandenen Altsystemen, die in der nachfolgenden Einführung weiterer Module abgelöst werden sollen. Damit sind erhebliche Kosten und meist große Schnittstellenprobleme verbunden.[1]

Beim **Big Bang** werden zu einem festgelegten Zeitpunkt sämtliche der einzuführenden Module produktiv. Hauptsächlicher Vorteil des Big-Bang-Vorgehens ist die erheblich kürzere Projektlaufzeit und der früher eintretende Nutzen durch das integrierte Gesamtsystem. Allerdings werden vom Gesamtunternehmen erhebliche Ressourcen wie Mitarbeiterzeit mit absoluter Priorität in sämtlichen von der Einführung betroffenen Bereiche gleichzeitig abverlangt, um zum festgesetzten Einführungstag erfolgreich starten zu können. Weiterhin sind ein straffes Projektmangement und umfangreiche Integrationstests erforderlich. Insbesondere die begrenzten Personalressourcen des Kunden verhindern i. d. R. die gleichzeitige Einführung aller Module.[2]

Neben den gewählten Strategien ist zu klären, ob die Einführung an einem Stichtag erfolgen soll, von dem an das Altsystem 'abgeschaltet' und das neue weitergenutzt wird, oder ob für einen festgelegten Zeitraum ein Parallelbetrieb der beiden Systeme vorzusehen ist.[3] Insgesamt sind also vier Szenarien zur ISAS Einführung denkbar.

THESE ZUR EINFÜHRUNGSSTRATEGIE

Die im Zuge einer ISAS-Einführung durchzuführende unternehmensweite Integration verrichtungsorientierter betrieblicher Teilbereiche erweist sich als erfolgversprechend, wenn die ISAS-Einführung in mehreren Schritten erfolgt. Dabei sollten in organisatorisch aufeinander abgestimmten Zwischenschritten Teilintegrationen vorgenommen

---

[1] Vgl. Boll, M., a.a.O., S. 419
[2] Vgl. Boll, M., a.a.O., S. 419
[3] Vgl. Gröner, U., "Integrierte Informationsverarbeitung - eine Standortbestimmung aus Sicht der Anwender", in: SzU, "Integrierte Informationssysteme", Bd. 44, Wiesbaden 1991, S. 19-34, hier S. 29

werden, um eine Gesamtintegration zu erreichen, die die unternehmerischen Ressourcen nicht übermäßig beansprucht.[1]

5.2.2 Personelle Unterstützung der ISAS-Einführung

Die angebotenen neuen Systemtechnologien lassen sich - wie die geschilderten
Projektnotwendigkeiten zeigen - häufig nur in Zusammenhang mit der Inan-
spruchnahme von **Beratungsleistung** einführen. Dies resultiert aus dem hohen
Risiko, das für den potentiellen Erwerber einer Systemtechnologie mit dem
Kauf verbunden ist. Dieses Risiko ergibt sich aus der mangelnden Möglich-
keit, die Systemtechnologie eingehend und differenziert beurteilen zu können.
Weiterhin ist es schwierig, die Auswirkungen auf das einführende Unter-
nehmen abzuschätzen und im voraus den Nutzen feststellen zu können.[2]

Unterscheiden lassen sich eine unternehmensinterne, eine konzerninterne sowie eine externe Unterstützung der Projektdurchführung.
Unternehmensinterne Unterstützung ist nur in solchen Unternehmen reali-
stisch, die auf entsprechend geeignetes Personal zurückgreifen können und in
der Lage sind, die Qualifikationsmaßnahmen, die zur Durchführung eines ein-
maligen Projektes anfallen, zu tragen und auf das Erfahrungswissen für die
Einführung der ISAS zu verzichten. Da insbesondere der Verzicht auf das Erfahrungswissen eine hohe Anzahl von Fehlerquellen mit sich bringt, kann dieses Vorgehen erfahrungsgemäß als nicht angemessen bezeichnet werden.
Bei einer konzerninternen Projektunterstützung wird konzernweit ein Projekt-
leiter oder -team ausgebildet, dem die Projektdurchführung in den Konzernunternehmen übertragen wird. Externe Projektdurchführung liegt dann vor, wenn
ein fremdes Unternehmen mit der Projektdurchführung beauftragt wird und
das notwendige Personal zur Verfügung stellt.

---

[1] Vgl. Funke, H., "Planungsmethode für das Informationsmanagement", in: SzU, "Büroautomation", Bd. 42, Wiesbaden 1990, S. 131-148, hier S. 139
[2] Vgl. Engelhardt, W. H., "Dienstleistungsorientiertes Marketing - Antwort auf die Herausforderung durch neue Technologien", in: Adam, D. et. al. (Hrsg.), "Integration und Flexibilität", Wiesbaden 1990, S. 269-288, S. 274 f.

Die Autoren haben im Rahmen ihrer praktischen Tätigkeit eine solche Beratung übernommen. Ihre Erfahrungen erstrecken sich dabei sowohl auf die Einführungs- als auch auf die Nutzungsphase einer ISAS. Die im Laufe dieser Arbeit durchzuführenden Analysen werden durch Ihre Beobachtungen unterstützt.

THESE ZUR PROJEKTUNTERSTÜTZUNG

Unternehmensexterne Berater sind für die Projektdurchführung vorzuziehen.

5.2.3   Besondere Anforderungen an das Projektmanagement

Die Einführung einer ISAS erfordert häufig erhebliche Veränderungen der Organisationsstruktur und eine grundlegende Erneuerung der Informations- und Kommunikations-Infrastruktur. Gegen diese Anpassungen sind immer wieder starke Widerstände in den Unternehmen festzustellen,[1] da insbesondere die Abstimmung zwischen den vordefinierten Abläufen der ISAS und den gewachsenen Strukturen eines Unternehmens zu Schwierigkeiten führt.[2]

Neben der Einführungsstrategie, die eine wesentliche Rolle für die **Akzeptanz** einer ISAS spielt,[3] gibt es weitere Faktoren, die die Akzeptanz beeinflussen. Im wesentlichen werden dabei in der Literatur solche genannt, die eine Akzeptanz gefährden können, wie beispielsweise persönliche Ängste der Mitarbeiter, verursacht durch die Unklarheit über die bevorstehende Veränderung am eigenen Arbeitsplatz oder einer möglichen Entwertung von Berufserfahrung, falls viele Aufgaben aufgrund des Technikeinsatzes wegfallen. Darüber hinaus können der Konkurrenzdruck, der gerade bei älteren Mitarbeitern aufgrund des drohenden Arbeitsplatzverlustes zu einer zurückhaltenden Einstellung gegenüber neuer Technik führt, eine vermutete Dequalifikation mit Verlust von Entscheidungsspielräumen oder auch die Unklarheit über die neuen

---

[1] Vgl. Gröner, U., a.a.O., S. 22
[2] Vgl. Jäger, E. / Pietsch, M. / Mertens, P., a.a.O., S. 425
[3] Vgl. Oetinger, R., a.a.O., S. 31

Kommunikationswege und des damit eventuell verbundenen Verlustes bisheriger sozialer Kontakte, die Einstellung der Unternehmensangehörigen belasten. Selbst möglicherweise erwartete Mehrarbeit und mehr Verantwortung nach der technikbedingten Reorganisation des Arbeitsablaufes, die von den Mitarbeitern nicht gewünscht wird, kann sich negativ auf den Projektverlauf auswirken.[1]

Veränderungen werden von Menschen häufig als Bedrohung aufgefaßt; dies gilt ebenso für Mitarbeiter eines Unternehmens, die durch die Einführung eines IuK-Systems eine individuelle Bedrohung vermuten. Ausschlaggebend ist dabei nicht, ob tatsächlich eine Bedrohung vorliegt, sondern ob Vermutungen zum Empfinden der Bedrohung führen. Diese Empfindung kommt zumeist durch Widerstand zum Ausdruck.[2]

Als Bedrohung wird die Einführung einer ISAS deshalb empfunden, weil sie das Gleichgewicht des sozialen Teilsystems eines Unternehmens stört, indem die Ergebnisse von Prozessen, die sich aus den verschiedenen Bedürfnissen und Zielen der Organisationsmitglieder entwickelt haben, eine Veränderung erfahren. Dieses Gleichgewicht erfüllt in erster Linie eine Sicherheitsfunktion, da sich jeder in diesem Beziehungsgeflecht auskennt, jeder weiß, was zu tun ist und was unterbleiben muß, und jeder weiß, was von einem selbst und was von anderen zu erwarten ist.[3]   Daher erfüllen die Überlieferung von und das Festhalten an erprobten Strukturen einen organisatorisch-sozialen Zweck. Sie werden jedoch dann zu einem Problem, wenn die inneren oder äußeren Bedingungen, für die sie entworfen wurden, nicht mehr gelten und das notwendig gewordene Aufbrechen dieser Strukturen sich als schwierig herausstellt. Dieses Aufbrechen von Strukturen kann beispielsweise deshalb kompliziert sein, weil eine anzustrebende Lösung noch nicht gefunden oder noch nicht bekannt ist, welche der vorgeschlagenen Lösungen sich durchsetzen wird. Darüber

---

[1] Vgl. Vetter, R. / Wiesenbauer, L., "Anwenderakzeptanz in BK-Projekten", in: OM, 40. Jg. (1992), Heft 6, S. 45-50, hier S. 46 ff.

[2] Vgl. Römheld, D., "Informationssysteme und Management-Funktionen", Wiesbaden 1973, S. 116 f.

[3] Vgl. Frei, F. et. al., a.a.O., S. 132

hinaus kann die angestrebte Lösung den Interessen hochrangiger Unternehmensangehöriger widersprechen, die ihre Machtstellung möglicherweise zur Behinderung der Veränderung ausnutzen. Die Unsicherheit hinsichtlich der neuen Strukturen bzw. die Bedrohung der Interessen führt häufig zum Festhalten an Gewohntem und zu Widerstand gegenüber dem Neuen.[1]

Für die Akzeptanz im Unternehmen ist es daher unabdingbar, daß die Geschäftsführung hinter einem Projekt steht.[2] Hierfür benötigen die Führungskräfte einen Gesamtüberblick über die Merkmale der einzuführenden ISAS, um die Wirkungen auf das Unternehmen abschätzen zu können und die organisatorischen Voraussetzungen für die integrierte Informationsverarbeitung frühzeitig in Gang setzen zu können.[3] Wesentlich für die Sicherung der Akzeptanz ist es, zu verdeutlichen, warum die mit der Einführung verbundenen Änderungen von Organisation und Ablauf vorgenommen werden. Dies wirkt auf die Mitarbeiter motivierend und trägt somit zur Akzeptanz der Umstrukturierungsmaßnahmen bei.[4] Untersuchungen zur Einführung einer ISAS mit einer Umstellung der Organisation belegen, daß eine frühzeitige Einbindung der Mitarbeiter mit einer umfassenden und sachlich korrekten Information die Akzeptanz signifikant erhöht.[5]

Verfehlte Projektdurchführung, die sich beispielsweise in mangelnder Einbindung der Mitarbeiter zeigt, führt zu geringer Akzeptanz und zu hohen Kosten entweder aufgrund des Scheiterns oder aufgrund der Verzögerung des Projektabschlusses.

Der Erfolg bei der Einführung von Konzepten der integrierten Informationsverarbeitung wird entscheidend von den zur Verfügung stehenden **Qualifikationen** der Mitarbeiter bestimmt.[6]

---

[1] Vgl. Frei, F. et. al., a.a.O., S. 25
[2] Vgl. Dählmann, C., "Management by Projects", in: OM, 40. Jg. (1992), Heft 7-8, S. 78-78, hier S. 78
[3] Vgl Nagel, K., "Unternehmensstrategie und strategische Informationsverarbeitung", in: Computer Magazin Wissen, o. Jg. (1989), Heft 101, S. 14-20, hier S. 17
[4] Vgl. Linke, K., "Geld allein kann die Mitarbeiter nicht motivieren" in: BdW, Jg. 37, 31.10.94, S. 1
[5] Vgl. Pietsch, T. / Fuhrmann, S., a.a.O., S. 138
[6] Vgl. Pietsch, T. / Fuhrmann, S., a.a.O., S. 139

In Abhängigkeit vom Projektfortschritt sind laufend Qualifikationsmaßnahmen der Anwender durchzuführen, wobei auf die individuellen Anforderungen der Benutzergruppen einzugehen ist.[1] Frühzeitige Qualifikationsmaßnahmen führen durch die damit verbundene Förderung der Akzeptanz und durch die besseren Einsatzmöglichkeiten des vorhandenen Personals zu einer Kostenreduktion.[2]

Entscheidende Determinanten für die Ausrichtung einer ISAS sind die Unternehmensbranche, die Unternehmenskultur und die mit der ISAS angestrebte strategische Ausrichtung. Der erhebliche Einfluß der Unternehmenskultur auf die technischen und organisatorischen Gestaltungskonzepte ist in der Praxis nachweisbar. Durch die Unternehmenskultur werden Parameter vorbestimmt, die die Nutzung der sich bietenden Möglichkeiten einschränken. Eine theoretisch erreichbare Strukturoptimierung in der Arbeitsplatz- und Prozeßgestaltung wird somit durch höherrangige unternehmerische Zielvorstellungen überlagert.[3]

Bei der Einführung einer ISAS werden erhebliche **Unternehmensressourcen** gebunden. Dies folgt nicht nur aus der Einführung der ISAS, sondern auch aus den notwendigen organisatorischen Anpassungen. So kann die Einführung für die zentralen Unternehmensbereiche bis zu fünf Jahre in Anspruch nehmen. Die häufig von der Unternehmensleitung erwarteten kurzfristigen Erfolge für das Gesamtunternehmen sind als unrealistisch anzusehen, da es sich bei der ISAS um ein strategisches Gestaltungsinstrument mit eher langfristiger Wirkung handelt.[4] Dennoch lassen sich in Teilbereichen nach relativ kurzer Zeit Arbeitserleichterungen erzielen. Dies gilt beispielsweise für die Erstellung einer Bilanz mit Hilfe der automatischen Auswertungsmöglichkeiten.[5]

---

[1] Vgl. Schulze, R., "Software Engineering bei Wüstenrot", in: Rau, K.-H. / Stickel, E. (Hrsg.), "Software Engineering- Erfahrungsberichte aus Dienstleistungsunternehmen, Handel und Industrie", Wiesbaden 1991, S. 23-48, hier S. 42 f.

[2] Vgl. Gaugler, E., "Arbeitsorganisation und Mitarbeiterqualifikation beim Einsatz moderner Informations- und Kommunikationstechniken", in: Adam, D. et. al. (Hrsg.), "Integration und Flexibilität", Wiesbaden 1990, S. 181-196, hier S. 187

[3] Vgl. Krallmann, H. / Pietsch, T., a.a.O., S. 11 f.

[4] Vgl. Gröner, U., a.a.O., S. 21 f.

[5] Vgl. Joswig, D., a.a.O., S. 29

Aus der Literatur läßt sich folgendes Beispiel anführen. Für die Einführung der ISAS und der entsprechenden organisatorischen Anpassungen wurden in einem Unternehmen innerhalb von vier Jahren ca. neun Mio. DM aufgewendet. Im dritten und vierten Einsatzjahr konnten demgegenüber Einsparungen in Höhe von ca. fünf Mio. DM bei den Verwaltungskosten verzeichnet werden. Für die Folgejahre geht das Unternehmen von noch höheren Einsparungen aus.[1]

THESE zum Projektmanagement

Zur erfolgreichen Durchführung von ISAS-Projekten sind besondere Formen des Managements nötig, die Akzeptanz-, Macht- und Qualifikationsprobleme unkompliziert zu lösen helfen.

5.3   Auswirkungen auf das Unternehmen und seine Organisationsstruktur

Da sich - wie im vorangegangenen Abschnitt dargestellt - das Umfeld der Unternehmen grundlegend wandelt, sind neue Organisationsstrukturen notwendig, um die Überlebensfähigkeit eines Unternehmens zu sichern.

Die Neuentwicklungen der ISAS ermöglichen vielfältige Gestaltungsoptionen hinsichtlich der Unternehmensorganisation. So ist eine Kompetenzentwicklung, eine ganzheitliche Arbeitsorganisation und eine Verringerung psychischer und physischer Belastungen möglich. Um diese Optionen verwirklichen zu können, ist die Nutzung der IuK-Technik für zunehmende operative Dezentralisierung, abnehmende Arbeitsteilung und zunehmende Entscheidungsspielräume einzusetzen. Andererseits jedoch läßt sich die IuK-Technik dazu verwenden, um eine stärkere Zentralisierung, erhöhte Leistungskontrolle und zunehmende Leistungsverdichtung durchzusetzen.[2]

---

[1] Vgl. Füller, E., "Entscheidung für Standardsoftware - am Beispiel der Firma Dr. Karl Thomae GmbH", in: Österle, H. (Hrsg.), "Integrierte Standardsoftware: Entscheidungshilfen für den Einsatz von Softwarepaketen", Bd. 1, Hallbergmoos 1990, S. 37-54, S. 49

[2] Vgl. Frei, F. et. al., a.a.O., S. 65 f.

Mit Hilfe von ISAS können darüber hinaus völlig neuartige Geschäftsprozesse und Organisationsstrukturen aufgebaut werden. Eine ISAS eignet sich, um unternehmensweite Prozesse besser abbilden, planen, durchführen und kontrollieren zu können. Durch die ISAS werden somit zusätzliche Freiheitsgrade in der Gestaltung der Organisationsstrukturen eines Unternehmens gewonnen. Ob dabei zentral gesteuert oder dezentral entschieden wird, wird durch die Unternehmensführung bestimmt und nicht durch die ISAS. Wichtig ist dabei nur, daß die gewählte Unternehmensorganisation und die ISAS aufeinander abgestimmt werden. "Im allgemeinen determinieren somit die neuen Bürotechnologien keine bestimmten Organisationsformen, was durch empirische Untersuchungen bestätigt wird ..."[1]

Eine ganzheitliche Sicht der Arbeit wird durch die Differenzierung in Aufbauorganisation und Ablauforganisation erschwert. Da die Betrachtung der Informationswege in einem Unternehmen im Rahmen der Aufbauorganisation erfolgt, dagegen die laufende Kommunikation und Koordination im Rahmen der Ablauforganisation untersucht wird, lassen sich Abhängigkeiten zwischen den Informationsflüssen und der Kommunikation sowie der Koordination nur schwer aufzeigen. Daraus ist erkennbar, daß bei einer Wirkungsuntersuchung von ISAS, die erhebliche Teile der Kommunikation betrifft, eine Trennung in Aufbau- und Ablauforganisation nicht angemessen erscheint. Vielmehr sind die Zusammenhänge der Aufbauorganisation mit ihrer Aufgabenteilung auf der einen Seite und den sich daraus ableitenden Erfordernissen an die Kommunikation im Rahmen der Ablauforganisation auf der anderen Seite zu betonen.[2]

5.3.1   Wechselwirkungen zwischen ISAS und Organisation

Die Anpassungen von Aufbau- und Ablauforganisation an die ISAS werden nicht deshalb vorgenommen, weil dafür eine technische Notwendigkeit besteht, sondern weil mit Hilfe der ISAS vorteilhafte Organisationskonzepte

---

[1] Katz, C., et. al., "Arbeit im Büro von Morgen", Zürich 1987, S. 61
[2] Vgl. Bössmann, E., a.a.O., S. 38 f.

praktisch anwendbar werden oder die ISAS dazu dienen kann, Strukturen aufzubrechen, die nicht den Marktanforderungen genügen.

Integrierte Software eröffnet einem Unternehmen zusätzliche Gestaltungsfreiräume, die sinnvoll zu nutzen sind. Sie ermöglicht sowohl die Abbildung oder Festigung funktionaler Unternehmensgliederungen mit einer tayloristischen Aufgabenverteilung als auch die Unterstützung teamorientierter Unternehmensprozesse.

Ausschlaggebend für den organisatorischen Erfolg einer ISAS-Einführung ist jedoch nicht nur die ISAS selbst, sondern auch die Fähigkeit des Unternehmens sich organisatorischen Veränderungen zu unterziehen. Die Konsequenz daraus ist, "... daß die Innovationsgeschwindigkeit durch die Grenzen des organisatorischen Wandels limitiert ist. Diese liegen oft enger als die der Softwareentwicklung."[1]

Das Gestaltungselement der ISAS zeigt sich darin, daß erst durch ihren Einsatz vorteilhafte Organisationskonzepte praktisch durchführbar oder wirtschaftlich anwendbar werden. Gleichwohl sind die Organisationskonzepte durch die Anwendungserfahrungen mit der ISAS weiterzuentwickeln.[2]

Die Gestaltung der Aufbau- und Ablauforganisation ist den Veränderungen im innerbetrieblichen Kommunikationssystem des Unternehmens anzupassen, die durch die IuK-Technik hervorgerufen werden. Die Möglichkeiten der IuK-Technik können nur dann ausgeschöpft werden, wenn die Gestaltung der Organisation die entsprechend notwendigen Voraussetzungen schafft. Daher ist von der Unternehmensführung die Anpassung der Organisation im Hinblick auf die IuK-Technik aktiv zu gestalten.[3]   Grochla spricht von "... einer verstärkten gestaltungsrelevanten Interdependenz zwischen Organisations-

---

[1] Österle, H., a.a.O. S. 16 f.
[2] Vgl. Scheer, A.-W., Betriebswirtschaftslehre, a.a.O., S. 2
[3] Vgl. Reigl, O. A., "Veränderungen im Kommunikationssystem der Unternehmung durch den Einsatz einer Datenverarbeitungsanlage", Diss., München 1972, S. IV f.

struktur und Informationssystem".[1] Eine durch die IuK-Technik lediglich angestrebte Unterstützung bei gleichbleibender Organisation führt zu Schwachstellen, da ein integriertes Gesamtkonzept für Organisation und IuK-Anwendung geschaffen werden muß.

Da die **Organisationsstruktur** eines Unternehmens der Anwendung einer ISAS angemessen sein muß, ist eine laufende Optimierung der Organisation in Abstimmung mit der Anwendung der ISAS durchzuführen und danach zu beurteilen, ob insbesondere die Kriterien Flexibilität und Kundenorientierung in hohem Maße erreicht werden.[2]

Durch ISAS werden sowohl die Aufbau- als auch die Ablauforganisation beeinflußt. Bei der Aufbauorganisation geschieht dies durch das Entstehen neuer Aufgabenbereiche, speziell dem des Informationsmanagements, während die Ablauforganisation sowohl hinsichtlich der Inhalte, der Abgrenzungen als auch der Reihenfolge verändert wird.[3]

Die Abstimmung zwischen ISAS und Organisation erfolgt einerseits über die entsprechende Parametereinstellung der ISAS und andererseits durch die angemessene Anpassung der Aufgaben-, Kommunikations- und Leistungsstruktur an die neu geschaffenen organisatorischen Möglichkeiten der ISAS.[4] Suboptimale Arbeitsabläufe entstehen, wenn die Software nicht auf die Besonderheiten eines einzelnen Unternehmens sowie die Erfüllung einer konkreten Aufgabe optimal eingerichtet werden kann.

Unterbleibt die gezielte Parametereinstellung, so muß sich das Unternehmen organisatorisch an die mit den Programmen abbildbaren Lösungswege, die von einer bestimmten Unternehmensstruktur und einer Annahme über

[1] Grochla, E., "Die Gestaltung computergestützer Informationssysteme als Herausforderung an die Organisationsforschung", in: BIFOA-Arbeitsbericht 74/5: "Organisationsstrukturen und Strukturen der Informationssysteme", Köln 1975, S. 8

[2] Vgl. Sandler, C. H., a.a.O., S. 172

[3] Vgl. Schwarze, J., "Betriebswirtschaftliche Aufgaben und Bedeutung des Informationsmanagements", in: WI, 32. Jg. (1990), Heft 2, S. 104-115, hier S. 109 f.

[4] Vgl. Oetinger, R., a.a.O., S. 31

bestimmte Abläufe der Aufgabenbewältigung ausgehen, anpassen.[1] Ein Verlust organisatorischer Gestaltungsspielräume wäre die Folge.

Allgemein läßt sich festhalten, daß die organisatorischen Gestaltungsmöglichkeiten und -freiräume, die sich dem jeweiligen Unternehmen bieten, bei der
Einführung einer integrierten Standardsoftware nicht kontextfrei betrachtet
werden können. Zwischen der Organisation und der ISAS entstehen Wechselwirkungen, die unterschiedlich ausfallen und im einzelnen nur für ein be-
stimmtes Unternehmen bewertet werden können.

THESE zur Organisationsform

Die ISAS haben einen organisatorischen Optionscharakter und determinieren keine bestimmten Organisationsformen. Ihr Einsatz führt nicht
zwangsläufig zu der bereits beschriebenen Verbesserung der Kunden-
nähe oder zu einer Erhöhung der Flexibilität und somit zu einer Stärkung der Wettbewerbsfähigkeit des Unternehmens. Vielmehr müssen
gleichzeitig die organisatorischen Voraussetzungen geschaffen werden, um eine ISAS für das Unternehmen nutzbringend einsetzen zu
können.[2]

5.3.2   Informations- und Kommunikationsbeziehungen

Der Einsatz neuer IuK-Technologien führt erfahrungsgemäß zu Veränderungen der Informations- und Kommunikationsbeziehungen innerhalb der einzelnen Abteilungen eines Unternehmens, zwischen den Abteilungen und zu externen Geschäftspartnern, da die Abhängigkeiten zwischen den Stellen zu einer
verstärkten Zusammenarbeit führen.[3] Diese Veränderungen können sich auf
das Volumen der Informationen, auf die Häufigkeit des Informationsaustau-
sches und auf den Formalisierungsgrad der Information beziehen.[4]   Die

---

[1] Vgl. Berthel, J., Informationssysteme, a.a.O., S. 112
[2] o.V., Produktivität im Vertrieb, a.a.O., S. 21
[3] Vgl. Römheld, D., a.a.O., S. 104
[4] Vgl. Wittstock, M., a.a.O., S. 94

sinnvolle organisatorische Einbindung in das angestrebte Gefüge der Informations- und Kommunikationsbeziehungen ist demzufolge ausschlaggebend für den effizienten Einsatz eines IuK-Systems.[1]

Bekannt ist, daß lokal optimales Verhalten für den Gesamterfolg suboptimal sein kann oder das Gesamtergebnis sogar verschlechtert. Dieses Phänomen läßt sich beispielhaft an den Abteilungsgrenzen in einem Unternehmen beobachten. Dies kann nicht unbedingt durch Abteilungsegoismus erklärt werden, sondern vielmehr durch mangelnde Kommunikation zwischen den Abteilungen, die aus einer funktional gegliederten Organisationsstruktur resultiert. Dabei fehlen den verschiedenen Abteilungen Informationen über die anderen Abteilungen und zu den Interdependenzen und somit den Koordinationserfordernissen. Hieraus wird ersichtlich, daß die funktionale Organisationsstruktur den Kommunikationsprozeß behindern kann. Dies gilt insbesondere für Aufgabenbewältigungen, die ein hohes Maß an Interdependenz beinhalten. Begründet werden kann dieser mangelhafte Zustand einerseits mit einer zu geringen Beachtung der Koordinationserfordernisse oder andererseits mit den in der Vergangenheit unzureichenden Möglichkeiten, die Koordinationsbeziehungen abbilden zu können, ohne daß es zu Überlastungen durch die Weiterleitung von Informationen kommt. Je größer das Unternehmen, d. h. je mehr Mitarbeiter arbeitsteilig eine Aufgabe erledigen, desto komplexer wird die Organisationsaufgabe und desto größer wird der Aufwand zur Kommunikation und Koordination zwischen den einzelnen Stellen.[2]

In diesem Zusammenhang läßt sich eine ISAS als Hilfsmittel interpretieren, das Kommunikationsprobleme vermindert.

Obwohl insgesamt von einer Zunahme der Kommunikation durch den Einsatz eines IuK-System auszugehen ist, wird ein erheblicher Teil im IuK-System abgewickelt, ohne daß es zu einer direkten Kommunikation zwischen den Mitarbeitern kommt. Dies kann sogar dazu führen, daß die zwischenmenschliche

---

[1] Vgl. Wittstock, M., a.a.O., S. 53
[2] Vgl. Kosiol, E., Organisation, a.a.O., S. 15

Kommunikation bestimmter Stellen geringer ist als vor der Verwendung eines IuK-Systems.[1]

Negativ könnte sich zudem aus dem Einsatz einer ISAS die verschärfte Problematik der Informationüberflutung auswirken. Die Unterscheidung zwischen relevanter und irrelevanter Information wird durch die ISAS-immanenten Informationsmöglichkeiten immer schwieriger.[2]

THESE zur Informationsversorgung

Sowohl die interne Informationsversorgung als auch die bereichsübergreifende Koordination lassen sich mit Hilfe einer ISAS verbessern. Der Einsatz neuer IuK-Systeme führt zu einer schnelleren und leichteren Beschaffung von Information, einer Verbesserung der Darstellung von Information und einer höheren Verfügbarkeit vorhandener Information. Ob der Aufwand für IuK-Aufgaben in einem Unternehmen sinken wird oder ob bislang nicht ausgeschöpfte Informationsmöglichkeiten zu einem erhöhten Aufwand für IuK-Aufgaben führen, hängt von den spezifischen Aufgaben eines Unternehmens ab.[3]

5.3.3   Integrationsarten und Organisationskonzepte

Viele Unternehmen haben in den letzten Jahren erhebliche Mittel in die Rationalisierung ihrer Verwaltung gesteckt, mit dem Ergebnis einer Reihe von Insellösungen, die in den verschiedenen Funktionalbereichen eine sehr effiziente Leistungserstellung ermöglichen. Diese Insellösungen haben jedoch Nachteile aufgrund der mangelnden Integration, der möglicherweise suboptimalen Gesamtschau sowie der Zementierung bestehender Strukturen.[4]

Unterstrichen werden diese Nachteile durch die herkömmliche organisatorische Dezentralisierung der DV-technischen Zuständigkeiten für die

---

[1] Vgl. Römheld, D., a.a.O., S. 104
[2] Vgl. Rolf, A. et. al., a.a.O., S. 27
[3] Vgl. Wittstock, M., a.a.O., S. 107
[4] Vgl. Österle, H., Unternehmensstrategie, a.a.O., S. 15 f.

Insellösungen. Diese organisatorische Trennung verhindert "... die vollständige Integration der Informationsverarbeitung in alle[n] Tätigkeitsbereiche[n]".[1]

Die Einführung einer ISAS kann gezielt dazu eingesetzt werden, um durch geeignete Reorganisationsmaßnahmen die fortgeschrittene Arbeitsteilung aufzulösen und damit eine **ganzheitliche Unternehmenssicht** zu ermöglichen.[2] Das Ziel des Integrationskonzeptes ist also die Überbrückung von Schnittstellen und eine optimierte Abstimmung der Interdependenzen sowohl in **horizontaler** als auch in **vertikaler** Richtung. Als eine der Aufgaben, die das Ziel einer Integration bilden, kann die Vernetzung der Teilbereiche eines Unternehmens verstanden werden.[3] Hierauf aufbauend lassen sich **moderne Organisationsformen** entwickeln.

5.3.3.1   Integrierte Sicht des Gesamtunternehmens

In der betriebswirtschaftlichen Literatur ist allgemein anerkannt, daß zunehmende Interdependenzen zwischen den Teilbereichen eines Unternehmens bei getrennter Steuerung dieser Bereiche aus Sicht des Gesamtunternehmens nicht zu einer optimalen Aufgabenerfüllung führen kann.[4]

Die Abläufe in den verschiedenen Abteilungen eines Unternehmens mögen aus deren jeweiliger abteilungsbezogener Sicht adäquat sein; im Hinblick auf das Zusammenwirken der einzelnen Abteilungen und damit auf den Gesamterfolg eines Unternehmens führt die abteilungsbezogene Sicht, wie bereits erwähnt, jedoch selten zu einem Optimum für das Gesamtunternehmen. Daraus leitet sich die Folgerung ab, daß über integrierende Maßnahmen die einzelnen Abteilungen die wechselseitigen Beziehungen zu den anderen Abteilungen besser erkennen sollen und ihre Handlungen auf das Optimum des Unternehmens ausrichten können.[5]

---

[1] Ischebeck, W., Informationszentren, a.a.O., S. 84
[2] Vgl. Scholz, M. / Weichhardt, F., a.a.O., S. 155
[3] Vgl. Staehle, W., "Mangement", 3. Aufl., München 1987, S. 432
[4] Vgl. Meffert, H., a.a.O., S. 376
[5] Vgl. Römheld, D., a.a.O., S. 33 f.

THESE 1 ZUR INTEGRATION

Durch die ISAS werden Integration und ganzheitliche Sicht des Unternehmens gefördert.

Mit Hilfe einer das Gesamtunternehmen abdeckenden ISAS lassen sich Teilziele einzelner Bereiche im Hinblick auf die Wirkung für das Gesamtunternehmen beurteilen. Suboptimale oder gar kontraproduktive Wirkungen auf das Unternehmen als Ganzes, die durch eine beschränkte Abteilungssicht hervorgerufen werden, lassen sich somit durch den ISAS-Einsatz aufdecken und in sinnvollere Zielvorgaben für die entsprechende Abteilung umsetzen. Gleiches gilt für unvereinbare Zielvorgaben verschiedener Bereiche.[1]

5.3.3.2   Horizontale Integration

"Unabhängig von dem Zugriff vieler betrieblicher Bereiche auf dieselben Daten geht von ... Informations- und Kommunikationssystemen eine starke integrative Wirkung aus. Die verschiedenen betrieblichen Aufgaben- und Funktionsbereiche wachsen durch den Einsatz neuer Techniken zwangsläufig enger zusammen."[2] Dieses Zusammenwachsen von Funktionsbereichen, die gleichrangig auf einer organisatorischen Ebene stehen, wird als horizontale Integration verstanden.[3] Hierbei sind beispielsweise die Produktion, das Rechnungswesen, die Beschaffung, der Vertrieb und das Personalwesen zu differenzieren.

Durch die damit verbundene Aufgabenintegration in den administrativen Bereichen wird die Bildung durchgängiger Prozeßketten ermöglicht.[4]

Das Konzept der horizontalen Integration, das durch die Möglichkeiten der ISAS neue Dimensionen erfährt, ist bereits seit langem unter dem Begriff **Job**

---

[1] Vgl. Römheld, D., a.a.O., S. 89
[2] Schwarze, J, a.a.O., S. 108
[3] Vgl. Staehle, W., a.a.O., S. 432
[4] Vgl. Porter, M.E., "Wettbewerbsvorteile", Frankfurt am Main 1986, S. 61

Enlargement bekannt. Das Vereinen dieser Aufgaben im horizontalen Sinne auf einer Stelle mit Hilfe einer ISAS entspricht dem Konzept des Job Enlargement, das als organisatorische Maßnahme einer zu starken Spezialisierung entgegenwirkt.[1]

These 2 zur Integration

Durch den Einsatz abteilungsübergreifender ISAS ist eine integrierende Wirkung auf funktionale Unternehmensgliederungen festzustellen, die die Basis für den Übergang zur objektorientierten Strukturierung darstellt.[2]

5.3.3.3   Vertikale Integration

Das Konzept der vertikalen Integration findet sich in der Literatur unter dem Begriff **Job Enrichment**.[3] Job Enrichment verfolgt das Ziel, die Arbeitszufriedenheit zu steigern, indem den Mitarbeitern vor- und nachgelagerte Aufgaben mit interessantem und ganzheitlichem Inhalt übertragen werden.[4]

Bei der vertikalen Aufgabenintegration werden Aufgabeninhalte verschiedener Ebenen in einer Stelle zusammengeführt; neben der inhaltlichen Erweiterung resultieren hieraus auch Erweiterungen der Entscheidungsspielräume.[5] Diese Integration bezieht sich auf die Phasen der Planung, der Durchführung der Aufgaben sowie der Kontrollhandlungen.[6] Hierin ist tendenziell eine Aufhebung der Trennung von Denken und Tun zu sehen, die als Bruch mit der Arbeitsorganisation nach Taylor zu verstehen ist. Auf diese Weise werden Handlungsspielräume geschaffen und Eigenverantwortung ermöglicht.[7]

---

[1] Vgl. Wedekind, E., a.a.O., S. 154
[2] Vgl. Römheld, D., a.a.O., S. 164
[3] Das Konzept des 'Job Enrichment' geht zurück auf Herzberg, F., et. al., "The Motivation to Work", New York 1959
[4] Vgl. Frei, F. et. al., a.a.O., S. 48
[5] Vgl. Friedrich, J. / Jansen, K.-D. / Manz, T., "Organisationsmodelle für das Büro von morgen", in: OM, 35 Jg. (1987), Heft 3, S 16-22, hier S. 18
[6] Vgl. Staehle, W., a.a.O., S. 432
[7] Vgl. Frei, F. et. al., a.a.O., S. 48

Die diesbezüglichen Potentiale einer ISAS bilden die Grundlage für die Übertragung ganzheitlicher Aufgaben auf einzelne Mitarbeiter oder auf Teams. Dies dient dazu, auftretende Probleme am Entstehungsort lösen zu können.[1]

Die vertikale Aufgabenintegration kann in zwei Richtungen erfolgen. Zu unterscheiden ist dabei, ob hierarchisch niedrigere Aufgaben auf höheren Ebenen integriert werden oder ob umgekehrt Aufgaben aus höheren Bereichen auf unteren Ebenen integriert werden.[2] Dementsprechend lassen sich die Begriffe Aufwärts-Integration, bei der eine Rückführung von Routinetätigkeiten an höherqualifizierte, übergeordnete Stellen erfolgt, und Abwärts-Integration, die zu einer Erweiterung von Routineaufgaben mit höherqualifizierten Aufgabenstellungen führt, differenzieren.[3]

Durch den Einsatz von ISAS wird beispielsweise im Bereich der Finanzbuchhaltung der Zeitaufwand für die reine Buchhaltertätigkeit erheblich reduziert, wogegen höhere Anforderungen an Auswertung und Analyse der Finanzdaten gestellt werden. Liegen diese Tätigkeiten im Sinne der vertikalen Integration bei einem Aufgabenträger, lassen sich statt unproduktiver Routinetätigkeiten ohne Wertschöpfung wertsteigernde analytische Tätigkeiten durchführen.[4]

Allerdings hat die vertikale Aufgabenintegration nicht nur positive Aspekte. So kann es bei Aufwärtsintegration zum nicht-effizienten Einsatz hochqualifizierter Führungskräfte kommen, während die Abwärtsintegration aufgrund mangelnder Fähigkeiten oder sonstiger Widerstände der Betroffenen möglicherweise praktisch nicht umsetzbar ist.[5]

THESE 3 ZUR INTEGRATION

Eine ISAS fördert das Konzept des Job Enrichment.

---

[1] Vgl. Frei, F. et. al., a.a.O., S. 74 f.
[2] Vgl. Friedrich, J. / Jansen, K.-D. / Manz, T., a.a.O., S. 18
[3] Vgl. Friedrich, J. et al., "Zukunft der Bildschirmarbeit", Bremerhaven 1987, S. 167 ff.
[4] Vgl. Wedekind, E., a.a.O., S. 152 f.
[5] Vgl. Rödiger, K.-H., a.a.O., S. 74

Die Vorteile einer vertikalen Integration und des darauf beruhenden Job Enrichments liegen in einem geringeren Koordinationsaufwand, einem breiteren Aufgabenfeld mit höherer Kompetenz sowie geringeren internen Reibungsverlusten. Somit läßt sich die vertikale Integration zum Ausschöpfen von Rationalisierungspotentialen,[1] aber auch zur Motivationsförderung der Aufgabenträger nutzen.

5.3.3.4   Merkmale moderner Organisationskonzepte

Neben der Entwicklung konkurrenzfähiger Produkte muß die Leistungserstellung anhand eines organisatorisch effizienten Verfahrens erfolgen.[2] "Heute setzt sich mehr und mehr die Erkenntnis durch, daß Verbesserungspotentiale neuer Informations- und Kommunikationstechniken im Rahmen traditioneller Organisationskonzepte weitgehend erschöpft sind und eine weitergehende Ausschöpfung nur in enger Verbindung mit grundsätzlicheren Veränderungen der betrieblichen Organisationsstrukturen - Aufbau- und Ablauforganisation - realisierbar ist."[3] Stattdessen erfolgt in zunehmendem Maße die Entwicklung einer Organisationsstruktur anhand prozeßorientierter Vorgehensmodelle. Zentraler Punkt ist dabei der Aufbau effizienter Geschäftsprozesse.[4]

Für einen Geschäftsvorfall, der in der Regel verschiedene Arbeitsverrichtungen verursacht, sind bei einer funktionsorientierten Organisation mehrere Übergaben des Vorfalles, sowohl vertikaler als auch horizontaler Art, erforderlich. Dem Vorteil einer schnellen Bearbeitung bei den einzelnen Verrichtungen[5] steht der Nachteil langer Liegezeiten gegenüber, die zu einer insgesamt langen Bearbeitungszeit führen. Werden Informationssysteme bei dieser Aufgabenstrukturierung eingesetzt, so führen die entstehenden Insellösungen zu

---

[1] Vgl. Krcmar, H., a.a.O., S. 6
[2] Vgl. Schönthaler, F., "Analyse, Simulation und Realisierung von Geschäftsprozessen", in: Oracle-Welt, o.Jg. (1994), Heft 1, S. 17-20, hier S. 17
[3] Bullinger, H.-J. / Fröschle, H.-P., / Brettreich-Teichmann, W., "Informations- und Kommunikationsinfrastrukturen für innovative Unternehmen", in: ZfO, 62. Jg. (1993), S. 225-234, hier S. 225 f.
[4] Vgl. Schönthaler, F., a.a.O., S. 17
[5] Vgl. Scheer, A.-W., Wirtschaftsinformatik, a.a.O., S. 26

Problemen bei der Informationsübertragung. Durch ein integriertes, zentrales Datenbanksystem lassen sich zumindest die Übertragungsprobleme der Informationen und deren Folgewirkungen lösen, was eine Verringerung der gesamten Durchlaufzeit ermöglicht. Erfolgt in einem weiteren Schritt die Gestaltung der betrieblichen Organisation anhand der Geschäftsvorfälle bei einer Unterstützung durch das integrierte, zentrale Datenbanksystem, so läßt sich die Bearbeitungszeit nochmals verringern. Daraus können sich aufbauorganisatorische Folgen wie die Verringerung von Koordinationserfordernissen, die Vergrößerung der Leitungsspanne und eine Hierarchieabflachung ergeben.[1]

Die horizontale und vertikale Integration verschiedener Aufgaben in einer Stelle führt zu einer funktionsübergreifenden Verzahnung der betrieblichen Abläufe und äußert sich im Aufbau durchgehender Prozeßketten.[2] Die Aufgabenerledigung wird beschleunigt, die Gemeinkosten werden verringert und eine schnellere Reaktion auf Kundenanfragen wird ermöglicht.[3] Die Bewältigung des größeren Aufgabengebietes durch den Stelleninhaber wird erst durch Einsatz einer ISAS realisierbar.[4]

Die Möglichkeit einer horizontalen und vertikalen Aufgabenintegration mit Hilfe der ISAS führt zu einem Gestaltungsspielraum bei der Strukturierung der Organisation: Die Stellenspezialisierung läßt sich von der verrichtungsorientierten zu einer objektorientierten Aufgabenabgrenzung verändern. Dadurch kann der produktivitätshemmende bürokratische Dienstweg verkürzt werden und es können den Mitarbeitern Aufgabenkomplexe übertragen werden, die mehrere aufeinanderfolgende Vorgänge umfassen.[5]

Führten vor der Umstrukturierung verschiedene Spezialisten einzelne Teilaufgaben aus, so werden diese Aufgaben zusammengefaßt und durch

---

[1] Vgl. Scheer, A.-W., Betriebswirtschaftslehre, a.a.O., S. 28 ff.
[2] Vgl. Gröner, L., "Entwicklungsbegleitende Vorkalkulation", Berlin - Heidelberg - New York 1991, S. 119
[3] Vgl. Hammer, M. / Champy, J., a.a.O., S. 75
[4] Vgl. Gröner, L., a.a.O., S. 119
[5] Vgl. Meyer, R., "Integration der Informationsverarbeitung im Büro", Bergisch-Gladbach - Köln 1986, S. 178 ff.

Unterstützung der IuK-Technik von einem Generalisten erfüllt. Die Aufgabenintegration vermeidet die unnötige Übergabe des Arbeitsobjektes und verhindert Fehlerquellen, die aus den Übergaben entstehen. Ist es möglich, sämtliche Aufgaben eines Prozesses einem Mitarbeiter zu übertragen, so kann eine Verantwortlichkeit für den Gesamtprozeß herbeigeführt werden.[1]

Durch die unternehmensweite Integration der betrieblichen Teilbereiche mit Hilfe der ISAS wird die Zusammenführung der Abläufe zu einer gesamtheitlichen Vorgangsbearbeitung ermöglicht. Damit wandeln sich die arbeitsteilig aufgebauten Abläufe zu einer prozeßorientierten Organisation.[2]

Der mögliche Zugriff auf alle Informationen erlaubt eine stärkere Delegation der Verantwortlichkeit, wodurch die Verbesserung und Beschleunigung der Abläufe erreicht und eine Verringerung der Arbeitsteilung verstärkt werden kann.[3]

Als technikbedingte Folge für die Arbeitsorganisation ist ein Gestaltungsspielraum zu sehen, der von drei Extremen begrenzt wird. Es handelt sich dabei um den *rechnergestützten Neotaylorismus*, bei der menschliche Arbeitskraft zum Hilfsarbeiter der Technik degradiert wird, um die *qualifizierte Gruppenarbeit*, mit der das Arbeiten im hochqualifizierten autonomen Team sowie der damit verbundene Rückgang an Hierarche und Arbeitsteilung gemeint ist, und schließlich um die *dichotomisierte Reprofessionalisierung von ausführender Arbeit*, bei der es hauptsächlich um eine deutliche Höherqualifikation und -bewertung der ausführenden Arbeit geht.[4]

Wie bereits angedeutet, ist eine Abkehr vom Taylorismus hin zur Objektorientierung für ein Unternehmen immer dann sinnvoll, wenn der 'optimale Grad der Arbeitsteilung' überschritten ist. Dies kann nicht als generelle Abkehr vom Taylorismus gesehen werden, denn Arbeitsteilung wird auch weiterhin notwendig bleiben. In Zukunft werden arbeitsorganisatorische Vorgaben jedoch

---

[1] Vgl. Hammer, M. / Champy, J., a.a.O., S. 72 f.
[2] Vgl. Ischebeck, W., "Unternehmenskommunikation aus strategischer Sicht", in: SzU, "Büroautomation", Bd. 42, Wiesbaden 1990, S. 25-49, hier S. 38
[3] Vgl. Ischebeck, W., Unternehmenskommunikation, a.a.O., S. 48 f.
[4] Vgl. Lutz, B., a.a.O., S. 21 f.

versuchen, soviel Arbeitsteilung oder Verrichtungsorientierung wie nötig, und soviel Objektorientierung oder Aufgabenintegration wie möglich zu realisieren.

THESE 4 ZUR INTEGRATION

Mit Hilfe einer ISAS kann eine Umgestaltung von verrichtungsorientierter zu objektbezogener Arbeitsorganisation vorgenommen werden, um langfristig eine Steigerung der Wettbewerbsfähigkeit eines Unternehmens zu erreichen.[1] Insbesondere kommt es zu flacheren Hierarchien, zu stärkerer Prozeßorientierung und zu einem höheren Anteil von Teamarbeit.

5.3.3.4.1   Flache Hierarchien

Auswirkungen einer ISAS lassen sich an einer Verringerung der Organisationstiefe und einem Anwachsen der Leitungsspanne beobachten. Beide Auswirkungen stehen in engem Zusammenhang.[2] Durch die Nutzung der ISAS lassen sich Kommunikation, Koordination und Kontrolle bei geringerem Personaleinsatz effektiver durchführen.[3] Mit der Abflachung von Hierarchien werden die Ziele einer Verkürzung der Anordnungs- und Kommunikationswege zwischen den Mitarbeitern sowie eine flexiblere und schnellere Reaktion auf neue Anforderungen verfolgt[4]

Der ISAS-Einsatz führt zu einer Verringerung der programmierbaren Routinetätigkeiten. Bei vertikaler Integration kann die dadurch frei gewordene Zeit durch die Zuweisung anspruchsvollerer Entscheidungstätigkeiten genutzt werden, woraus eine Hierarchieabflachung folgt.[5]

---

[1] Vgl. Wolfram, G., a.a.O., S. 59
[2] Vgl. Kieser, A. / Kubicek, H., a.a.O., S. 151
[3] Vgl. Wedekind, E., a.a.O., S. 158
[4] Vgl. Agthe, K., "Organisation der Unternehmensführung in Europa und in den U.S.A.", in: Seidel, E. / Wagner, D. (Hrsg.), "Organisation - Evolutionäre Interdependenzen von Kultur und Struktur der Unternehmung", Wiesbaden 1989, S. 165-175, hier S. 168
[5] Vgl. Römheld, D., a.a.O., S. 112

Diese Entwicklung läßt sich durch unternehmensweite IuK-Techniken erklären, die einen direkten und ungefilterten Zugriff auf die im IuK-System vorhandenen Informationen ermöglichen. Die Führungsebene kann dann selbst
über eine mögliche Aggregation, die durch eine automatische Auswertung des
IuK-Systems erfolgt, entscheiden oder sich gezielt bestimmte Vorgänge anzeigen lassen.[1]

Bestimmte Leitungsaufgaben lassen sich vom Mittelmanagement mit Hilfe des
integrierten Informations- und Kommunikationssystems auf untere Lei-
tungsebenen delegieren, so daß mit einer Abflachung der Hierarchien gerechnet werden kann.[2]

Die in der Vergangenheit wesentlichen Aufgaben des mittleren Managements,
zum einen als Informationsrelais zwischen Führungsebene und Märkten bzw.
Kunden und Lieferanten zu fungieren, zum anderen die Koordination auf den
Zwischenebenen durchzuführen, läßt sich in immer stärkeren Maße durch die
IuK-Technik abbilden.[3] Durch den dadurch ermöglichten personellen Abbau
auf den mittleren Management-Ebenen oder dem Wegfallen gesamter mittlerer
Hierarchieebenen werden den bleibenden Führungskräften mehr Mitarbeiter
zugeordnet, was zu einer Erhöhung der Leitungsspanne führt.[4]

Gleichfalls wandelt sich das Verständnis der Leitungsspanne von einer kon-
trollierenden zu einer Vertrauensfunktion. Die Aufgabe der Führung auf den
verschiedenen Unternehmensebenen verlangt eine zunehmende Koordination
der Mitarbeiter, denen eine größere Entscheidungskompetenz übertragen wird.
Von den Mitarbeitern wird dabei erwartet, diesen Entscheidungsspielraum zu
nutzen und ausfüllen zu können. Daraus folgt, daß mit der Abflachung der
Hierarchie eine Entwicklung der Organisation von einem Kontroll- zu einem
Vertrauensinstrument vollzogen wird.

---

[1] Vgl. Wedekind, E., a.a.O., S. 158 f.
[2] Vgl. Pietsch, T. / Fuhrmann, S., a.a.O., S. 148
[3] Vgl. Szyperski, N. / Winand, U., a.a.O., S. 148
[4] Vgl. Wedekind, E., a.a.O., S. 158

5.3.3.4.2 Prozeßorientierung

Die traditionellen Strukturen entsprechen nicht mehr den neueren Anforderungen. Daher ist es zu vermeiden, diese Strukturen in einem IuK-System abzubilden und festzuschreiben. Stattdessen ist durch den Einsatz der IuK-Technik ein grundlegender Wandel der Aufgabenerfüllung eines Unternehmens anzustreben. Dieser Wandel kann nur aus der Sicht des Gesamtunternehmens vollzogen werden, die Sicht aus einer Abteilung oder einer Stelle führt zwangsläufig zu einer Optimierung bestehender Abläufe. Zweck der Prozeßorientierung ist jedoch das Infragestellen dieser Abläufe.[1]

Somit eignet sich die Prozeßorientierung nicht für die Umstrukturierung von bestehenden Abteilungen, sondern die auszuführenden Aufgaben sind im Rahmen einer Gesamtsicht neu zu gestalten. Erst aus dem Blickwinkel der Unternehmensprozesse lassen sich Abteilungen und Aufgabenstellungen durch die zur Verfügung stehenden modernen technologischen Möglichkeiten neu gestalten und strukturieren.[2]

Ermöglicht wird die Realisierung der prozeßorientierten Organisationsstrukturierung durch den Einsatz einer ISAS. Erfolgt unter Einsatz einer ISAS die Verringerung der Arbeitsteilung, indem die Organisation anhand von Prozeßketten strukturiert wird, so vermindert sich der Aufwand für Koordination innerhalb der Organisation.[3] Dabei müssen die wechselseitigen Einflüsse durch den Einsatz der ISAS und der Ausrichtung der betrieblichen Abläufe nach Geschäftsprozessen berücksichtigt und aufeinander abgestimmt werden, um u. a. betriebliche Abläufe beschleunigen zu können.

---

[1] Vgl. Hammer, M. / Champy, J., a.a.O., S. 69
[2] Vgl. Hammer, M. / Champy, J., a.a.O., S. 58 f.
[3] Vgl. Scheer, A.-W., Betriebswirtschaftslehre, a.a.O., S. 220

Bei prozeßorientierter Nutzung der ISAS lassen sich die inhaltlichen und zeitlichen Interdependenzen besser aufzeigen, wodurch eine erhebliche Verkürzung der Durchlaufzeiten ermöglicht wird.[1]

Die Automatisierung bestehender funktional strukturierter Abläufe durch eine ISAS kann zwar zu Ergebnisverbesserungen führen, schöpft jedoch nicht das Potential aus, das durch eine umfassende Neustrukturierung unter Einbeziehung der Möglichkeiten gegeben ist, die die ISAS bietet.

Gleiches gilt für bereits durch vorhandene Insellösungen unterstützte Abläufe, die durch eine moderne ISAS verbessert werden sollen. Auch hier müssen neu hinzukommende Möglichkeiten in Bezug zur eigentlichen Aufgabe des Unternehmens ohne Rücksicht auf bestehende Strukturen erkannt werden.[2]

Im folgenden wird auf das Business Reengineering Bezug genommen, das hier stellvertretend für alle momentan zur der Diskussion stehenden Konzepte der Prozeßorientierung genannt werden soll.

Im Business Reengineering wird vom sogenannten diskontierlichen Denken ausgegangen, das sowohl tradierte Organisationsstrukturen, die aus der Organisationstheorie stammen, wie Abteilungen, Bereiche oder Gruppen, als auch unternehmensbezogene Prinzipien und Vorgänge grundsätzlich in Frage stellt.[3]

Dies ist allerdings nichts grundlegend Neues. In der Organisationstheorie wird von einem ständigen Anpassungs- und Wandlungsprozeß ausgegangen; jedoch fehlt es bislang an einer Aufarbeitung der Möglichkeiten, die durch den technologischen Wandel, der maßgeblich von der ISAS getragen wird, geschaffen werden und die daher weitreichende Anpassungen der betrieblichen Organisationsstrukturen erfordern.

---

[1] Vgl. Brombacher, R., a.a.O., S. 116
[2] Vgl. Hammer, M. / Champy, J., a.a.O., S. 68
[3] Vgl. Hammer, M. / Champy, J., a.a.O., S. 13

Die Prozeßorientierung führt zu einer Neufestlegung der Rolle und der Aufgaben eines jeden Organisationsmitgliedes und zum Wandel des Beziehungsgeflechtes zwischen den Unternehmensangehörigen. Die Einstellungen der Mitglieder eines Unternehmens orientieren sich an anderen Leitbildern, beispielsweise an der Wertschöpfung einer Tätigkeit.[1]

Soll beispielsweise die Kreditorenbuchhaltung effizienter gestaltet werden, so ist das Betrachtungsobjekt des Business Reengineering nicht die Organisationseinheit Kreditorenbuchhaltung, sondern der zugrundeliegende Prozeß der Beschaffung, an dem Kreditorenbuchhaltung, Einkauf und Warenhaltung beteiligt sind. Nach traditionellem Vorgehen erhält die Kreditorenbuchhaltung vom Einkauf einen Bestellschein, von der Wareneingangsabteilung einen Eingangsschein und vom Lieferanten eine Rechnung. Stimmen alle drei Dokumente überein, so wird die Rechnung angewiesen. Bei Differenzen entstehen hohe Kosten für die Nachforschungsarbeiten. Mit Hilfe einer ISAS ließe sich dieser Prozeß vereinfachen: Der Einkauf hinterlegt in der ISAS die Auftragserteilung an einen Lieferanten. Beim Wareneingang wird geprüft, ob die Lieferung mit einer offenen Bestellung in der ISAS übereinstimmt. Bei Übereinstimmung wird die Zahlung angewiesen. Bei Differenzen muß in Abhängigkeit von der Menge, dem Wert und der Bedeutung der Lieferung entschieden werden. An diesem Beispiel wird deutlich, daß mittels der Unterstützung durch die neue IuK-Technik und einer ihr angepaßten Organisationsstruktur ein wesentlicher Teil der früheren Aufgaben der Kreditorenabteilung entfällt.[2]

5.3.3.4.3   Teamarbeit

Durch ISAS werden moderne Organisationsformen, insbesondere prozeßorientierte, unterstützt. Am einfachsten gestaltet sich die Implementierung solcher Organisationsformen, wenn ein bestimmter Prozeß auf einen einzelnen Mitarbeiter übertragen werden kann. Das Verständnis aller Unternehmensprozesse kann jedoch die Fähigkeiten des einzelnen übersteigen. Um dennoch die

---

[1] Vgl. Hammer, M. / Champy, J., a.a.O., S. 109
[2] Vgl. Hammer, M. / Champy, J., a.a.O., S. 58 ff.

Vorteile der Prozeßorientierung nutzen zu können, werden Prozeßteams gebildet, die durch die ISAS bei der Prozeßkoordination unterstützt werden. Gleichzeitig lassen sich individuelle Kenntnisse der einzelnen Teammitglieder nutzen.

Werden die Teammitglieder aus verschiedenen Abteilungen zusammengestellt, so ergibt sich organisatorisch eine horizontale Integration. Aus der Übertragung von Verantwortlichkeiten und Entscheidungsbefugnissen folgt organisatorisch eine vertikale Integration.[1]

Teams zeichnen sich durch eine gemeinsam zu lösende Aufgabe, eine räumlich, zahlenmäßig und den Arbeitsablauf betreffende Überschaubarkeit sowie die Eigenverantwortlichkeit hinsichtlich der internen Arbeitsverteilung und der Zielerreichung aus.[2] Ein weiteres Merkmal ist ein unbürokratisches, zielorientiertes Vorgehen, um eine innovationsfördernde Arbeitsatmosphäre zu schaffen.[3] Die kurzen Kommunikationswege sowie der gemeinsame Überblick über den Gesamtprozeß führen zu einer leichten Koordination der Aufgabendurchführung.[4]

Teams können entweder auf Dauer angelegt sein oder zeitlich begrenzt, um im Rahmen eines Projektes eine einmalige Aufgabe zu erfüllen. Der Vorzug von Teamarbeit liegt in einer hohen Flexibilität, sowohl auf das Team selbst bezogen als auch auf Einflüsse von außen. Bei Aufgaben, bei denen der schnelle Fluß von Informationen Voraussetzung für die Zielerreichung ist, sowie bei der Erstellung von Leistungen, die sinnvoll nur kreativ-kooperativ erbracht werden können, bietet sich die Zusammenstellung eines Teams an.[5]

Um die Vorteile der Teamarbeit voll zum Tragen kommen zu lassen, sollte ein Team nur aus wenigen Mitgliedern bestehen.[6]

---

[1] Vgl. Hammer, M. / Champy, J., a.a.O., S. 74
[2] Vgl. Frei, F. et. al., a.a.O., S. 162 f.
[3] Vgl. Sandler, C. H., a.a.O., S. 185
[4] Vgl. Servatius, H.-G., "Reengineering-Programme umsetzen", Stuttgart 1994, S. 58
[5] Vgl. Sandler, C. H., a.a.O., S. 182
[6] Vgl. Becker, J., "Objektorientierung - eine einheitliche Sichtweise für die Ablauf- und Aufbauorganisation sowie die Gestaltung von Informationssystemen", in: SzU, "Integrierte Informationssysteme", Bd. 44, Wiesbaden 1991, S. 135-152, hier S. 137

Teams organisieren sich selbst und sind für vollständig zu erfüllende Unternehmensprozesse verantwortlich. Dadurch werden die Probleme, die aus einer abteilungsübergreifenden Zusammenarbeit erwachsen, vermieden.[1]

Zur Selbstregulierung bedarf es einer erheblichen Kompetenzübertragung an die verschiedenen Teams sowie deren jeweilige Teammitglieder.[2] Bei einer Arbeitsorganisation anhand der Teamarbeit werden - im Gegensatz zu Taylor - unterschiedliche Wege der Aufgabenerfüllung zugelassen.

Die Verfügbarkeit der notwendigen Informationen für die einzelnen Verarbeitungsvorgänge muß darüber hinaus gegeben sein, um die anfallenden Aufgaben so organisieren zu können, daß die Teammitglieder ihre Aufgaben in eigener Verantwortung erfüllen können. Hierbei greifen sie nicht nur auf die in der ISAS vorhandenen Informationen zurück, sondern stellen die im Rahmen ihres Aufgabengebietes hinzugewonnenen Informationen über die ISAS den übrigen Teammitgliedern zur Verfügung.[3]

5.3.4   Zentralisations- oder Dezentralisationswirkungen

Die Auswirkungen des ISAS-Einsatzes auf die Strukturen zwischen den Organisationseinheiten eines Unternehmens werden seit längerem unter der Dezentralisationsthese und der Zentralisationsthese untersucht,[4] wobei davon ausgegangen werden kann, daß explizit weder eine Zentralisations- noch eine Dezentralisationswirkung von der ISAS ausgeht.[5]

Die jeweils festgestellten Wirkungen der Zentralisation oder der Dezentralisation entscheiden darüber, welche Koordinationsform in einer arbeitsteiligen Organisation effizienter ist.[6]

---

[1] Vgl. Hammer, M. / Champy, J., a.a.O., S. 73 f.
[2] Vgl. Frei, F. et. al., a.a.O., S. 54
[3] Vgl. Ischebeck, W., Informationszentren, a.a.O., S. 85
[4] Vgl. Reichwald, R., "Bürotechnik, Bürorationalisierung und das Zentralisierungsproblem", in: Cakir, A.E. (Hrsg.), "Bildschirmarbeit", Berlin u. a. 1983, S. 23-46, hier S. 23 ff.
[5] Vgl. Römheld, D., a.a.O., S. 95
[6] Vgl. Bössmann, E., a.a.O., S. 19 f.

Empirisch lassen sich beide Thesen belegen, so daß sich die Frage nach den bestimmenden Einflußgrößen stellt.[1] Zum einen wird davon ausgegangen, daß die Art der Aufgabenstellung eines Unternehmens die Zentralisations- oder Dezentralisationstendenzen wesentlich bestimmt,[2] zum anderen übt die Führungskultur des leitenden Managements Einfluß auf die Verwendung der ISAS aus, die dann zu einer Zentralisation oder Dezentralisation eingesetzt wird.[3] Der entscheidende Vorteil einer ISAS liegt darin, daß neben diesen beiden Formen weitere Organisationsstrukturen abgebildet werden können. Somit erhöht sich der Gestaltungsspielraum für die Organisation, die Kommunikationsprozesse und die Möglichkeiten der Zusammenarbeit.[4]

THESE ZUR ZENTRALISATIONS- UND DEZENTRALISATIONSWIRKUNG

Die These der Zentralisationswirkung geht von einer Erhöhung der Steuerungs- und Kontrollkapazitäten auf hierarchisch höheren Organisationseinheiten aus,[5] wogegen die These der Dezentralisationswirkung damit begründet wird, daß die schwierige Informationsversorgung bei der Dezentralisation mittels der neuen IuK-Technik bewältigt wird.[6]

Für die **Zentralisationsthese** spricht die höhere Verarbeitungsgeschwindigkeit durch die Verwendung einer ISAS, die es der Unternehmensleitung erlaubt, mehr Informationen zu verarbeiten und leichter Probleme zu erkennen. Dadurch lassen sich Entscheidungs- und Kontrollbefugnisse auf der oberen Unternehmensebene zusammenfassen. Die durch die ISAS ermöglichte Integration der verschiedenen Abteilungen versetzt die Unternehmensleitung zusätzlich

---

[1] Vgl. Kubicek, H., "Informationstechnologie und organisatorische Regelungen", Berlin 1975, S. 160

[2] Vgl. Blau, P.M. / Schoenherr, F., "The Structure of Organizations", New York 1971, S. 126 ff.

[3] Vgl. Kubicek, H., a.a.O., S. 178

[4] Vgl. Bössmann, E., a.a.O., S. 141

[5] Vgl. Francis, A. / Wainwright, J., "Office Automation - Its Design, Implementation and Impact", in: Personnel Review, 13. Jg. (1984), Heft 1, S. 2-10, hier S. 9 f.

[6] Vgl. Picot, A., "Kommunikationstechnik und Dezentralisierung" in: Ballwieser, W. / Berger, K.-H. (Hrsg.), "Information und Wirtschaftlichkeit", Wiesbaden 1985, S. 377-402, hier S. 383 ff.

in die Lage, eine bessere Koordination der Unternehmensteile zu erzielen, was gleichfalls zu Zentralisationstendenzen führt.[1]

Die **Dezentralisationsthese** geht davon aus, daß die Mitarbeiter auf den verschiedenen Unternehmensstufen schnellere und bessere Entscheidungen treffen können als dies höheren Instanzen möglich ist, da das Experten- und Erfahrungswissen auf den betreffenden Hierarchiebenen am größten ist. Danach ermöglicht der ISAS-Einsatz eine bessere Versorgung mit Informationen als dies ohne ISAS möglich ist, so daß eine ISAS die Tendenz zur Dezentralisation fördert. Zusätzlich schafft eine ISAS bessere Kontrollmöglichkeiten, was höheren Instanzen die Möglichkeit gibt, Entscheidungskompetenzen zu delegieren, wenn eine Überprüfung der delegierten Kompetenzen durchführbar ist. Hieraus leitet sich eine Vergrößerung der Leitungsspanne und eine Abflachung der Hierarchie ab.[2]

Die durch die ISAS geschaffene Möglichkeit, die Mitarbeiter an bereichsübergreifenden Informations- und Kommunikationsprozessen teilhaben zu lassen, kann zu einer stärkeren Partizipation am Willensbildungsprozeß der Mitarbeiter und zu einer Entscheidungsdezentralisation durch Delegation genutzt werden.[3]

Bei der Betrachtung von Zentralisations- oder Dezentralisationstendenzen einer ISAS ist die technische Datenverarbeitung von der betrieblichen Anwendung zu unterscheiden. Während eine Integration der verschiedenen Abteilungen auf einer ISAS eine zentrale Datenhaltung erfordert, erfolgt die Anwendung der ISAS durch Anfragen an die ISAS direkt an der Stelle des Informationsbedarfes.[4]

---

[1] Vgl. Römheld, D., a.a.O., S. 99
[2] Vgl. Römheld, D., a.a.O., S. 97 f.
[3] Vgl. Krüger, W., Autorität, a.a.O., S. 103; Krüger bezieht sich an dieser Stelle allerdings nicht direkt auf IuK-Techniken.
[4] Vgl. Schmitz, P., "Die Auswirkungen der Informationstechnologie auf die Betriebsorganisation", in: Sieben, G. / Mattschke, M. J. (Hrsg.), BFuP, 33. Jg. (1981), Heft 4, S 297 - 312, hier S. 306 f.

In der Literatur werden häufig direkte Abhängigkeiten zwischen DV-technischen Infrastrukturen und betrieblichen Organisationsspielräumen behauptet.
In der Regel wird zwischen zentralen DV-Infrastrukturen, die sich in
Mainframe-Architekturen widerspiegeln, und hierarchischen Unternehmensstrukturen ein direkter Zusammenhang hergestellt. Gleichfalls wird unterstellt, verteilte DV-Systeme, die in der Regel mit Client-Server-Architekturen
in Verbindung gebracht werden, bieten Flexibilitätsvorteile bei der Gestaltung
der Unternehmensorganisation. Zum Teil werden die verteilten Systemarchi-
tekturen mit dem Business Reengineering und der Ablösung tayloristischer
Strukturen in Zusammenhang gebracht.[1]

Andere Autoren sprechen der zentralen Speicherung der Daten jedoch keiner-
lei betrieblich-organisatorischen Zentralisationswirkungen zu, solange die operative Dezentralisation, also der raumüberbrückende Zugriff auf Daten und
Anwendungen, möglich ist.[2]

Es ist daher anhand beobachteter Wirkungen in der Praxis zu prüfen, ob die
gewählten DV-technischen Infrastrukturen einen direkten Einfluß auf die betrieblichen Gestaltungsmöglichkeiten ausüben.

5.4   Auswirkungen auf die Mitarbeiter

Als wesentliches Element des sozio-technischen Systems ist der einzelne Mitarbeiter vom Einsatz einer ISAS am stärksten betroffen.[3]

Vom Einsatz einer ISAS sind nicht nur die Aufgabenträger der unteren Hierar-
chiestufen, sondern gleichfalls, wie oben angeführt, das mittlere Management
und auch die Führungsebenen betroffen. Dies folgt daraus, daß die erzielten
zusätzlichen Freiheitsgrade in der Gestaltung der betrieblichen Organisation
und die möglichen Veränderungen in den Organisationsstrukturen sämtliche
Bereiche einer Organisation betreffen.[4]

---

[1] Vgl. z. B. Preßmar, D. / Wall, F., "Technologische Gestaltungsansätze für das betriebliche
Informationsmangement", in: SzU, "Informationsmanagement", Bd. 49, Wiesbaden
1993, S. 93-121, hier S. 119
[2] Vgl. Scheer, A.-W., Betriebswirtschaftslehre, a.a.O., S. 97
[3] Vgl. Krallmann, H. / Pietsch, T., a.a.O., S. 10
[4] Vgl. Gaugler, E., a.a.O., S. 184

Mit Hilfe einer ISAS lassen sich Maßnahmen zur Arbeits-Restrukturierung durchführen. Hierbei bieten sich insbesondere Formen der Arbeitserweiterung, d. h. horizontale Aufgabenintegration, und der Arbeitsbereicherung, d. h. vertikale Aufgabenintegration, an. So unterstützt eine ISAS das Job Enrichment oder Job Enlargement, indem eine Datentransparenz zur Verfügung gestellt wird, die den Sachbearbeiter die Konsequenzen seiner Tätigkeit und die Zusammenhänge mit anderen Unternehmensteilen leichter erkennen läßt.[1]

Die Akzeptanz der Benutzer gegenüber einer ISAS ist nicht nur aus mitarbeiterorientierten Motiven, sondern auch aufgrund wirtschaftlicher Rationalität anzustreben. Die Akzeptanz der Benutzer hängt neben den persönlichen Einstellungen,[2] wie beispielsweise der Ungewißheit hinsichtlich bevorstehender Änderung des eigenen Arbeitsplatzes,[3] auch von den Einsatzmerkmalen der ISAS und von der zweckadäquaten Abstimmung zwischen ISAS und Organisation ab.[4]

Die Einführung einer ISAS erfordert die Anpassung des Management-, Führungs- und Motivationssystems, um das individuelle Verhalten der Mitarbeiter auf die informationswirtschaftlichen Ziele auszurichten. Dabei ist anzustreben, daß die Mitarbeiter eine Einstellung zum EDV-System entwickeln, die es ihnen ermöglicht, die zur Verfügung stehenden Informationen sinnvoll zu nutzen und einzusetzen. Es ist also eine Informationskultur im Unternehmen aufzubauen, die den einzelnen Mitarbeiter zu einer intensiven Nutzung des Systems veranlaßt.[5]

Im folgenden werden die Auswirkungen auf die Mitarbeiter in direkte und indirekte unterschieden. Dabei sollen unter den direkten Auswirkungen

---

[1] Vgl. Oetinger, R., a.a.O., S. 44
[2] Vgl. Oetinger, R., a.a.O., S. 26
[3] Vgl. Vetter, R. / Wiesenbauer, L., a.a.O., S. 46 f.
[4] Vgl. Oetinger, R., a.a.O., S. 26
[5] Vgl. Wolfram, G., a.a.O., S. 69

diejenigen verstanden werden, die sich unmittelbar durch den ISAS-Einsatz auf die Arbeitserfüllung auswirken. Dagegen stellen die indirekten Auswirkungen Folgeerscheinungen dar, die sich entweder aus den direkten Auswirkungen ableiten lassen oder die sich aufgrund der mit dem ISAS-Einsatz verbundenen organisatorischen Umgestaltungen ergeben.

5.4.1 Direkte Auswirkungen

In der Literatur finden sich als die wichtigsten Auswirkungen des ISAS-Einsatzes die **Standardisierung**, d. h. die genaue Vorgabe von Arbeitsabläufen, die Abnahme der **Arbeitsteilung** durch die zunehmende Aufgabenintegration sowie die Veränderung der **Koordination und Kommunikation**, die durch den ISAS-Einsatz teilweise technisiert wird.

5.4.1.1   Standardisierung

"Rechnereinsatz in der Arbeit setzt einerseits Arbeitszergliederung sowie Formalisierung und Standardisierung der Abläufe voraus, andererseits wirkt er auch wieder verstärkend auf diese Prozesse zurück."[1]
Eine Standardisierung ist mit Hilfe der Technik einfacher als durch organisatorische Maßnahmen durchzuführen und zu kontrollieren.[2]

Im folgenden sollen die organisatorischen Aufgaben anhand ihres Routine- oder Einzelfallcharakters unterschieden werden. Es wird davon ausgegangen, daß beide Arten von Aufgaben auf allen hierarchischen Ebenen anfallen, wobei auf den unteren Ebenen die Routineaufgaben, auf den oberen Ebenen die Einzelfall- oder Führungsaufgaben überwiegen.

Die Ersetzung der organisatorischen Standardisierung durch eine technikgestützte läßt sich am einfachsten für Aufgaben mit einem hohen Anteil an **Routinetätigkeiten** durchführen. Die Auswirkung dieser technikgestützten

---

[1] Rödiger, K.-H., a.a.O., S. 72
[2] Vgl. Kubicek, H. / Rolf, A., "Mikropolis", Hamburg 1985, S. 61 ff.

Standardisierung auf die Mitarbeiter hängt erheblich von der gewählten Organisationsstruktur ab.

Die in der ISAS abgebildeten Standardisierungen führen zunächst zu einer isolierten Optimierung der Aufgabenerledigung und damit zu einem organisatorischen Potential bzgl. der Mitarbeiter. Soll dieses Potential konstruktiv genutzt werden, erhalten die Mitarbeiter durch vertikale und horizontale Aufgabenintegration zusätzlich zu ihren Routinetätigkeiten dispositive Tätigkeiten übertragen. Somit könnte der Standardisierungsgrad ihres gesamten Aufgabenprofils abnehmen.

Soll das Potential jedoch nur zu einer Festschreibung bestehender Arbeitsinhalte und einer Erhöhung des individuellen Outputs genutzt werden, so ergeben sich durch die Festschreibung der Monotonie am Arbeitsplatz negative Auswirkungen auf die Mitarbeiter. Beispielsweise wird die Handlungsfreiheit bei den Routineaufgaben durch den ISAS-Einsatz zusätzlich eingeschränkt.[1] Dient dies in erster Linie der Fehlervermeidung, so fallen damit verbunden auch Entscheidungsspielräume des einzelnen weg.[2]

Als **Führungsaufgaben** werden im wesentlichen Planung, Organisation und Kontrolle verstanden. Die Planung, d. h. die Vorgabe von Richtlinien auf deren Grundlage die betrieblichen Aufgaben erledigt werden sollen, die Organisation, d. h. der Rahmen, in dem sich das 'Geplante' vollziehen soll,[3] sowie die Kontrolle, d. h. das Überwachen des Zielerreichungsgrades des Geplanten, lassen sich bedingt von der ISAS übernehmen. In ihr sind Planungs-, Organisations- und Kontrollelemente implizit enthalten. Ablaufplanerische Elemente werden bereits durch die Auslieferungsversion der ISAS vorgeschlagen und lassen sich individuell anpassen. Organisatorische Aufgaben lassen sich durch die Parametersetzung, u. a. durch die Vergabe von Zugriffsrechten, in der Einführungsphase ersetzen, während die Kontrolle sowie die ziel- und budgetbezogene Planung durch die zur Verfügung gestellten Auswertungsberichte unterstützt werden.

---

[1] Vgl. Römheld, D., a.a.O., S. 103
[2] Dies gilt beispielsweise für die Überwachung von Kreditlimitüberschreitungen.
[3] Vgl. Gutenberg, E., "Einführung in die Betriebswirtschaftslehre", Wiesbaden 1958, S. 47 ff.

Die Genauigkeit und die Qualität der Planung läßt sich mit Hilfe besserer Methoden und einer größeren Vielfalt von Informationen, die durch die ISAS ermöglicht werden, optimieren. Außerdem läßt sich bei Einsatz einer ISAS die Entscheidungsfindung beschleunigen.[1]

Der Einsatz einer ISAS erlaubt verstärkte Kontrollmöglichkeiten. Einerseits lassen sich die einzelnen Organisationsmitglieder bei ihrer Aufgabenerfüllung stärker überwachen, andererseits werden mittelbar über die Koordinationsfunktion der neuen Techniken Standardisierungen der Geschäftsabläufe oder organisatorischer Regelungen erreicht, die als Kontrollinstrumente wirken können.[2] Hieraus läßt sich ein Minderbedarf an Führungsaufgaben ableiten.

Wird dagegen versucht, mit Hilfe der ISAS **Einzelfallaufgaben** zu standardisieren, so wird dieser Lösungsweg nicht der Vielschichtigkeit, den hohen Anforderungen an Flexibilität und dem hohen Interpretationsbedarf bei diesem Aufgabentyp gerecht.[3]

Von einer Standardisierung der Aufgaben, die vom ISAS-Einsatz ausgeht, sind die mit Einzelfallaufgaben betrauten Mitarbeiter, die typischerweise im Managementbereich zu finden sind, kaum betroffen. Lediglich ihr Kontrollfeld könnte sich aufgrund der erhöhten Informationsbasis erweitern.[4]

THESE zur Standardisierung

Je höher der Routinecharakter einer Aufgabe, desto eher ist sie einer Standardisierung im Rahmen einer ISAS-Einführung zugänglich.

---

[1] Vgl. Römheld, D., a.a.O., S. 108
[2] Vgl. Baethge, M. / Overbeck, H., "Zukunft der Angestellten - Neue Technologien und berufliche Perspektiven in Büro und Verwaltung", Frankfurt am Main - New York 1986, S. 37 f.
[3] Vgl. Kirsch, W., "Die Handhabung von Entscheidungsproblemen", 3. Aufl., München 1988, S. 223 f.
[4] Vgl. Wittmann, E., a.a.O., S. 274

5.4.1.2   Arbeitsteilung

Wesentlichen Einfluß auf die Arbeitsteilung hat die durch den Einsatz der ISAS mögliche Aufgabenintegration sowohl auf horizontaler als auch auf vertikaler Ebene, die zu einer auf eine Stelle bezogenen ganzheitlichen Aufgabenausübung führt. Damit lassen sich Abstimmungsprobleme und Zeitverluste vermeiden, die aus einer zu hohen tayloristischen Aufgabenspezialisierung resultieren.[1]

Aus zwei wesentlichen Gründen ist Arbeitsteilung nach wie vor jedoch unumgänglich: Zum einen ist es notwendig, das Unternehmensziel soweit in Teilziele zu zerlegen, daß diese von einem Mitarbeiter mit den ihm zur Verfügung stehenden sachlichen Arbeitsmitteln bewältigt werden können. Dabei können die Grenzen der Leistungsfähigkeit eines Mitarbeiters sowohl qualitativer als auch quantitativer Art sein. Zum anderen ermöglicht die Zerlegung in Teilaufgaben eine Spezialisierung von Mitarbeitern, die häufig eine Voraussetzung zur ökonomischen Leistungserstellung bildet.[2]

Die Aufgabenintegration mit Hilfe der ISAS führt demzufolge aus betriebswirtschaftlicher und arbeitswissenschaftlicher Sicht tendenziell zur autonomen und ganzheitlichen Sachbearbeitung.[3]

Daß der ISAS-Einsatz die Aufgabenintegration und damit die Rückführung der Arbeitsteilung erheblich unterstützen kann, zeigt sich beispielsweise bei der Bewertung des Lagerbestandes: Aus betriebswirtschaftlicher Sicht ist die Bestandsbewertung zur Finanzbuchhaltung zu zählen, um das Umlaufvermögen zu ermitteln. Mit Hilfe der ISAS läßt sich diese Aufgabe dem Bereich der Materialwirtschaft übertragen, der eine zeitgenaue Bewertung des Lagerbestandes bei jeder Lagerbewegung vornimmt und diese Daten der

---

[1] Vgl. Thom, N. / Peters, G., "Die erfolgreiche Einführung von Büroautomation in mittelgroßen Unternehmen, Ergebnisse eines empirischen Projekts", in: Journal für Betriebswirtschaft, 37. Jg. (1987), Heft 2, S. 54-66, hier S. 63

[2] Vgl. Brönimann, C., a.a.O., S. 4

[3] Vgl. Reichwald, R., Büroautomation, a.a.O., S. 75

Finanzbuchhaltung übermittelt. Ein weiteres Beispiel läßt sich aus der Verbindung zwischen der Materialwirtschaft und der Kostenrechnung heranziehen. Obwohl die Materialabrechnung betriebswirtschaftlich traditionell der Kostenrechnung zugerechnet wird, werden in der ISAS die Materialbestände mengenmäßig durch das Materialwirtschaftssystem erfaßt und bewertet.[1] Diese Beispiele verdeutlichen die erheblichen Auswirkungen auf die Aufgabenspezialisierung und die Arbeitsteilung.

THESE zur Arbeitsteilung

Die in funktionsorientierten Organisationen übliche Unterteilung der Aufgaben bis hin zu Detailaufgaben, die von einem Aufgabenträger wiederholt auszuführen sind, ohne den Aufgabenzusammenhang kennen zu müssen, weicht einer Aufgabenerfüllung, die einen Überblick über den Gesamtprozeß erfordert und ein breiteres Aufgabenspektrum abdeckt.[2]

Durch die Einführung neuer ISAS werden sich in vielen Fällen Aufgabenerweiterungen für einzelne Mitarbeiter ergeben, während sich kaum Einschränkungen des Aufgabenbereiches einstellen werden.[3]

5.4.1.3   Koordination und Kommunikation

Durch den ISAS-Einsatz werden implizit bestimmte Kommunikations- und Informationsmechanismen abgebildet. Die auf die ISAS gestützte funktionsübergreifende Integration ermöglicht eine effektivere und effizientere Koordination der Aktivitäten.[4] Die integrationsbedingte Wirkung des Systems gefährdet jedoch persönliche Kontakte,[5] da die zunehmende Mensch-Maschine-Kommu-

---

[1] Vgl. Becker, J., Integrationsmodell, a.a.O., S. 77 f.
[2] Vgl. Hammer, M. / Champy, J., a.a.O., S. 94
[3] Vgl. Wittstock, M., a.a.O., S. 86
[4] Vgl. Szyperski, N. / Winand, U., a.a.O., S. 140
[5] Vgl. Wedekind, E., a.a.O., S. 116

nikation organisatorisch zu einer Abnahme der Mensch-Mensch-Kommunikation führen kann.[1]

Als Koordinationsinstrument zwischen den verschiedenen Organisationseinheiten wirkt die in der ISAS abgebildete Standardisierung, die sich im wesentlichen durch die Nutzung organisatorischer Regelungen anstelle technikgestützter Regelungen kennzeichnen läßt.[2]

Verwaltende Tätigkeiten wie sie in funktional gegliederten Organisationen typisch sind - Koordination, Überwachung und Nachforschungen - treten bei Einsatz einer ISAS in den Hintergrund.[3]

Hierbei ist allerdings zu berücksichtigen, daß keine noch so gut konzipierte und eingeführte ISAS persönliche Absprachen oder informelle Kommunikation ersetzen kann. So ist zwar mit derzeit verfügbaren ISAS eine weitreichende Dezentralisation der Aufgabenerfüllung innerhalb eines Unternehmensbereiches möglich; jedoch sollen die damit verbundene Erschwerung der informellen und nicht in der ISAS abgebildeten Kommunikation und die sich daraus ergebenden Folgen berücksichtigt werden.[4] Denn die nicht abgebildete Information und Kommunikation ist für das soziale Gefüge sehr wichtig und leistet somit für den Unternehmenserfolg einen nicht zu unterschätzenden Beitrag.

THESE zur Kommunikation und Koordination

Die ISAS übernimmt zukünftig wichtige Kommunikations- und Koordinationsaufgaben. Dadurch verringert sich der betrieblich notwendige Aufwand auf diesen Gebieten, aber es führt auch zu einer Verdrängung menschlicher Kontakte.

---

[1] Ausgehend von der Überlegung, daß es zur Aufgabenerledigung eine 'optimale' Anzahl von Kommunikationsvorgängen gibt, ersetzt die Mensch-Maschine-Kommunikation die Mensch-Mensch-Kommunikation.

[2] Vgl. Schweim, J., "Auswirkungen neuer Informationstechnologien auf die Organisation", in: ZfO, 53. Jg. 1984, Heft 5-6, S. 329-334, hier S. 331

[3] Vgl. Hammer, M. / Champy, J., a.a.O., S. 95

[4] Zu unterscheiden ist zwischen abbildbaren und abgebildeten Informations- und Kommunikationsmöglichkeiten eines IuK-Systems; entscheidend bei der hier vorliegenden Betrachtung sind die abgebildeten IuK-Möglichkeiten, die eine Untermenge der abbildbaren Informations- und Kommunikationsmöglichkeiten darstellen.

5.4.2   Indirekte Auswirkungen

Die indirekten Auswirkungen des ISAS-Einsatzes, die sich aus den direkten Auswirkungen oder aus den organisatorischen Veränderungen ergeben, betreffen vor allem die Qualifikation, die Kompetenz, die Macht und die Arbeitszufriedenheit.

Wird als direkte Auswirkung des ISAS-Einsatzes eine vertikale Aufgabenintegration angestrebt, werden tayloristische Strukturen zurückgedrängt, indem die Stelleninhaber weniger repetitive Aufgaben ausführen und stattdessen stärker mit Fachfragen betraut werden. Daraus erwachsen als indirekte Folgewirkung ein größerer Aufgaben- und Verantwortungsbereich sowie eine höhere Qualifikationsanforderung an die Stelleninhaber,[1] aber möglicherweise auch eine höhere Arbeitszufriedenheit.

Die indirekten Auswirkungen ergeben sich allerdings nicht nur aus den direkten, sondern bilden auch untereinander ein Beziehungsgeflecht. So erwächst einem Stelleninhaber aus einer zunehmenden Qualifikation eine höhere Kompetenz, die wiederum zu einer Ausweitung seines Machtpotentials führt. Daraus ergeben sich Wirkungen auf die Arbeitszufriedenheit des einzelnen.

5.4.2.1   Qualifikation

Sowohl der Einsatz einer ISAS als auch die Änderung der Organisationsstrukturen mit Veränderungen der Arbeitsorganisation führen zu Anpassungen in den Aufgabenanforderungen der Aufgabenträger. Diese Veränderung der Aufgabenanforderungen kann zu modifizierten Qualifikationsanforderungen für die Aufgabenerfüllung führen. Die Qualifikationsanpassungen werden in der Literatur anhand von vier Thesen behandelt:[2]

---

[1] Vgl. Wedekind, E., a.a.O., S. 50
[2] Vgl. Gaugler, E., a.a.O., S. 185

THESEN zur Qualifikation

- Höherqualifikationsthese,

- Dequalifikationsthese,

- Polarisationsthese,

- Andersqualifikationsthese.

Die erste These geht davon aus, daß der Einsatz einer ISAS eine fachübergreifende **Höherqualifikation** der Mitarbeiter erfordert, da zunehmend Aufgaben aus verschiedenen Unternehmensabteilungen zusammengefaßt werden. Neben den rein aufgabenbezogenen zukünftigen Tätigkeiten müssen angrenzende Fachgebiete erläutert und ein Gesamtüberblick über die Standard-Anwendungssoftware geschaffen sowie die betrieblichen, technisch-organisatorischen und sozialen Zusammenhänge vermittelt werden. Die dafür erforderlichen speziellen Qualifikationsmerkmale erhöhen das Qualifikationsniveau.[1]

Bei der Höherqualifikationsthese wird angenommen, daß Routinetätigkeiten von der Technik übernommen werden, während sich der Aufgabenträger anspruchsvolleren Tätigkeiten widmen kann.[2] Diese bedürfen kreativer und analytischer Fähigkeiten, die ein vernetztes Denken und ein hohes Abstraktionsvermögen erfordern.[3] Die Tendenz zur Höherqualifikation gilt allerdings hauptsächlich für den Fall der Abwärts-Integration.[4]

Die Höherqualifikation macht außerdem eine Mitarbeiterschulung notwendig, deren Relevanz erheblich zunimmt.[5]

In der Literatur wird allerdings teilweise auch die These vertreten, daß die notwendige Qualifikation - also im obigen Sinne der Höherqualifikation - für die Benutzung einer ISAS nicht als eigenständige Qualifikation angesehen wird.[6]

---

[1] Vgl. Pietsch, T. / Fuhrmann, S., a.a.O., S. 140 ff.
[2] Vgl. Stolz, R., "Der Einfluß neuer Informationstechnologien auf Berufsstruktur und Qualifikation im Bürobereich", München 1984, S. 3
[3] Vgl. Kaschewski, K. / Hornung, V. / Heeg, F.-J., "Weiterbildungsqualifizierung für kaufmännische Sachbearbeiter", in: Hackstein, R. / Heeg, F.-J. / von Below, F. (Hrsg.), "Arbeitsorganisation und neue Technologien", Berlin 1986, S. 831-858, hier S. 844 f.
[4] Vgl. Wittmann, E., a.a.O., S. 194
[5] Vgl. Krallmann, H. / Pietsch, T., a.a.O., S. 12
[6] Vgl. Oetinger, R., a.a.O., S. 16

Die **Dequalifikationsthese** dagegen geht davon aus, daß durch den Einsatz der Informations- und Kommunikationstechniken Qualifikationsmerkmale entfallen, denen keine gleichwertigen neuen Merkmale gegenüberstehen.[1]

Insbesondere Routineaufgaben sind wegen ihrer Aufgabenmerkmale leicht standardisierbar, weshalb die jeweiligen Aufgabenträger von einer Dequalifikation betroffen sind. Die qualitativ anspruchsvolleren Tätigkeiten werden von der ISAS übernommen, während die Arbeitnehmer nur noch quantitative Zuliefertätigkeiten verrichten wie beispielsweise Datenerfassung.[2]

Bei der Aufwärts-Integration nimmt der Anteil von Routinetätigkeiten zu, so daß mit einer Dequalifikation zu rechnen ist.[3]

Darüber hinaus ist durch den ISAS-Einsatz auch mit der Entlassung von Arbeitskräften zu rechnen.[4] Diese Freisetzung, die durch das ISAS-bedingte Rationalisierungspotential ermöglicht wird, läßt sich auch als Dequalifikation interpretieren.

Bei der **Polarisationsthese** wird davon ausgegangen, daß von einem geringeren Teil der Mitarbeiter ein höheres Qualifikationsprofil gefordert wird, während der größere Teil Tätigkeiten mit geringeren Qualifikationsmerkmalen erfüllt als vorher.[5]

Bislang ungeklärt ist jedoch bei der Polarisationstheorie, in welcher Relation die Dequalifikation zur Höherqualifikation steht und ob ein Trend festzustellen ist.[6]

---

[1] Vgl. Pietsch, T. / Fuhrmann, S., a.a.O., S. 137
[2] Vgl. Winkler, W. "Soziologische, organisationstheoretische und arbeitsmarktpolitische Aspekte der Büroautomatisierung", Berlin 1979, S. 116
[3] Vgl. Hörning, K.H. / Bücker-Gärtner, H., "Angestellte im Großbetrieb", Stuttgart 1982, S. 38
[4] Vgl. Reichwald, R. "Die Auswirkungen der technischen Entwicklung auf Produktivität und Arbeitsteilung in der Wirtschaft", in: Lübbe, H. (Hrsg.), "Fortschritt der Technik - Gesellschaftliche und ökonomische Auswirkungen", Heidelberg 1987, S. 187-196, hier S. 196
[5] Vgl. Pietsch, T. / Fuhrmann, S., a.a.O., S. 137
[6] Vgl. Gaugler, E., a.a.O., S. 186

Die These von der **Andersqualifikation** wird insbesondere bei der ISAS-Einführung herangezogen.[1] Vor allem in dieser Phase werden wegfallende Qualifikationsmerkmale durch neu hinzukommende, gleichwertige ausgeglichen.[2] Die Andersqualifikation beim ISAS-Einsatz kann zu einer Flexibilisierung des Mitarbeitereinsatzes führen. Daraus erwächst die Notwendigkeit für die Mitarbeiter, sich zukünftige Qualifikationen schneller aneignen zu können. Bislang gibt es jedoch erst wenige Aussagen zu den Ausprägungen der Andersqualifikation.[3]

Systemische, integrative Rationalisierungsansätze - wie z. B. die ISAS-Einführung - gehen tendenziell mit steigenden Qualifikationsanforderungen einher, während punktuelle Ansätze - Insellösungen - tendenziell abnehmende Qualifikationsanforderungen zur Folge haben.[4] Als Folge des ISAS-Einsatzes wird entsprechend mit einer Höherqualifikation auf allen Tätigkeitsebenen gerechnet; lediglich das Ausmaß der Höherqualifikation ist von Tätigkeitsmerkmalen abhängig, womit die Polarisationsthese widerlegt wird.[5] Ob gleichzeitig die Dequalifikationsthese widerlegt wird, hängt von dem Verständnis der Mitarbeiterfreisetzung ab.

Ein **Vergleich der Thesen** läßt also nicht erwarten, daß Mitarbeiter in großem Umfang von einer Dequalifikation betroffen sind, sondern daß die Höherqualifikation überwiegt.[6]

5.4.2.2   Kompetenz

Die Kompetenz und der damit eng verbundene Handlungsspielraum hängen insbesondere vom Grad der Arbeitsteilung sowie dem Grad der Standardisierung ab.

---

[1] Vgl. Gaugler, E., a.a.O., S. 185
[2] Vgl. Pietsch, T. / Fuhrmann, S., a.a.O., S. 137
[3] Vgl. Gaugler, E., a.a.O., , S. 186 ff.
[4] Vgl. Gabriel, R. et. al., a.a.O., S. 25 f.
[5] Vgl. Rohde, G., "Angestellte - Opfer oder Gewinner der Rationalisierung? Büroautomatisierung aus gewerkschaftlicher Sicht", in: SzU, "Büroautomation", Bd. 42, Wiesbaden 1990, S. 93-107, hier S. 102 f.
[6] Vgl. Baethge, M. / Overbeck, H., a.a.O., S. 32

Je stärker die Arbeitsteilung ausgeprägt ist, desto geringer ist der dem Mitarbeiter zur Verfügung stehende Kompetenzrahmen.[1] Mit zunehmender Standardisierung wird die aus der Aufgabenerfüllung resultierende Unsicherheit reduziert, so daß sich der individuelle Kompetenzrahmen verringert.[2]

Dort wo die Wirkungen der Aufgabenintegration durch den Einsatz der ISAS am stärksten ausgeprägt sind, ist eine Zunahme des Entscheidungs- und Kompetenzrahmens festzustellen.[3]

Eine durch die ISAS bedingte Erweiterung des Kompetenzrahmens erfordert eine entsprechende Höherqualifikation der Mitarbeiter, damit sie ihre hinzugewonnene Kompetenz gezielt nutzen können.[4] Die damit verbundene Vergrößerung der Spielräume für selbständiges Handeln der einzelnen Mitarbeiter steigert die Effizienz der Führung im Unternehmen und erhöht die Motivation.[5] Diese Kompetenzerweiterung erfordert kooperative Führungsstile, bei denen die Mitarbeiter in die unternehmerischen Entscheidungsprozesse einbezogen werden und über Handlungsspielräume verfügen.[6]

Die Forderung nach flexiblen und überschaubaren Organisationseinheiten kann nur dann einen Sinn erfüllen, wenn von den Mitarbeitern nicht nur Kompetenz verlangt wird, sondern wenn sie auch die Möglichkeit erhalten, ihren Kompetenzbereich zu erweitern.[7] Dies ist jedoch bei einer auf dem Taylorismus basierenden Arbeitsgestaltung, die das Wissen der Mitarbeiter und ihre Fähigkeiten beschränkt, nicht möglich. Daher ist es im Zuge einer vertikalen und horizontalen Integration, die zu tiefgreifenden Veränderungen der organisatorischen Bedingungen führt, notwendig, den Mitarbeiter als 'Wissens- und Fähigkeitsträger' zu verstehen, der durch eine Übertragung möglichst vieler

---

[1] Vgl. Reichwald, R., Büroautomation, a.a.O., S. 75 f.
[2] Vgl. Kieser, A. / Kubicek, H., a.a.O., S. 125 f.
[3] Vgl. Meyer, R., "Integrierte Informationsverarbeitung im Büro", in: OM, 35 Jg. (1987), Heft 2, S. 42-50, hier S. 47
[4] Vgl. Frei, F. et. al., a.a.O., S. XI f.
[5] Vgl. Agthe, K., a.a.O., S. 169
[6] Vgl. Krüger, W., Autorität, a.a.O., S. 102
[7] Vgl. Frei, F. et. al., a.a.O., S. XI f.

Kompetenzen und Verantwortlichkeiten selbständig zur Optimierung der Produkte bzw. Dienstleistungen beitragen soll.[1]

THESE ZUR KOMPETENZ

Die vertikale und horizontale Aufgabenintegration führt zu einer Kompetenzerweiterung der Mitarbeiter.

Der Prozeß der Kompetenzentwicklung im Rahmen des ISAS-Einsatzes ist entscheidend abhängig von den zur Verfügung stehenden Möglichkeiten und der Bereitschaft des einzelnen, Kompetenzen zu erwerben. Die Bereitschaft des einzelnen zur Kompetenzentwicklung hängt wiederum sehr stark ab von den individellen Erfahrungen in der Gesellschaft und am Arbeitsplatz.[2]

5.4.2.3   Macht

Machtpolitische Auswirkungen resultieren oft aus Organisationsveränderungen im Unternehmen. Da mit einem ISAS-Einsatz organisatorische Veränderungen verbunden sind, leiten sich daraus auch machtpolitische Verschiebungen ab.

Bei der Untersuchung der Auswirkungen, die durch den ISAS-Einsatz auf die Machtstrukturen im Bereich der Individualebene entstehen, lassen sich die **Bestimmungsgrößen der Macht** und deren durch die ISAS ausgelösten Veränderungen analysieren. Im einzelnen sind dies die verschiedenen Möglichkeiten der Aufgabenstandardisierung, die unterschiedliche Arbeitsteilung, neue Formen der Kommunikation und Koordination, die unterschiedlichen Erfordernisse an die Qualifikation sowie die ungleiche Verteilung der individuellen Kompetenzen.

---

[1] Vgl. Frei, F. et. al., a.a.O., S. 3
[2] Vgl. Frei, F. et. al., a.a.O., S. 17 ff.

Grundlage der Expertenmacht und der damit verbundenen Führungsfunktion bilden die tatsächlichen oder vermuteten Kenntnisse des Machthabers[1] hinsichtlich der ISAS.

Ein Organisationsmitglied kann seine **Qualifikation** dazu nutzen, um persönliche Interessen durchzusetzen. Somit kann Qualifikation nicht nur zur Aufgabenerfüllung, sondern gleichfalls als machtrelevante Ressource eingesetzt werden.[2]

Für die Expertenmacht ist deshalb zu untersuchen, ob tendenziell eine Höherqualifikation mit potentiellem Machtzuwachs oder eine Dequalifikation mit potentiellem Machtverlust eintritt, denn je breiter und tiefer die Qualifikation angelegt ist, desto ausgedehnter stellt sich der Machtbereich eines Organisationsmitgliedes dar.[3]

Aus einer Erweiterung des **Kompetenzrahmens** erwächst ein umfangreiches Machtpotential. Dieses Potential der Stelleninhaber gelangt jedoch nur dann zur Geltung, wenn die größeren Zuständigkeitsbereiche kompetent kontrolliert werden.[4]

Wird im Rahmen einer Abwärts-Integration durch zunehmende Delegation und Partizipation eine Kompetenzverlagerung auf ausführende Ebenen durchgeführt, so resultiert daraus ein Machtverlust für Vorgesetzte.[5]

Die Informationsmacht beruht auf dem **Informationszugriff** sowie auf der Informationsweitergabe desjenigen, der eine Information besitzt, an einen Mitarbeiter, der über diese nicht verfügt, um ihn auf diese Weise gezielt zu beeinflussen.[6]

Die durch die ISAS geschaffenen Möglichkeiten zur Informationsnutzung ermöglichen jedem Anwender den potentiellen Zugriff auf sämtliche

---

[1] Vgl. Wunderer, R. / Grunwald, W., "Führungslehre Band 1", Berlin - New York 1980, S. 67
[2] Vgl. Krüger, W., "Macht in der Unternehmung", Stuttgart 1976, S. 92 f.
[3] Vgl. Wittmann, E., a.a.O., S. 188
[4] Vgl. Wittmann, E., a.a.O., S. 152
[5] Vgl. Krüger, W., Autorität, a.a.O., S. 104
[6] Vgl. Sandner, K., "Prozesse der Macht", Berlin - Heidelberg 1990, S. 20

gespeicherte Informationen.[1] Daraus erwächst eine Verfügungsmacht über die Ressource Information, die zum Machtzuwachs führen kann. Daher ist die Festlegung der Zugriffsrechte auf Informationen der ISAS nicht nur aufgrund der fachlichen Notwendigkeiten zur Aufgabenerfüllung zu beachten, sondern gleichfalls als eine machtpolitische Entscheidung zu verstehen, die eventuell von den bisherigen Machthabern behindert wird.[2]

Um Informationsmacht ausüben zu können, ist ein Informationsvorsprung notwendig, der in der ISAS durch entsprechende Zugriffsrechte oder eine höhere ISAS-bezogene Expertenmacht zustande kommt.

Tendenziell kann davon ausgegangen werden, daß im Bereich der Routineaufgaben die Zugriffsrechte gezielt eingeschränkt werden, so daß die mit Routineaufgaben befaßten Aufgabenträger mit einem Verlust von Machtpotentialen rechnen müssen. Dagegen erfordert die Erfüllung von einzelfallbezogenen Aufgabenstellungen einen verstärkten Zugriff auf die Informations- und Kommunikationskomponenten der ISAS, so daß für entsprechende Aufgabenträger mit einer Verstärkung der Machtbasis gerechnet werden kann.[3]

Die besseren Informationzugriffsmöglichkeiten auf allen Ebenen erlauben eine stärkere Kontrolle der Unternehmensmitglieder durch die Führungsebenen. Hieraus leitet sich ein Zuwachs des Machtpotentials für Führungskräfte ab, wogegen für die anderen Mitarbeiter durch die stärkere Kontrollierbarkeit Machtverluste erfolgen. Das qualitativ wesentlich Neue dieser ISAS-bedingten Kontrollmöglichkeiten liegt darin, daß zusätzlich zur Kontrolle der Arbeitsergebnisse auch die Durchführung der Tätigkeiten kontrolliert werden kann.[4]

Dagegen bewirkt die oft anzutreffende mangelnde Bereitschaft der Führungskräfte, die Handhabung der ISAS zu erlernen, die Gefahr einer zunehmenden

---

[1] Vgl. Kaske, S., a.a.O., S. 46
[2] Vgl. Eggers, B / Kuhnert, B, "Wege zum Büro der Zukunft", in: OM, 41. Jg. (1993), Heft 3, S. 70-73, hier S. 72
[3] Vgl. Wigand, R.T., "Integrated communications and work efficiency: impacts on organizational structure and power", in: Information Services & Use, 5. Jg. (1985), S. 241-258, hier S. 255
[4] Vgl. Baethge, M. / Overbeck, H., a.a.O., S. 36 ff.

Abhängigkeit von den ISAS-Anwendern auf untergeordneten Ebenen. Dies ist auf den ausführenden Ebenen gleichbedeutend mit einem Machtzuwachs durch die Verfügbarkeit des Machtmittels Information.[1]

Aus dem Grad der **Arbeitsteilung** lassen sich Wirkungen auf die Macht der Stelleninhaber ableiten. Eine hohe Stellenspezialisierung führt zu eng begrenzten Machtbereichen, wogegen ein hoher Tätigkeitsspielraum zu großen Machtbereichen führt.[2]

Werden durch die neuen ISAS verstärkt arbeitsteilige Beziehungen zwischen den Aufgabenträgern intensiviert, so führt dies zu erhöhten Abhängigkeiten, die den Machteinfluß vermindern.[3]   Dagegen entwickelt sich aufgrund der Stellenspezialisierung möglicherweise ein aufgabenbezogenes Machtpotential, das sich aus der Expertenmacht oder der Informationsmacht ableitet, ohne daß den entsprechenden Stelleninhabern ein formaler Entscheidungs- und Kontrollspielraum zugewiesen wurde.[4]

Werden mittels der ISAS bislang auf verschiedene Stellen verteilte Aufgaben in einer Stelle zusammengeführt, so erhöht sich die Autonomie des Aufgabenträgers und daher seine Machtstellung,[5] da die Zusammenführung von Aufgaben ein inhaltlich umfangreicheres Tätigkeitsfeld und einen größeren kontrollierbaren Unsicherheitsbereich mit sich bringt.

Stelleninhaber, für die sich eine Abwärts-Integration ergibt, erhalten einen größeren Machtzuwachs als Stelleninhaber, die von einer Aufwärts-Integration betroffen sind.[6]

---

[1] Vgl. Stein, P., "Büroarbeit morgen", in: Personal, 31. Jg. (1980), Heft 3, S. 96-98, hier S. 97
[2] Vgl. Krüger, W., Macht, a.a.O., S. 27
[3] Vgl. Wittmann, E., a.a.O., S. 274
[4] Vgl. Mechanic, D., "Sources of Power of Lower Participants in Complex Organizations", in: Administrative Science Quarterly, 7. Jg. (1962), S. 349-365, hier S. 358 f.
[5] Vgl. Wittmann, E., a.a.O., S. 274
[6] Vgl. Krüger, W., "Organisatorische Gestaltungskonzepte und Wirkungstrends in der Bürokommunikation", in: Müller-Bölling, D. / Seibt, D. / Winand, U. (Hrsg.), "Innovations- und Technologiemanagement", Stuttgart 1991, S. 285-300, hier S. 291 f.

Die **Standardisierung** von Arbeitsabläufen ist eine Gestaltungsvariable der Organisation, die ebenfalls Einfluß auf die individuellen Machtpotentiale ausübt.[1]

Je erfolgreicher eine Standardisierung durch die IuK-Technik vorgenommen wird, desto schwerwiegender ist der damit verbundene Machtverlust des betroffenen Aufgabenträgers.[2]

Zu unterscheiden sind dabei jedoch die verschiedenen Aufgabentypen. Während Einzelfallaufgaben und somit die Ebene des höheren Managements sich für Standardisierungen kaum eignen und daher von einem entsprechenden Machtverlust kaum betroffen sind, sind insbesondere die mit Routineaufgaben betrauten Mitarbeiter von der Standardisierung und einem Verlust ihrer Machtpotentiale betroffen. Mitarbeiter, die sachfallbezogene Aufgaben ausführen, müssen mit einem teilweisen Verlust ihrer Machtpotentiale rechnen, da ein Teil ihrer Aufgaben standardisierbar ist.[3]

Durch die Standardisierungstendenzen der ISAS wird die Ausübung von Macht unpersönlich und indirekt, womit eine Verschleierung des Machteinsatzes entsteht. Die Untergebenen erkennen diese Form der Machtausübung häufig nicht, wodurch ihre Machtposition geschwächt wird. Aber auch dann, wenn die Betroffenen die Machtausübung mittels der ISAS erkennen, ist es schwerer, sich dagegen zu wehren, als wenn die Machtausübung mit direkten organisatorischen Mitteln erfolgt wäre, da eine Begründung mit technischen Sachzwängen erleichtert wird.[4]

Auf der mit Einzelfallaufgaben betrauten Führungsebene ergibt sich indirekt eine Gefährdung der Machtpotentiale, da das Machtgefälle zwischen den sachfallbezogenen Aufgaben und den Einzelfallaufgaben sinkt. Gleichfalls wird auf der oberen Führungsebene eine starke Arbeitsteilung als Machtsicherung

---

[1] Vgl. Picot, A., Organisation, a.a.O., S. 124 ff.

[2] Vgl. Brandt, G. et. al., "Computer und Arbeitsprozeß", Frankfurt am Main - New York 1978, S. 485

[3] Vgl. Müller, C., "Die Problematik einer Implementierung von Informationstechnologie im Bürobereich", Köln 1987, S. 155

[4] Vgl. Kubicek, H. / Rolf, A., a.a.O., S. 273 ff.

eingesetzt, so daß auf dieser Ebene Widerstand gegen die ISAS-Einführung als Widerstand gegen die Veränderung der Machtpotentiale verstanden werden kann.[1]

Auf der individuellen Ebene führt der Einsatz der neuen IuK-Techniken zu einer verstärkten Aufgabenintegration, die den Entscheidungs- und Kontrollspielraum der Mitarbeiter erhöht und somit zu einer Stärkung der Machtposition beiträgt. Häufig geht mit der Aufgabenintegration eine Höherqualifikation einher, die einen zusätzlichen Machtzuwachs bedeutet. Dagegen steht die gegenläufige Tendenz des möglichen Machtverlustes durch eine mit Hilfe der ISAS durchführbare Standardisierung, die den Entscheidungsspielraum der Mitarbeiter vermindert und somit deren Machtbasis schwächt. Inwieweit diese beiden gegenläufigen Tendenzen zum Tragen kommen, ist insbesondere von der Einordung einer Stelle in die Organisationsstruktur und von dem Typ der Aufgabe abhängig.[2]

Aber auch im Hinblick auf die Zielfindung und Zielerreichung des Gesamtunternehmens ist eine dauerhaft ausgewogene Machtverteilung im Gesamtunternehmen anzustreben, die zu für alle Beteiligten tragfähigen Kompromissen führt. Dies ist insbesondere deshalb anzustreben, da das Unternehmen als offenes System im Kontext der Marktverhältnisse und der Gesellschaft steht und somit bei Veränderungen in den Machtstrukturen soziale und gesellschaftliche Belange beachten muß.

THESE zur Macht

Die wichtigsten Einflüsse auf innerbetriebliche Machtstrukturen gehen im Rahmen des ISAS-Einsatzes von den Veränderungen in dem Bereich der Expertenmacht aus.

---

[1] Vgl. Kieser, A., "Neue Informationstechnologien und Organisation", in: Traunmüller, R. et. al. (Hrsg.), "Neue Informationstechnologien und Verwaltung", Berlin u. a. 1984, S. 42-61, hier S. 49

[2] Vgl. Wittmann, E., a.a.O., S. 273

5.4.2.4   Arbeitszufriedenheit

Die Arbeitszufriedenheit kennzeichnet den Einfluß eines Systems auf Aspekte der Motivation und Produktivität der Mitarbeiter. Arbeitszufriedenheit läßt sich beispielsweise durch eine frühzeitige Einbindung der Betroffenen bei der Systemeinführung und eine Aufklärung der damit angestrebten Ziele erreichen.[1]

Eine isolierte Betrachtung einer Aufgabe vor und nach ISAS-Einsatz ergibt eine durch die ISAS bedingte Erhöhung der Arbeitszufriedenheit, da eine vorgegebene Aufgabenstellung mit geringerem Zeitaufwand erledigt werden kann. Ist diese Effizienzsteigerung jedoch mit einer Erhöhung des Arbeitspensums verbunden, so werden lediglich arbeitsteilige Strukturen verfestigt und die Arbeitszufriedenheit nimmt dementsprechend wieder ab.

Wird der ISAS-Einsatz zur Schaffung ganzheitlicher Aufgabenbereiche genutzt, so erhält der Mitarbeiter neben einem Überblick über die Leistungserstellung und einem Einblick in die Werthaftigkeit der erzeugten Leistung auch die Verantwortung für einen vollständigen Arbeitsprozeß. Die damit verbundene abwechslungsreiche Tätigkeit führt zu einer höheren Arbeitszufriedenheit als dies bei sich ständig wiederholenden Tätigkeitsschritten der Fall ist. Es erhöht sich jedoch gleichfalls der Druck auf den einzelnen Mitarbeiter, da eine eindeutige Verantwortung des einzelnen besteht und bei Mängeln die Verantwortlichkeit nicht mehr anderen Stellen zugeschoben oder verschleiert werden kann.[2]

Insbesondere für die unteren Stufen einer hierarchisch strukturierten Organisation kann es zu einer Abnahme persönlicher Kontakte kommen, was sich empirisch mit einer verringerten Zufriedenheit der Mitarbeiter belegen läßt.[3] Durch die damit verbundene Gefahr einer geringeren Akzeptanz der ISAS

---

[1] Vgl. Joswig, D., a.a.O., S. 170
[2] Vgl. Römheld, D., a.a.O., S. 107
[3] Vgl. Berthel, J., Informationssysteme, a.a.O., S. 70

muß dieses Problem bereits in der frühen Projektphase aktiv angesprochen und entschärft werden.

THESE zur Arbeitszufriedenheit

Inwieweit die ISAS die Arbeitszufriedenheit erhöht, hängt mit der damit verfolgten organisatorischen Zielsetzung ab. Es ergibt sich somit ein indirekter Optionscharakter bzgl. der Arbeitszufriedenheit.

6 BEOBACHTETE AUSWIRKUNGEN DES EINSATZES VON SAP R/2 UND MSP MASTERPACK

Im folgenden Kapitel sollen die Beobachtungen der Autoren vorgestellt werden und mit den im vorigen Kapitel aufgestellten Thesen verglichen werden. Es soll an dieser Stelle noch einmal darauf hingewiesen werden, daß es sich um Einzelfallstudien handelt, die zur Deduktion von Schlußfolgerungen herangezogen werden. Wie im zweiten Kapitel beschrieben, sind die Beobachtungen, die hier dargestellt werden, Ergebnisse eines aus vielen Teilschritten bestehenden Rückkopplungsprozesses, die in Zusammenarbeit mit den Anwendern im Laufe eines Projektes gefunden wurden.

6.1 Projektbezogene Auswirkungen

Wird in der Ist-Analyse festgestellt, daß sich die Unternehmensstruktur aufgrund einer mangelnden Gesamtsicht - z. B. Strukturen wie unternehmensweit einheitlicher Kontenrahmen der Finanzbuchhaltung, unternehmensweit gültige Kostenstellen und Kostenarten, eindeutige Personenkennungen, eindeutige Vergabe von Artikelnummern - nicht für den ISAS-Einsatz eignet, so sind unternehmensweite Standardisierungen dieser Strukturen vorzunehmen, um die organisatorischen Voraussetzungen für die ISAS-Einführung zu schaffen. Ein grundlegendes Aufbrechen der Abteilungen ist in dieser Phase nicht notwendig; es sind lediglich die Abhängigkeiten zwischen den Abteilungen herauszuarbeiten, um das integrative Potential der ISAS angemessen ausnutzen zu können.

Sind die organisatorischen Vorbedingungen zur Einführung einer ISAS geschaffen, so kann mit der Ausprägung der ISAS für das Unternehmen begonnen werden.

Bei der Einführung und Nutzung der ISAS sind die Punkte Einführungsstrategie, Identifikation der Projektbeteiligten und Projektverantwortlichkeit wesentliche Erfolgsfaktoren, die eingehender betrachtet werden sollen.

6.1.1 Angemessenheit unterschiedlicher Einführungsstrategien

Von den vier vorgestellten theorisch denkbaren Einführungsstrategien[1] sind zwei aus praktischer Sicht als undurchführbar einzuschätzen. Der Parallelbetrieb von Altsystem und neu eingeführtem System, wie er gelegentlich in der Literatur vorgeschlagen wird,[2] ist im Sinne einer Testphase bzgl. der Lauffähigkeit der Software nicht mehr nötig. Gerade bei ISAS kann - im Gegensatz zu Individuallösungen - davon ausgegangen werden, daß das System durch die vielfachen praktischen Erprobungen eine hohe Stabilität erreicht hat.

Gegen einen Parallelbetrieb sprechen darüber hinaus bedeutende praktische Schwierigkeiten. Dadurch, daß sämtliche Erfassungen zweifach - für jedes System gesondert - durchgeführt werden müssen, ist zusätzliches Personal bereitzustellen, oder es sind Überstunden anzusetzen. Darüber hinaus ist zu berücksichtigen, daß trotz umfangreicher Schulungsmaßnahmen erfahrungsgemäß der Umgang mit dem neuen System Einarbeitungszeit erfordert, weswegen sich die routinemäßige Handhabung erst im Laufe der Nutzung einstellt. Aber auch wenn die personellen Kapazitäten vorhanden sein sollten, ist ein solches Vorgehen kontraproduktiv, da sich die Mitarbeiter auf das vertraute System konzentrieren und das neue System aufgrund der oben geschilderten Anfangsschwierigkeiten nur zweitrangig verwenden.

Selbst wenn die Mitarbeiter zeitlich und aufgrund ihrer Qualifikation in der Lage und bereit sind, die mit dem Parallelbetrieb verbundenen Doppelerfassungen durchzuführen, scheitert dieses Vorgehen in der Praxis an den Anforderungen des Tagesgeschäftes. Als Folge ergeben sich inkonsistente, möglicherweise unvollständige Datenbestände mit unterschiedlichen Aktualitäten auf beiden Systemen.

Dies läßt sich bereits an den auftretenden Schwierigkeiten in nur einem System darstellen. Beispielsweise wird bei bestimmten Arzneimitteln vom Gesetzgeber eine eindeutige Seriennummernverwaltung verlangt, um die Verfallsdaten im Lager überwachen zu können. Somit ergibt sich eine Systemsicht und eine physische Sicht des Lagers. Bei einer Bestellung wird anhand des

---

[1] Vgl. Gliederungspunkt 5.2 'Bedingungen für die erfolgreiche Einführung einer ISAS'
[2] Vgl. Gröner, U., a.a.O., S. 29

Systems ein Materialentnahmeschein mit einer Seriennummer an das Lager ausgegeben. Im Lager unterläuft jedoch beim Abgleich der Nummern - z. B. durch einen Zahlendreher - unbemerkt ein Fehler, so daß ein Produkt mit einer anderen Seriennummer ausgeliefert wird als im System festgehalten. Systemsicht und Lager stimmen somit nicht mehr überein. Sollte nun die Zentrale feststellen, daß bei dem tatsächlich ausgelieferten Produkt die Serie fehlerhaft produziert ist, so wird vom System die Serie als noch im Lager vorhanden ausgewiesen. Bei der anschließenden Lageraussortierung wird jedoch festgestellt, daß die fehlerhafte Serie physisch fehlt und vermutlich doch ausgeliefert wurde. Mit dem System läßt sich allerdings nicht mehr feststellen, an wen sie geliefert wurde. Das Unternehmen ist aus rechtlichen und ethischen Gründen gezwungen, sämtliche Abnehmer des betreffenden Produktes - unabhängig von der Serie - auf den Produktionsfehler hinzuweisen.

Dieses praktische Beispiel soll verdeutlichen, daß sich im Tagesgeschäft bei nur einem System schwerwiegende Inkonsistenzen ergeben können. Bei einem Parallelbetrieb von zwei Systemen ist davon auszugehen, daß sich die Fehlerquellen nicht verdoppeln, sondern daß sie exponentiell anwächsen. Dies resultiert aus den oben beschriebenen Fehlern und dem zusätzlichen Abgleich zwischen beiden Systemen, um die Übereinstimmung sicherzustellen.

Pragmatisch gesehen kann also der Parallelbetrieb als Einführungsstrategie ausgeschlossen werden, und es bleibt nur die Beurteilung des stufenweisen Vorgehens oder der Big-Bang-Strategie beim Wechsel von einem System zum anderen zu einem Stichtag.

Die Big-Bang-Strategie hat jedoch erhebliche Nachteile, da zur Beherrschung der damit verbundenen Projektkomplexität erhebliche Ressourcen bereitgestellt werden müßten, die nur in Ausnahmefällen ökonomisch zu rechtfertigen sind.

Die Vorbereitungen, die zu treffen sind, um die Kunden-, die Lieferanten-, die Anlagen- und die Artikelstammdaten, die unternehmensweit offenen Posten, die Lager- und Anlagenbestände sowie die entsprechenden Hauptbuchsalden zum Stichzeitpunkt übereinstimmend zu ermitteln und in geringer Zeit fehlerfrei ins neue System zu übertragen, stellen ein in der Praxis kaum lösbares Problem dar.

Darüber hinaus kommt es im Anfangsstadium der Nutzungsphase zu Fragen von seiten der Nutzer, zu Fehleingaben und zu Mißverständnissen bzgl. der organisatorischen Zuständigkeitsbereiche. Selbst wenn in der Einführungsphase umfangreiche Schulungsmaßnahmen durchgeführt wurden, zeigt die Praxis, daß es in der Nutzungsphase erheblichen Nachschulungsbedarf gibt. Für Fehler, die von den Nutzern nicht sofort als solche erkannt oder nicht von ihnen behoben werden, ist ein hoher Zeitbedarf für die Fehlersuche und -behebung zu veranschlagen. Da in allen Bereichen gleichzeitig angefangen wird, müßte eine sehr große Zahl von Projektmitgliedern für diese Tätigkeiten zur Verfügung stehen.

Wenn bereits bei der stufenweisen Einführung in einzelnen Unternehmensbereichen die oben genannten Probleme den Projekterfolg gefährden können, läßt sich nachvollziehen, daß das Big-Bang-Vorgehen kaum kontrollierbar ist. Die Big-Bang-Stragegie hat u. E. nur dann Relevanz, wenn sehr hohe Projektressourcen zur Verfügung stehen, wenn ein hoher Zeitdruck für den Systemeinsatz besteht und wenn die mit dieser Strategie verbundenen Gefahren vom Unternehmen bewußt in Kauf genommen werden.

Einführungsstrategie	parallel	ausschalten
Big Bang	Ressourcenbelastung sehr hoch Personalbelastung sehr hoch	Ressourcenbelastung sehr hoch Personalbelastung angemessen
Modulare Einführung	Ressourcenbelastung angemessen Personalbelastung sehr hoch	Ressourcenbelastung angemessen Personalbelastung angemessen

Abb. 12: Gegenüberstellung der Einführungsstrategien

SCHLUSSFOLGERUNG zur Einführungsstrategie

Die Erfahrungen der Autoren bestätigen die Überlegenheit des stufenweisen Vorgehens. Die für ISAS-Projekte grundsätzlichen

Anforderungen an das Projektmanagement und an die Unternehmensressourcen halten sich bei stufenweisem Vorgehen in einem angemessenen Rahmen. Durch den laufend sichtbaren Projektfortschritt und die
Berücksichtigung der Lernkurve der ISAS-Anwender erhöht sich die
Motivation, und das Einführungsrisiko wird gesenkt.[1]
Es sollte mit einem Zentralbereich des Unternehmens begonnen werden, während in den anderen Bereichen die ISAS nachfolgend eingeführt wird. Oftmals wird mit dem Bereich des externen Rechnungswesens (Finanzbuchhaltung, Bilanzerstellung, Vorsteueranmeldungen
etc.) begonnen. Es folgen Anlagenbuchhaltung, Lohn und Gehalt, Kostenrechnung, Materialwirtschaft sowie die übrigen Geschäftsbereiche.
Allgemein kann festgehalten werden, daß die Geschäftsbereiche mit
hoch standardisierten Abläufen sich besonders als Anfangsmodule
eignen, da bei ihnen nur geringe Anpassungen gegenüber der bisherigen Arbeitsweise auftreten. Je mehr Ausnahmefälle ein Geschäftsbereich aufweist, desto höher ist der Schulungsaufwand für dieses Modul
und desto später sollte das entsprechende Modul eingebunden
werden.

6.1.2   Interne versus externe Unterstützung der Projektdurchführung

Sowohl die konzerninterne als auch die externe Projektdurchführung haben
den Vorteil, daß die Berater Unternehmensfremde sind, die nicht in die
unternehmensinternen Macht- und Positionskämpfe eingebunden werden. Somit haben sie die Möglichkeit, als 'Blitzableiter' für unternehmensintern Betroffene zu fungieren, ohne daß die jeweiligen Beschwerdeführer mit Nachteilen im Unternehmen rechnen müßten. Voraussetzung hierfür ist, daß sie als
Vertrauenspersonen akzeptiert werden, die die vertraulichen Informationen im
ISAS-einführenden Unternehmen ausschließlich für Projektzwecke im Sinne
der optimalen Erreichung der Projektziele verwenden. Diese Unabhängigkeit

---

[1] Diese Beobachtungen der Autoren decken sich mit den Aussagen von Cedric Meister. Vgl.
Meister, C., a.a.O., S. 40

wird besonders daran deutlich, daß - sinnvollerweise - nach der Einführungsphase die Projektleitung an Unternehmensangehörige übergeben wird und die Berater während der Nutzungsphase lediglich eine unterstützende Rolle einnehmen.

Als zusätzlicher Vorteil kann genannt werden, daß im Unternehmen - sei es von der Unternehmensleitung, sei es von der Konzernspitze - die Entscheidung für die ISAS bereits getroffen wurde, und von seiten der Berater nicht in diese Entscheidungsfindung eingegriffen werden muß. Insbesondere sind die Berater von gegebenenfalls vorausgegangenen unternehmensinternen Auseinandersetzungen zwischen ISAS-Befürwortern und ISAS-Gegnern unbelastet und müssen darauf achten, daß weder Gewinner- noch Verliererrollen im Rahmen des Projektes weitergeführt werden. Diese unabhängige Position eignet sich, um eine zielstrebige Einführung der ISAS zu gewährleisten, indem die Berater ungeachtet der unternehmensinternen Vorgeschichte darauf achten, daß gefällte Entscheidungen akzeptiert werden und daß von keiner Seite versucht wird, das Projekt zu sabotieren.

Die Vorteile der konzerninternen Projektunterstützung gegenüber der externen Unterstützung liegen darin, daß konzernweite Strukturen bekannt sind und nur einmal vorgegeben werden müssen. Besonders im Zuge einer konzernweiten Standardisierung lassen sich hieraus projektbezogene Vorteile ziehen, indem die einzelnen Konzernunternehmen bereits vor der Einführungsphase ihre Organisationsstrukturen[1] anpassen können, was den ISAS-bedingten Umstellungsaufwand verringert und die Akzeptanz des Systems erhöht. Darüber hinaus kann durch die gemeinsame Konzernzugehörigkeit und die damit sich ergebenden gemeinsamen Berührungspunkte ein Vertrauensverhältnis aufgebaut werden, das die Zusammenarbeit erleichtert.

Die Vorteile der externen Projektunterstützung liegen im Erfahrungswissen, das hinsichtlich der ISAS-Einführung und -Nutzung vorhanden ist. Dies ist bei

---

[1] Dies betrifft beispielsweise Kontenrahmen, Kostenstellen, Artikelnummern etc. Vgl. hierzu auch Gliederungspunkt 6.1 'Projektbezogene Auswirkungen'

der konzerninternen Unterstützung erst nach einer gewissen Vorlaufzeit gegeben. Projektarbeit erfordert einen projektcharakteristischen Arbeitsstil, der sich von der sonst üblichen Arbeitsweise erheblich unterscheiden kann, weshalb diesbezügliche Erfahrungen den Projekterfolg beeinflussen. Dieser Stil zeichnet sich insbesondere aus durch kurze Entscheidungswege mit schneller Entscheidungsfindung, durch mündliche Absprachen in gegenseitigem Vertrauen. D. h. die Schriftform wird lediglich dann zur Anfertigung von Aktennotizen oder Arbeitsanweisungen verwendet, wenn sehr wichtige Projektentscheidungen anstehen oder wenn projektgefährdende Schwierigkeiten drohen.

Darüber hinaus können externe Berater die Effizienz von Unternehmensprozessen besser beurteilen, da sie vielfältige Vergleichsmöglichkeiten haben, während konzerninterne Berater durch die konzernweite Organisationsstruktur vorgeprägt sind. Desweiteren liegt bei externen Beratern keine Weisungsgebundenheit im Konzern vor. Diese Unabhängigkeit ist wichtig, um optimale Problemlösungswege einschlagen zu können. Konzerninterne Berater unterliegen häufig Beschränkungen, die die Wahl des optimalen Weges nicht erlauben.

SCHLUSSFOLGERUNG zur Projektunterstützung

Die Autoren kommen zu dem Ergebnis, daß sowohl die konzerninterne als auch die externe Projektunterstützung ihre Berechtigung haben. Die konzerninterne ist dann vorzuziehen, wenn eine große Zahl von Konzernunternehmen mit der gleichen ISAS auszustatten sind, das Projekt von einer konzernweiten Standardisierung begleitet wird und die Berater ausreichend qualifiziert sind sowie zielorientiert und unabhängig arbeiten können, um den Projekterfolg nicht von machtpolitischen Vorfällen gefährden zu lassen.

Entsprechend bietet sich die externe Projektunterstützung dann an, wenn die ISAS nur in einem Unternehmen eingeführt werden soll, wenn die Entscheidung zu großen innerbetrieblichen Spannungen geführt hat oder wenn im Zuge der Einführung die

Unternehmensprozesse neu überdacht werden sollen, was durch externe Berater, die über Vergleichserfahrungen verfügen, einfacher ist. Für die Zusammensetzung des Projektteams ergibt sich daraus, daß unternehmensexterne Berater aufgrund ihres Erfahrungswissens unerläßlich sind. Allerdings werden sie nicht in der Lage sein, das Projekt ohne die Beteiligung unternehmensinterner Projektmitglieder durchzuführen. Zunächst sind sie auf Informationen bzgl. der internen Strukturen und Abläufe angewiesen.

6.1.3   Besonderheiten der Projektarbeit

Wichtige Vorbedingung zur erfolgreichen Projektdurchführung und effizienten Erreichung des Projektzieles ist, daß das gewählte Vorgehen von allen Projektbeteiligten getragen wird und eine gemeinsame Orientierung hinsichtlich der festgelegten Ergebnisse besteht.

Zur effizienten Projektdurchführung ist es nach den Erfahrungen der Autoren sinnvoll, lediglich eine begrenzte Anzahl von Mitarbeitern in einem Projekt einzusetzen. Es darf jedoch nicht der Eindruck entstehen, daß zwischen dem engeren Kreis der Projektmitglieder und dem weitergefaßten Bereich der Projektbetroffenen eine Abstufung besteht oder Weisungsrechte verbunden sind. Es ist also sicherzustellen, daß beiden Gruppen die Gründe für diese notwendige Unterscheidung erläutert werden, die in der optimalen Zielerreichung und effizienten Durchführung des Projektes zu sehen sind.

Die Projektmitglieder sollten sich aus Unternehmensangehörigen und externen Beratern zusammensetzen; das Verhältnis ist vom Projektauftrag abhängig und kann sich im Laufe eines Projektes ändern. Sinnvoll ist es dabei, den Anteil der Unternehmensangehörigen im Laufe des Projektverlaufes langsam zu erhöhen, um in der Nutzungsphase die Übernahme der ISAS-Anwendung durch das Unternehmen vorzubereiten und einen breiten Know-How-Transfer sicherzustellen. Die unternehmensinternen Projektmitglieder sollten vollständig für das Projekt freigestellt sein und über gute Kontakte zu allen Unternehmensbereichen verfügen. Die unternehmensexternen Projektmitglieder stellen das Erfahrungswissen zur ISAS-Einführung und die projektspezifische Arbeitsweise zur Verfügung.

Als geeigneter Führungsstil zur Durchführung von ISAS-Projekten hat sich für die Autoren das **Management by walking around** bewährt. Beim Management by walking around besteht eine wesentliche Aufgabe einzelner Projektmitglieder darin, zu den Projektbetroffenen an ihrem Arbeitsplatz zu gehen, um sie über Gründe, Ziele und Fortgang des Projektes zu informieren sowie um ihre Wünsche und Ängste in Erfahrung zu bringen und darauf eingehen zu können.

Die Praxis hat gezeigt, daß selbst sehr gut vorbereitete Sitzungen und Schulungen nicht ausreichen, um diese Punkte ausreichend abdecken zu können. Zum einen ist die Komplexität einer ISAS so hoch, daß die damit verbundenen Auswirkungen von den Betroffenen erst nach praktischer Systemerfahrung erfaßt werden, weshalb sie sich in der Frühphase des Projektes sehr zurückhaltend verhalten. Zum anderen werden persönliche Vorstellungen und Ängste von den Betroffenen in einem formalisierten Rahmen, wie Sitzungen oder Besprechungen, kaum geäußert. Insbesondere in diesen Punkten zeigen sich die Vorteile des Management by walking around. Der Zugang zu Mitarbeitern ist an ihrem Arbeitsplatz und in ihrer gewohnten Umgebung am leichtesten möglich. Insbesondere unternehmensexternen Beratern, die die Anonymität der Betroffenen gewährleisten können, bietet sich wegen ihrer unabhängigen Rolle die Möglichkeit, um 'unter vier Augen' die Motivation und die Projektidentifikation der einzelnen erheblich zu fördern.

Ein weiterer wesentlicher Vorteil des Management by walking around ist darin zu sehen, daß Betroffene nur selten von sich aus auf Projektmitglieder zugehen, selbst wenn sie beispielsweise durch Rundschreiben oder in gemeinsamen Sitzungen explizit dazu aufgefordert werden. Begründen läßt sich dies aus einem mangelnden Vertrauensverhältnis zu unternehmensexternen Beratern oder aus einer Furcht vor Bloßstellung bei unternehmensinternen Beratern. Daher ist es notwendig, daß einzelne Projektmitglieder initiativ auf die Betroffenen zugehen. Dieses Vorgehen kann dazu genutzt werden, um ein Vertrauensverhältnis und ein aktiveres Verhalten der Betroffenen zu entwickeln.

SCHLUSSFOLGERUNG zum Projektmanagement

Das Management by walking around ist ein erfolgversprechender Ansatz zur Durchführung von ISAS-Projekten.

Während das Management by walking around im Rahmen der Projektarbeit erfolgreich angewendet wird, hat es sich dagegen im üblichen Tagesgeschäft allerdings nicht durchgesetzt. Im Tagesgeschäft wird das Aufsuchen des einzelnen ohne einen konkreten Bezug - wie dieser bei einem ISAS-Projekt gegeben ist - zu sehr als Kontrolle empfunden und daher abgelehnt.

6.2   Gesamtorganisationsbezogene Auswirkungen

Vom ISAS-Einsatz sind Auswirkungen zu erwarten, die sich auf die Gesamtorganisation beziehen und nicht einem einzelnen Unternehmensbereich oder einem Anwender zugeordnet werden können. Ausgehend von den Rückkopplungen zwischen ISAS und Organisation werden im folgenden die veränderten Informations- und Kommunikationserfordernisse, die beobachteten integrativen Auswirkungen sowie festgestellte Tendenzen der Zentralisation oder Dezentralisation thematisiert.

6.2.1   Rückkopplungen zwischen ISAS und Organisation

Die Auswirkungen einer ISAS und deren Bewertung sind in engem Zusammenhang zur Anwendung zu sehen, denn grundsätzlich kann sie zu unterschiedlichen Zwecken eingesetzt werden, wobei die genaue Zielsetzung des Einsatzes vom Anwender oder vom Unternehmen abhängig ist. Daraus folgt, daß Analyse und Bewertung des Einsatzes integrierter Software sich auf den vom Anwender bzw. vom Unternehmen verfolgten Zweck des Einsatzes beziehen muß. Somit sind allgemeingültige Aussagen kaum zulässig, es lassen sich lediglich Tendenzen bzgl. Umfang und Geschwindigkeit der Änderungen beobachten.

Ein neu gegründetes Unternehmen läßt sich beispielsweise flexibler gestalten als ein bestehendes, bei dem gewachsene und festgefügte Strukturen aufgebrochen oder verändert werden müssen. Strukturen sind außerdem tendenziell umso fester, d. h. die kurzfristigen organisatorischen Gestaltungsmöglichkeiten umso begrenzter, je größer ein Unternehmen ist.

Desweiteren ist zum einen das Ausmaß der Anpassungen in Abhängigkeit von der Organisationsform zu betrachten, zum anderen ist nach der Art der durchgeführten Änderungen zu unterscheiden. Dabei ist das Ausmaß als hoch anzusehen, wenn grundlegende Änderungen der Organisationsstruktur notwendig werden wie z. B. der Wechsel der Organisationsform; dagegen sind stellenbezogene oder vereinzelte Ablaufänderungen - bezogen auf die Organisationsstrukturen - als gering anzusehen.

Das relative Ausmaß der Anpassungen im Vergleich der verschiedenen Organisationsformen kann als Indikator für die Angemessenheit einer Organisationsform für den ISAS-Einsatz interpretiert werden. Ein hohes Ausmaß von Änderungen läßt eine vergleichsweise geringe Eignung für den ISAS-Einsatz vermuten, während ein geringes Ausmaß auf geringe Anpassungsschwierigkeiten und somit auf eine für den ISAS-Einsatz günstige Organisationsform schließen läßt. Allerdings ist zu unterscheiden zwischen anfänglichen Anpassungsschwierigkeiten und im Laufe des längerfristigen Einsatzes notwendig werdenden Änderungen der Organisationsstrukturen.

Die Autoren konnten beobachten, daß die Unternehmen von den bestehenden Strukturen ausgehend versuchen, während der Einführungsphase nach Möglichkeit eine direkte Abbildung der Arbeitsstrukturen in der ISAS durchzuführen. Nach der Einführung erlernt das Unternehmen nicht nur die detaillierte ISAS-Anwendung, sondern erkennt die zusätzlichen Potentiale, die durch eine

ISAS geschaffen werden. Daraus folgen Wünsche und Anforderungen der Mitarbeiter und des Unternehmens, die darauf abzielen, das erkannte Potential unternehmensintern umzusetzen. Werden diese Potentiale in der ISAS entsprechend ausgeschöpft, so zieht dies in der Regel arbeitsorganisatorische Änderungen nach sich. Von diesem neuen Zustand ausgehend werden wiederum Verbesserungsmöglichkeiten erkannt, die zu einem laufenden Rückkopplungsprozeß führen, so daß das Unternehmen entsprechende Reorganisationsmaßnahmen durchführt und nach und nach die ISAS hinsichtlich der eigenen Belange abändert. Im Zuge dieser Wechselwirkungen kommt es also zur Optimierung des Zusammenwirkens von sozialem und technischem Teilsystem. Hierbei entwickelt sich die Standardsoftware zur individuell ausgeprägten Software, während die Organisation die sich bietenden Optimierungen auszuschöpfen sucht.

Bei der Betrachtung der Rückkopplungen ist eine Unterscheidung der verschiedenen Nutzungsphasen der ISAS zu berücksichtigen. In der Einführungsphase, insbesondere wenn lediglich mit einem Zentralbereich begonnen wird, werden im Unternehmen Erfahrungen gewonnen, die für die nachfolgenden Bereiche genutzt werden können; es ist lediglich darauf zu achten, daß bei Veränderungen die ganzheitliche Unternehmenssicht nicht vernachlässigt wird. Sind mehrere Bereiche bereits von der ISAS abgedeckt, so lassen sich häufig Zuständigkeits- und Aufgabenverlagerungen zwischen den Bereichen beobachten. Beispielsweise werden Aufgaben der Kostenstellenzuordnungen im Bereich des Controllings der Finanzbuchhaltung übertragen und bereits bei der Belegbuchung kontiert.

In der Praxis taucht häufig die Frage nach dem Wettbewerbsvorteil auf, wenn alle Unternehmen die gleiche Standard-Anwendungssoftware verwenden.[1] Dazu muß erwidert werden, daß ähnlich wie bei den Werbeausgaben ein Verzicht auf ein solches Softwaresystem schwer absehbare negative Folgen haben könnte. Es geht auch nicht um eine Standardisierung des Unternehmens, denn

---

[1] Vgl. Pietsch, M., a.a.O., S. 435

vorgegebene Strukturen beispielsweise in Form von Gesetzen, wie dem HGB, dem GmbHG oder den Bilanzierungsrichtlinien sind auch für alle Unternehmen gleich und ändern nichts an der Individualität des Unternehmens. Da eine Standardsoftware potentiell für alle Unternehmen erstellt wird, wurden in vielen Bereichen der ISAS unterschiedliche Wahlmöglichkeiten bei der Abbildung der unternehmensspezifischen Gegebenheiten geschaffen. Die häufig befürchtete Gefahr der Standardisierung ist damit nicht gegeben. Die Schwierigkeiten liegen vielmehr darin, die Potentiale der ISAS im Einklang mit den organisatorischen Anpassungsmaßnahmen im Unternehmen auszuschöpfen. Die Befürchtung vieler Unternehmen, daß ihre Abläufe zu spezifisch seien, um in einer Standardsoftware abgebildet werden zu können, trifft insbesondere für die Zentralbereiche der Administration nur selten zu.[1] Es kann nicht davon ausgegangen werden, daß ein Unternehmen durch eine individuelle Art, Buchungen durchzuführen, Wettbewerbsvorteile erzielen kann.

SCHLUSSFOLGERUNG zur Organisationsform

Die Beobachtungen bestätigen den Optionscharakter der ISAS. Detailliertere Aussagen lassen sich aufgrund der Erfahrung bzgl. Umfang und Geschwindigkeit der Anpassungen an die ISAS-bedingten Reorganisationsmöglichkeiten nicht formulieren. Es läßt sich beobachten, daß große und mit starren Strukturen behaftete Unternehmen eine niedrigere Veränderungsgeschwindigkeit aufweisen und in jedem Schritt der Anpassung kleinere Veränderungen vornehmen, als dies in jungen oder kleinen Unternehmen der Fall ist. Darüber hinaus läßt sich diese Anpassung um so flexibler gestalten, je besser die bestehende Organisationsform für den ISAS-Einsatz geeignet ist.

6.2.2   Veränderte Informations- und Kommunikationserfordernisse

Durch die Einführung der ISAS wird die Transparenz der Geschäftsprozesse wesentlich erhöht. Dadurch ergeben sich zwischen den Aufgabenträgern

---

[1] Vgl. Österle, H., Unternehmensstrategie, a.a.O., S. 21

zusätzliche Fragestellungen, die einen erhöhten Informationsaustausch erfordern. Nach Beobachtung der Autoren erfolgt dieser erhöhte Informationsaustausch in Kleinbetrieben in direkter Kommunikation, während in Großbetrieben durch die gemeinsame Belegansicht in der zentralen Datenbank und Absprachen am Telefon soziale Kontakte tendenziell verlorengehen.

Während der Einführungs- und anschließenden Nutzungsphase der ISAS erhöht sich schrittweise das Vertrauen in das System, verfügbare Informationen werden zunehmend abgefordert und damit immer gezielter für die tägliche Arbeit genutzt.

Besondere Relevanz hat dies für den Verkauf. Mußten vor dem ISAS-Einsatz kundenspezifische Informationen wie

- Zeitpunkt der letzten Bestellung,

- Wert der letzten Bestellung,

- Art und Menge der zuletzt gekauften Produkte,

- Lagerbestände der bestellten oder bevorzugten Produkte,

- Übersicht über die in den letzten Monaten und Jahren gekauften Produkte,

- Stornierungshäufigkeit des Kunden,

- Gesamtumsatz mit dem Kunden während der letzten Monate und Jahre,

- offene Posten des Kunden und sein Zahlungsverhalten und

- Marge, die mit diesem Kunden erzielt wird,

mühevoll aus unterschiedlichen Funktionalbereichen zusammengetragen werden, was in der dafür zur Verfügung stehenden Zeit nicht immer vollständig möglich war, lassen sich diese Daten mit Hilfe der ISAS täglich aktuell aufbereiten. Hierdurch können sich die Außendienstmitarbeiter erheblich besser auf Gespräche und Verkaufsverhandlungen vorbereiten, wodurch eine stärkere Kundenorientierung erreicht wird, was wiederum als Basis für die Schaffung oder Erhaltung von kundenbezogenen Wettbewerbsvorteilen anzusehen ist.

Ähnliches gilt auch für den Kundenservice oder für die Sachbearbeiter im Unternehmen. Telefonische Kunden- oder Lieferantenanfragen zu Geschäftsvorfällen lassen sich mit Hilfe von Online-Anfrage auch durch solche

Unternehmensmitglieder kompetent und sofort beantworten, die vorher keinen Kontakt zu diesem Geschäftspartner hatten. Aufwendige Recherchen, deren Ergebnisse möglicherweise per Brief übermittelt worden wären, entfallen. Dies hat einerseits aufgrund der hohen Flexibilität und Reaktionsfähigkeit des Unternehmens eine Erhöhung der Kundenzufriedenheit zur Folge und führt andererseits durch die Vermeidung aufwendiger Recherchen und Schriftguterstellungen oder von Telefonaten zu einer Erhöhung der Produktivität des Unternehmens.

Auch für den Controllingbereich ergeben sich erhebliche Verbesserungen. Durch die ISAS stehen unternehmensweite Informationen mit sehr hoher Aktualität zur Verfügung und lassen sich entsprechend jederzeit aggregieren. Da die Informationen für das Controlling bereits in anderen Bereichen anfallen, läßt sich durch die ISAS eine zusätzliche Informationserfassung nahezu vermeiden. Das Controlling kann sich daher auf seine eigentliche Aufgabe konzentrieren, die darin besteht, die in der ISAS vorgehaltenen Informationen gezielt auszuwählen, entsprechend auszuwerten und angemessen bereitzustellen. Durch diese wesentlich verbesserte Kontroll- und Steuerungsmöglichkeit lassen sich unternehmerische Fehlentwicklungen frühzeitig erkennen und erlauben ein schnelles Gegensteuern.

Die angeführten Beispiele sollen keine geänderten Informationsbedarfe der Abteilungen darstellen, sondern die durch die ISAS geschaffene Möglichkeit aufzeigen, der bereits seit langem im Unternehmen bestehenden Informationsbedarfe zeitlich und inhaltlich in einer Weise zu entsprechen, die vorher nicht erreichbar war. Daraus ergeben sich nicht nur zunehmende Abhängigkeiten zwischen den verschiedenen Bereichen im Unternehmen, sondern die Informationsströme zwischen den Bereichen und im Gesamtunternehmen verändern sich grundlegend durch den ISAS-Einsatz. Führten die bisherigen Insellösungen zu einer hohen Informationsdichte abteilungsbezogener Informationen, so fehlten abteilungsübergreifende Informationen und wurden wegen der Probleme ihrer Beschaffung und Neuerfassung auch nicht angefordert oder erreichten häufig zu spät den Informationsempfänger. Mit einer ISAS ändert sich die Verwendung bereichsinterner Funktionen kaum. Da jedoch der Zugriff auf die Information anderer Bereiche vergleichsweise einfach und sofort möglich ist, läßt sich die Zusammenarbeit der verschiedenen Unternehmensbereiche durch erhöhte Kommunikationsmöglichkeiten verbessern.

Aus diesen offensichtlichen Vorteilen, die sich durch die Informationsbereitstellung erzielen lassen, ergeben sich jedoch auch Gefahren bei der Informationsnutzung.

Die hohe Bedeutung, die der Information beigemessen wird, birgt insbesondere die Gefahr, die Information lediglich der Information wegen, weil sie Teil des Informationsangebotes ist, anzufordern. Obwohl bedingt durch die ISAS das Informationsangebot bedeutend anwächst, stellt jedoch nicht jeder Systembericht für das Unternehmen tatsächlich einen informationsbedarfsorientierten Wert dar. Diese kritische Sicht der Auswertungsberichte fehlt häufig, so daß viel Zeit verschwendet wird, um wenig aussagefähige Auswertungen zu erstellen.

SCHLUSSFOLGERUNG zur Informationsversorgung

Die angeführten Beispiele verdeutlichen, daß sich die Informationsversorgung und die bereichsübergreifende Abstimmung in allen von den Autoren betreuten Projekten deutlich verbessern ließen. Das eventuell entstehende Problem der Informationsüberflutung muß durch präzise Anforderungen an das Berichtswesen gelöst werden.

6.2.3   Integrative Auswirkungen auf die Organisation

Integrative Auswirkungen können sich auf Unternehmensbereiche oder auf einzelne Stellen beziehen.

Beispielsweise läßt sich dies an einer stärkeren Einbindung von Zweigstellen eines deutschen Unternehmens an die Zentrale belegen. Nach organisatorischen Anpassungen wurden die Zweigstellen bundesweit online mit der ISAS der Hauptverwaltung verbunden. Daraus ergab sich für die Unternehmensleitung die Möglichkeit, das Geschäftsgebaren der Zweigstellen besser zu überwachen. Gleichfalls konnten Aufgaben an die Zweigstellen übertragen werden, die vor der ISAS-Einführung in den Zweigstellen von der Hauptverwaltung wahrgenommen wurden. Dies bedeutete für die Zweigstellen eine sowohl horizontale als auch vertikale Integration von Aufgaben sowie eine Verringerung der aufgabenbezogenen Schnittstellen zur Hauptverwaltung.

Die Integration zuvor getrennter Aufgabenstellungen wirft allerdings die Frage auf, welche Aufgaben denjenigen Aufgabenträgern übertragen werden, die im Zuge der Integration ihre Aufgaben an andere Stellen abgeben müssen. Hieraus leitet sich der von den Unternehmens- bzw. Konzernleitungen in Verbindung mit dem ISAS-Einsatz häufig - mehr oder weniger offen - geäußerte Wunsch nach einem Personalabbau ab. Die dafür notwendige Produktivitätssteigerung war in allen von den Autoren beobachteten ISAS-Einsätzen erreichbar. Ließen sich in einem südostasiatischen Unternehmen beispielsweise 40 % der Sachbearbeiter und 50 % der Buchhalter einsparen, so konnte in einem anderen Land der Umsatz im Laufe von zwei Jahren um 150 % gesteigert werden, ohne daß zur Bewältung des hinzukommenden Aufgabenvolumens zusätzliches Personal notwendig wurde. In einem deutschen Unternehmen, das über einen hierarchischen Aufbau mit einer traditionell tayloristischen Aufgabenstrukturierung verfügte, verband die Konzernleitung mit der Nutzungsoptimierung einer ISAS und einer einhergehenden Reorganisation der Finanzbuchhaltung sowie des Rechnungswesens die Erwartung, eine Einsparung der Belegschaft von anfangs ca. 2100 um knapp 300 Mitarbeiter erzielen zu können.

Die Aufgabenintegration ist eine notwendige Voraussetzung für flachere Hierarchien in einem Unternehmen. Ob flachere Hierarchien tatsächlich realisiert werden sollen, liegt in der Hand der Unternehmensleitung und wird in der ISAS durch die vergebenen Zugriffsrechte abgebildet. Die Beobachtungen der Autoren lassen hier keinen eindeutigen Trend erkennen. So konnte in einem

Fall eine sehr starke Hierarchieabflachung, in einem anderen Fall eine fast vollständige Beibehaltung der bisherigen Hierarchie beobachtet werden. In den übrigen Fällen kam es zu leichten Hierarchieabflachungen, die im wesentlichen aus einer auf Stellen begrenzten Aufgabenintegration resultierten.

SCHLUSSFOLGERUNG zur Integration

Die Autoren können bestätigen, daß die in der ISAS abgebildete integrierte Sicht des Gesamtunternehmens eine engere Zusammenarbeit der Unternehmensteile und eine Verringerung der Schnittstellen bedingt sowie zu einer verbesserten Koordination und zu einem besseren Überblick über die Unternehmensprozesse führt, was eine Höherbewertung dieser Prozesse zur Folge hat. Nach der schrittweisen Anpassung an die sich bietenden Gestaltungspotentiale konnte in allen Unternehmen eine bereichsübergreifende Aufgabenintegration mit Übernahme der Konzepte des Job Enlargement und des Job Enrichment beobachtet werden. Gleichzeitig konnte durch die Integration auf Informationen zugegriffen werden, die eine bessere Kontrolle der Prozesse, aber auch der Mitarbeiter erlauben. Inwieweit diese Maßnahmen mit einer Hierarchieverflachung einhergehen, hängt von der Zielsetzung der Unternehmensleitung ab.

6.2.4   Beobachtete Zentralisations- oder Dezentralisationstendenzen

Die These direkter Abhängigkeiten zwischen Organisation und Hardware-Architektur stimmt nicht mit den Erfahrungen der Autoren überein, was den Bereich der Vorgangsbearbeitung betrifft. So wird auch der Nachweis dieser Abhängigkeiten in der Literatur kaum geführt; die Begründungen beziehen sich meist auf allgemeine Sachverhalte und Schlagworte, wobei weder quantitative noch qualitative Nutzenpotentiale abgeschätzt werden. Bei beiden betrachteten Software-Systemen stellt sich jedoch die Frage nach einer Zentralisations- oder Dezentralisationswirkung nicht, da mit Hilfe der betrachteten ISAS beide Organisationsformen parallel durch eine entsprechende Anpassung abgebildet werden können. Dadurch können sowohl die Vorteile der Zentralisation als auch der Dezentralisation erzielt werden.

Dagegen ist durch den beobachtbaren Trend zu Client-Server-Lösungen von einem erheblichen Wandel des Rechenzentrumbetriebes auszugehen. Dort ist in den Aufgaben und Strukturen mit wesentlichen Veränderungen zu rechnen. Die Organisation und die inhaltlichen Aufgaben eines Rechenzentrums haben jedoch wenig Einfluß auf die Arbeitsorganisation im Gesamtunternehmen, so daß sie im Rahmen dieser Arbeit vernachlässigt werden sollen.

In vielen beobachteten Fällen wurde mit der ISAS-Einführung von den Unternehmensleitungen eine Reorganisation im Sinne einer **Zentralisation** gleichartiger Funktionsbereiche verfolgt, die vorher auf die verschiedenen Produkte oder Leistungen verteilt waren. Bedingung hierfür war die Standardisierung des Finanz- und Rechungswesens für die verschiedenen angebotenen Produkte und Leistungen. Damit sollten gleichzeitig Maßnahmen zur Rationalisierung verbunden werden.

Dagegen konnte in einem Fall ein umgekehrtes Vorgehen beobachtet werden. Verschiedene Produktbereiche wurden zu selbständigen Profit Centers mit eigenen Finanzabteilungen umgewandelt. Hierbei diente die ISAS dazu, konzernweit festgelegte Standards, z. B. Kontenplan- und Kostenstellenstrukturen sowie Monatsberichte, vorzugeben und dezentral abzubilden. Auf diese Weise konnten die Profit Centers unternehmensindividuelle Gestaltungen vornehmen, ohne den konzernweiten Rahmen zu durchbrechen.

SCHLUSSFOLGERUNG ZUR ZENTRALISATIONS- UND DEZENTRALISATIONSWIRKUNG

Entsprechend der integrativen Auswirkungen auf die Organisation läßt sich für die Dezentralisations- bzw. Zentralisationswirkungen der Optionscharakter der ISAS aus den Beobachtungen bestätigen.

Die Wirkung der Hardware-Infrastruktur auf die betriebliche Organisation der Vorgangsbearbeitung wird nach Ansicht der Autoren in der Literatur jedoch weitgehend überschätzt.

6.3 Mitarbeiterbezogene Auswirkungen

Aufgrund der hohen Bedeutung, die die ISAS-Einführung für das Arbeitsumfeld und -organisation aller Unternehmensmitglieder darstellt, sollen nun die diesbezüglichen Beobachtungen der Autoren dargestellt werden.
Ähnlich wie in Kapitel fünf wird im folgenden zwischen direkten und indirekten Auswirkungen der ISAS unterschieden.

6.3.1 Direkte Auswirkungen

In den praktischen Erfahrungen der Autoren bestätigte sich, daß die **Standardisierung**, die Veränderung der **Arbeitsteilung** sowie die **Koordination und Kommunikation** als die wesentlichen direkten Auswirkungen des ISAS-Einsatzes angesehen werden können.

6.3.1.1 Standardisierung

Die Standardisierbarkeit und Formalisierbarkeit einer Aufgabe sind entscheidend für ihre Abbildung innerhalb der ISAS.
Insbesondere Mehrfacherfassungen von Daten, wie beispielsweise das Einfügen von Verkaufszahlen in Controllingberichte oder die Nachbelastung von Kostenstellen bereits erfaßter Eingangsrechnungen, lassen sich aufgrund ihres Wiederholungscharakters und damit ihrer Standardisierbarkeit durch eine ISAS ausführen. Als Folge werden diese Mehrfachtätigkeiten eingespart und eine Datenerfassung fällt nur noch am logischen Ort ihres Entstehens an. Die übrigen Tätigkeitsbereiche werden von redundanter Arbeit entlastet und können sich wertschöpfenden Tätigkeiten zuwenden.

Auch die nunmehr einmalig durchzuführende Datenerfassung weist bei Routinetätigkeiten im System einen hohen Standardisierungsgrad auf. So werden Eingaben durch Maskensteuerung vorgegeben, die dem Anwender relativ feste Arbeitsvorgaben liefern. Allerdings muß beachtet werden, daß auch bei der manuellen Anfertigung von Buchungen o. ä. standardisierte Arbeitsvorgaben anhand von Formblättern gegeben waren. Jedoch lassen sich bei Datenerfassungen in der ISAS die Daten auf Konsistenz und Plausibilität prüfen. Die in der ISAS eingebauten Organisationsmöglichkeiten stellen also lediglich ein Fehlerfrühwarnsystem dar, das nachteilige Folgen für das Unternehmen zu vermeiden sucht. So lassen sich mitarbeiterbezogene Toleranzgrenzen standardisieren und überwachen. Beispielsweise kann in der ISAS festgelegt werden, daß eine Zahlungsfreigabe für einfache Sachbearbeiter bis zu einem Gesamtbetrag von DM 100.000,00 möglich ist. Darüber hinausreichende Zahlungsbeträge könnten bis zu einem weiteren Grenzbetrag vom Abteilungsleiter freigegeben werden. Wird auch dieser festgelegte Betrag überschritten, läßt sich eine Freigabe beispielsweise von einem Hauptabteilungsleiter durchführen. Diese Überwachung der einzelnen Buchungen oblag zuvor den Vorgesetzten, denen diese Kontrolltätigkeit nun nicht mehr zufällt. Während auf Führungsebenen somit Tätigkeiten wegrationalisiert werden, können die ausführenden Ebenen durch die Systemunterstützung vor Fehlern bewahrt werden, die sonst vom Vorgesetzten korrigiert wurden. Die Verarbeitung der Geschäftsvorfälle wird damit für den Sachbearbeiter sicherer, was zu einem geringeren Kontrolldruck durch die Vorgesetzten führt.

Die Auswertung der Daten und das Erstellen von Berichten ist gleichfalls in der ISAS standardisiert. Aus einer hohen Anzahl von mitgelieferten Standardberichten lassen sich einmalig die für das Unternehmen relevanten heraussuchen, die dann automatisch bei Bedarf von der ISAS erstellt werden können. Hieraus erwächst eine erhebliche Vereinfachung und Verringerung der aufwendigen Datenzusammentragung.

SCHLUSSFOLGERUNG zur Standardisierung

Die angeführten Beispiele demonstrieren, daß eine Standardisierung bei routinegeprägten Tätigkeiten am stärksten zu beobachten ist.

6.3.1.2 Arbeitsteilung

Die unternehmensbezogene vertikale und horizontale Integration führt in der Praxis zu vielfältigen Auswirkungen auf die Arbeitsteilung. Aus dem ISAS-Einsatz läßt sich bereits ohne formelle Änderung der Aufgabenzuweisungen ein Rückgang der Arbeitsteilung im Bereich administrativer Tätigkeiten beobachten.

Die Zuweisung isolierter Detailaufgaben an einzelne Sachbearbeiter kommt nur selten vor. Dagegen wird zunehmend von der aus dem ISAS-Einsatz resultierenden Möglichkeit Gebrauch gemacht, den Mitarbeitern umfassende Aufgabenbereiche zu übertragen. Bei der Aufgabenerfüllung der erweiterten Zuständigkeiten sind Verfahren und Methoden anzuwenden, die beim Mitarbeiter das Verständnis für den Aufgabenzusammenhang und ein ganzheitliches Vorgehen erfordern.

Besonders deutlich wird dies bei der Betrachtung der bisherigen Arbeitsweise eines Sachbearbeiters, der für die Auftragserstellung zuständig war: Der Sachbearbeiter erhält von einem Kunden oder einem Außendienstmitarbeiter eine Anfrage zu einem bestimmten Produkt. Zunächst muß im Lager nachgefragt werden, ob dieses Produkt vorrätig ist, was die Voraussetzung für eine schnelle Erfüllung der Bestellung ist. Ist das Produkt in ausreichender Menge vorhanden, so muß in der Vertriebsabteilung nachgefragt werden, ob dieser Kunde Sonderkonditionen erhält. Darüber hinaus muß in der Debitorenbuchhaltung überprüft werden, welche Zahlungskonditionen dieser Kunde hat und ob seine offenen Posten sein Kreditlimit überschreiten. Aus diesen vielfältigen Informationsbedarfen ergibt sich eine Erhöhung der internen Durchlaufzeiten, wenn die jeweiligen internen Gesprächspartner nicht erreichbar sind oder die Informationen nur mit einer zeitlichen Verzögerung übermitteln können.

Bei ISAS-Nutzung führt die implizite Aufgabenintegration zu einem erheblich vereinfachten Prozeßablauf: Bereits beim Anruf des Kunden oder Mitarbeiters kann der Sachbearbeiter anhand der Artikelnummer sofort den momentanen Lagerbestand feststellen und mitteilen, ob ohne Verzögerung geliefert werden kann. Durch den gleichzeitigen Zugriff auf die Ankunftstermine bzw. Produktionstermine des Artikels kann bei Nichtvorhandensein eine genaue Auskunft über erwartete Lieferfristen erteilt werden. Dies erhöht die Kundenzufriedenheit und die Effizienz der Außendienstmitarbeiter. Ist die gewünschte Ware in ausreichender Menge vorhanden, so werden dem Sachbearbeiter durch das System die kundenspezifischen Bezugs- und Zahlungskonditionen beim Erstellen der Rechnung vorgegeben, die er nur bei anderslautenden Anweisungen - beispielsweise durch den Außendienstmitarbeiter - zu korrigieren braucht. Bei Überschreitung des Kreditlimits wird systemseitig die Annahme des Auftrages verweigert.

Die Rückführung der Arbeitsteilung durch den ISAS-Einsatz konnte sowohl durch vertikale als auch durch horizontale Aufgabenintegration beobachtet werden. Die horizontale Aufgabenintegration ergab sich insbesondere dann, wenn einem Sachbearbeiter die Verantwortung für zusätzliche Produkte oder Leistungen übertragen wurde. Eine Abwärtsintegration lag automatisch durch die systemimmanenten Kontrollmöglichkeiten vor und wurde mindestens durch die erwünschte Überprüfung der eigenen Eingaben in das System von seiten des Unternehmens zusätzlich gefördert. Als aufschlußreich erwies sich folgende Beobachtung zur Durchführung einer Abwärtsintegration: In einem Unternehmen in Singapur wurde diese Integration in der frühen Nutzungsphase der ISAS vorgenommen, indem die Außendienstmitarbeiter, die fest vorgegebene Anwesenheitszeiten im Büro hatten, ihre eigenen Aufträge im System verbuchten. Zunächst stieß diese Maßnahme bei den betreffenden Mitarbeitern auf heftigen Widerstand, weil sie als unerwünschte Zusatzaufgabe empfunden wurde. Als sich im weiteren Projektverlauf ein Rationalisierungspotential ergab, das es ermöglicht hätte, diese Aufgaben wieder Mitarbeitern der Verwaltung zu übertragen, beharrten die Außendienstmitarbeiter jedoch darauf, sie zu behalten. Ihre Begründung dafür lag darin, daß die zusätzlich zu verrichtende

Aufgabe durch die erlangte Unabhängigkeit bei der Informationsbeschaffung und durch die jederzeitige Kenntnis bzgl. des Gesamtprozesses deutlich überkompensiert wurde. So konnten die Außendienstmitarbeiter beispielsweise feststellen, ob die Rechnung für einen Kunden bereits fakturiert war oder welche Konditionen bei vorigen Aufträgen gewährt wurden.

SCHLUSSFOLGERUNG zur Arbeitsteilung

Die Übernahme zusätzlicher Aufgaben wird insbesondere dann akzeptiert, wenn sie eine spürbare Arbeitserleichterung darstellt, und fördert die Gesamtsicht der Mitarbeiter.

6.3.1.3   Koordination und Kommunikation

Die Autoren konnten insbesondere bei festgefügten Abteilungsgrenzen beobachten, daß durch die Ersetzung der direkten Kommunikation durch die Mensch-Maschine-Kommunikation eine engere Zusammenarbeit zwischen den Unternehmensbereichen erreicht werden konnte, als dies ohne ISAS-Einsatz möglich gewesen wäre. Das wesentliche Element dieser Veränderung besteht für den einzelnen Mitarbeiter darin, daß nunmehr die Informationsweitergabe nicht als Hol-, sondern als Bringschuld zu verstehen ist. Somit können aufwendige Nachforschungen zu fehlenden Informationen in anderen Bereichen vermieden und stattdessen in der ISAS abgefragt werden. Bei allen Unternehmensprozessen führt dieser Wegfall zeitraubender Kommunikationsvorgänge zu einer starken Reduzierung der internen Durchlaufzeiten. Nur bei solchen Vorfällen, bei denen das System aufgrund der Parametervorgaben eine Ausnahme erkennt, kommt es durch damit verbundene Rückfragen zu zeitlichen Verzögerungen. Gerade bei Ausnahmefällen erfordert die engere Zusammenarbeit zwischen den Teilbereichen des Unternehmens, die durch die Integrationswirkungen einer ISAS entstehen, eine erhöhte **Kommunikationsfähigkeit** der Mitarbeiter, um die abteilungsübergreifenden Vorgänge in Zusammenarbeit mit anderen Teams oder Bereichen effizient abstimmen zu können.

Da die Kommunikationsfähigkeit zum Teil von Persönlichkeitsstrukturen und Charaktereigenschaften abhängt, ist zu bedenken, daß sie nur in einem begrenzten Rahmen geschult werden kann. Soll der ISAS-Einsatz zur Einführung flacherer Hierarchien, Aufgabenintegration und Teamarbeit genutzt werden, sind bei der Aufgabenzuordnung und der Zusammensetzung der Teams entsprechende persönliche Eigenschaften zu beachten, um sowohl für das Unternehmen als auch für den Mitarbeiter größtmögliche Vorteile zu erreichen und Enttäuschungen zu vermeiden.

SCHLUSSFOLGERUNG zur Kommunikation und Koordination

Die ISAS übernimmt im organisatorischen Gefüge eine wichtige Koordinations- und Kommunikationsrolle, in deren Rahmen sich die Informationsweitergabe von einer Hol- in eine Bringschuld wandelt.

6.3.2 Indirekte Auswirkungen

Auch zu den indirekten Auswirkungen des ISAS-Einsatzes, d. h. die Qualifikation, die Kompetenz, die Macht und die Arbeitszufriedenheit, liegen Erfahrungen vor, die im folgenden aufgeführt werden sollen.

Die bereits angedeutete enge Beziehung zwischen direkten und indirekten Auswirkungen wird durch die Beobachtungen der Autoren bestätigt.

6.3.2.1 Qualifikation

Der These, die Qualifikation für die Benutzung einer ISAS sei keine eigenständige Qualifikation, muß bereits beim Durchgehen von Stellenangeboten beispielsweise in der FAZ widersprochen werden, da dort häufig SAP-Anwendungskenntnisse als wünschenswert oder unabdingbar gefordert werden. Eine entsprechende Forderung dieser Kenntnisse kann für Masterpack in Südostasien bestätigt werden und läßt sich mit der erheblichen Komplexität einer ISAS erklären, die erst nach längerer Anwendererfahrung überschaubar ist.

Wird von unveränderten fachlichen Aufgaben der Mitarbeiter durch die ISAS-Einführung ausgegangen, so ändert sich lediglich das Hilfsmittel zur Aufgabenerfüllung. Für Mitarbeiter wegfallende, durch die ISAS übernommene Tätigkeiten, werden durch die System- und Anwendungskenntnisse ersetzt. Hieraus ergibt sich eine **Andersqualifikation**, da sich das benötigte Fachwissen zur Aufgabenerfüllung mit dem Einsatz einer ISAS kaum verändert. Dies gilt beispielsweise für eine Buchhaltertätigkeit, solange das Aufgabenspektrum nicht um auswertende und analysierende Elemente erweitert wird. Um einen Anwender zur Durchführung der grundlegenden Buchungen in den vorliegenden ISAS-Systemen zu befähigen, genügt eine Schulung von ca. einer halben bis zu einer Stunde anhand von Geschäftsvorfällen aus der gewohnten Tätigkeit des Buchhalters. Weitergehende Anforderungen für Sonderfälle der Buchungstätigkeit, wie Anzahlungen oder Wechsel und die Überwachung von Zahlungsein- und -ausgängen mit dem Ausgleich von offenen Posten, erfordern in Abhängigkeit von den zu erwartenden Geschäftsvorfällen Schulungen von wenigen Tagen. Somit wird bei gleichbleibender Aufgabenstellung die bisherige Art, eine Aufgabe zu lösen, durch die ISAS-Vorgehensweise ersetzt, während die fachlichen Anforderungen unverändert bleiben.

Werden mit der ISAS-Anwendung die Aufgabeninhalte erweitert, wie dies im Zuge integrativer Organisationsumstrukturierungen in der Praxis der Regelfall ist, so sind zusätzliche aufgabenübergreifende Kenntnisse erforderlich, um ein grundlegendes Verständnis für den Aufbau und die Verarbeitungslogik der ISAS zu vermitteln. Wegen der hohen Komplexität und der vielfältigen Anwendungspotentiale einer ISAS ist es dann in Schulungen nicht mehr sinnvoll, auf jede in der ISAS gegebene Verarbeitungsmöglichkeit einzugehen. Dem Anwender müssen stattdessen im wesentlichen die Fähigkeiten vermittelt werden, Zusammenhänge zu erkennen und sich eigenständig in die ISAS-Anwendung einarbeiten zu können, um das effektive Arbeiten im System zu erleichtern.

Der Anwender muß also mit Hilfe der ISAS die für ihn relevanten Prozeßab-
läufe und Informationsflüsse des Unternehmens in der Praxis und in der ISAS
verstehen. Ihm muß deutlich gemacht werden, welche Daten sich auf seinen
Bereich beziehen und welche in der ISAS an andere Bereiche weitergegeben
werden, so daß gegebenenfalls ein Fehler in einem Arbeitsbereich sofortige
Fehler in angrenzenden Bereichen nach sich ziehen kann. Die ganzheitliche
Unternehmenssicht erfordert daher ein Überblickswissen hinsichtlich der Unternehmensaufgaben und -strukturen. Hierbei ist insbesondere ein Verständnis
für die Zusammenhänge der verschiedenen Aufgaben notwendig; die auf die
eigene Aufgabenstellung bzw. Abteilung bezogene Sicht ist aufzugeben. Damit verbunden ist die Fähigkeit, auf ein aufgabenspezifisches oder abteilungs-
bezogenes Optimum verzichten zu können, um Schwierigkeiten in anderen
Bereichen zu vermeiden. Hierzu ist es allerdings auch erforderlich, daß die
Träger von Führungsaufgaben entsprechend qualifiziert werden, um das Anreizsystem des Unternehmens von abteilungsbezogenen Anreizen zu einem
Anreizsystem umzugestalten, das auf die Aufgabenerfüllung im Hinblick auf
das Unternehmensoptimum ausgerichtet ist. Offensichtlich handelt es sich bei
diesen aus dem ISAS-Einsatz resultierenden zusätzlichen Fähigkeiten um eine
erforderliche **Höherqualifikation.**

Desweiteren sollten dem Anwender Fähigkeiten vermittelt werden, sich für
seine spezifischen Aufgabenstellungen, aber auch für künftig neu hinzukommende Anforderungen, die adäquate Handhabung der ISAS zu erarbeiten. Erforderlich wird dieses Vorgehen aufgrund der Vielfalt der spezifischen An-
wendungsmöglichkeiten, die nicht alle im einzelnen in Schulungen vorgestellt
werden können. Als hilfreich erweisen sich dabei die systemimmanenten Standardisierungen wie Online-Hilfetexte, vereinheitlichte Funktionstastenbele-
gungen und einheitlicher Bildschirmaufbau. Dieses systembezogene 'Meta-
Wissen' ist auch wichtig, um den Anwender in die Lage zu versetzen, arbeitsorganisatorische Verbesserungsmöglichkeiten im Unternehmen anregen zu
können und bei Änderungen der Aufgabeninhalte sich die notwendigen Arbeitsschritte eigenständig aneignen zu können. Für eine Grundlagenschulung

zur fundierten Anwendung einer ISAS in einem bestimmten Aufgabenbereich, wie dem Finanz- und Rechnungswesen, der Materialwirtschaft oder der Logistik, sind ca. zwei Wochen zu veranschlagen.[1] Zwar sind auch laufende Nachschulungen für die Anwender durchzuführen, dennoch sollten die Anwender die Fähigkeit erwerben, zu entscheiden, ob es effizienter ist, sich eine zusätzlich erforderliche Anwendung selbst anzueignen oder besser eine zusätzliche Schulung in Anspruch zu nehmen. Auch diese zusätzlich erforderlichen Qualifikationen weisen auf eine **Höherqualifikation** hin.

Führt die arbeitsorganisatorische Integrationen durch die ISAS-Anwendung zu ganzheitlichen Aufgabenprozessen, so sind zusätzlich systemunabhängige Fachkenntnisse notwendig. In diesem Fall reicht Spezialwissen auf einem begrenzten Arbeitsgebiet nicht mehr aus, und es ist in den angrenzenden Fachgebieten das Grundlagenwissen zu schaffen, um die Voraussetzung für die Bearbeitung ganzheitlicher Aufgabenstellung herzustellen. Dies ist auch dann erforderlich, wenn diese Tätigkeiten von anderen Mitgliedern der Organisation wahrgenommen werden, um eine Kommunikation zwischen den Mitarbeitern zu ermöglichen. Beim Aufbau prozeßorientierter Aufgabenstrukturen ist mit einer deutlichen Form der **Höherqualifikation** zu rechnen.

SCHLUSSFOLGERUNG zur Qualifikation

Somit ist festzuhalten, daß in allen beobachteten Unternehmen aus der beschriebenen Aufgabenintegration eine Höherqualifikation resultiert. Allerdings läßt sich der durch den ISAS-Einsatz erzielte Produktivitätszuwachs zu Entlassungen von Mitarbeitern verwenden. Wird diese Freisetzung als Dequalifikation verstanden, so geht also mit der Höherqualifikation auch eine Dequalifikation einher. Das Verhältnis von Dequalifikation zu Höherqualifikation ist jedoch von den jeweiligen Unternehmensbedingungen abhängig. Während in einigen Unternehmen

---

[1] Es ist dagegen nicht möglich, das gesamte SAP-System zu verstehen. Von der SAP AG werden über 175 verschiedene Kurse zum System R/2 angeboten, die jeweils durchschnittlich drei Tage dauern. Der Besuch aller SAP-Schulungen würde bei 200 Arbeitstagen im Jahr knapp drei Jahre dauern.

eindeutig die Höherqualifikation überwiegt, wird in anderen Unternehmen ein erhebliches Freisetzungspotential geschaffen, was die Polarisationsthese stützt. Die Erfahrungen der Autoren lassen jedoch nicht
auf einen eindeutigen Trend schließen.

6.3.2.2   Kompetenz

Um die Vorteile der Aufgabenintegration voll zur Geltung kommen zu lassen,
sind den Aufgabenträgern ihrem erweiterten Aufgabenrahmen entsprechend
zusätzliche Entscheidungskompetenzen zu übertragen. Hierdurch werden
Rückfragen vermieden, die den Leistungserstellungsprozeß hemmen, die Führungskräfte von ihren eigentlichen Aufgaben abhalten, den Mitarbeiter in seiner Entwicklungfähigkeit behindern und somit zu einem Motivationsverlust
führen. Zudem ist der Mitarbeiter häufig in der Lage, angemessenere Entscheidungen zu treffen, da er mit den Aufgaben vertraut ist und die Konsequenzen
seines Tuns besser überblicken kann.

Die Beispiele, die im Zusammenhang mit der Arbeitsteilung angeführt werden, bestätigen diese Aussagen und machen deutlich, daß der durch die ISAS
bedingte Rückgang der Arbeitsteilung von den Mitarbeitern zu einer Erweiterung ihres Kompetenzrahmens genutzt werden kann. Die erhöhte Kompetenz
zeigt sich sowohl im Außenverhältnis, indem die Mitarbeiter schnell und gezielt auf Kunden eingehen können, als auch im Innenverhältnis, da sie aufgrund der durch die ISAS bedingten höheren Integration der Aufgabenerfüllung ein besseres Verständnis der Zusammenhänge zwischen ihrem Aufgabenbereich und angrenzenden Aufgabenbereichen erhalten. Die hieraus erwach-
sende höhere Kompetenz ermöglicht es den Mitarbeitern, gezielt Verbesse-
rungsvorschläge beispielsweise für das Berichtswesen sowie für die Prozeßab-
läufe machen zu können. Dieses Verhalten läßt sich insbesondere in der Nutzungsphase beobachten.

SCHLUSSFOLGERUNG zur Kompetenz

Um die ISAS-bedingten Möglichkeiten hinsichtlich der Hierarchiever-flachung und der damit verbundenen Aufgabenintegration wahrneh-men zu können, muß den Mitarbeitern ein erweiterter Kompetenzrah-men zugewiesen werden. Darüber hinaus sind Qualifikationsmaßnah-men und persönliche Fähigkeiten der einzelnen Mitarbeiter für den Prozeß der Kompetenzentwicklung wesentlich. Allerdings müssen die Mitarbeiter auch willens und in der Lage sein, die mit der zusätzlichen Kompetenz einhergehende Verantwortung zu übernehmen. Eine sol-che Bereitschaft kann von den Autoren nicht für alle Mitarbeiter bestä-tigt werden. Hierfür sind im wesentlichen zwei Faktoren entscheidend. Zum einen gibt es Mitarbeiter, die nicht bereit sind, eine Änderung ih-res Aufgaben- und Kompetenzbereiches zuzulassen, zum anderen kann eine Scheu vor der Übernahme von zusätzlicher Verantwortung beobachtet werden.

6.3.2.3   Macht

Das wichtigste ISAS-bedingte Machtpotential muß in der darauf bezogenen Expertenmacht gesehen werden. Diese leitet sich unmittelbar aus den im Rah-men der ISAS-bezogenen Qualifikation erworbenen Fähigkeiten ab und kann - je nach Lern- bzw. Aufnahmefähigkeit der Betroffenen - erhebliche Auswir-kungen auf die Position der Betroffenen im Unternehmen haben. Ein schneller Lernerfolg eines Mitarbeiters resultiert in qualifizierten Aufgaben - es sei denn, das Unternehmen verschwendet seine Personalressourcen - und somit in einer Machtposition, die auf dem Expertenwissen beruht. Durch höhere Kom-petenzzuweisung, integrierte Aufgaben oder erweiterte Zugriffsrechte, die dem Mitarbeiter übertragen werden, damit sein Wissen für das Unternehmen einen höheren Wert darstellt, lassen sich die 'Kompetenz-Macht', die 'Informations-Macht' sowie die 'Arbeitsteilungs-Macht' beeinflussen.

Die Expertenmacht kann zur Erlangung verschiedener Vorteile genutzt werden:

In einem Unternehmen in Singapur wurde die Position eines Mitarbeiters derart gefestigt, daß ursprünglich von der Unternehmensleitung gehegte Entlassungsvorstellungen abgebrochen werden mußten.

Beim Einsatz in Thailand verstärkten sprachbedingte Kommunikationsschwierigkeiten und daher eingeschränkte Schulungsmöglichkeiten die Expertenmacht. Da nur ein Unternehmensmitglied in der Lage war, an englischsprachigen Schulungen teilzunehmen und somit für alle weiteren Betroffenen als Dolmetscher eingesetzt werden mußte, erwuchs eine derart hohe Expertenmacht und vermutlich auch Informationsmacht, daß diese Person quasi unersetzbar wurde. Als Konsequenz konnte sie unter Androhung einer Kündigung eine Gehaltserhöhung von 50 % durchsetzen.

SCHLUSSFOLGERUNG zur Macht

Die gesammelten Erfahrungen bestätigen eine hohe zusätzliche Bedeutung der Expertenmacht, da diese individuell am leichtesten zu beeinflussen ist.

Die Auswirkungen der ISAS-bezogenen Expertenmacht sind allerdings in Süd-Ost-Asien zum heutigen Zeitpunkt höher einzuschätzen als in Deutschland. Die Gründe hierfür sind zum einen in der trotz der hohen Technisierungsgeschwindigkeit noch geringeren ISAS-Verbreitung zu suchen. Zum anderen liegt es daran, daß auf dem Arbeitsmarkt aufgrund der Vollbeschäftigungssituation für qualifiziertes DV-Personal weniger Fachkräfte zur Verfügung stehen. Als Folge können in Süd-Ost-Asien nicht so leicht personelle Alternativen gefunden werden wie in Deutschland.

6.3.2.4   Arbeitszufriedenheit

Die praktische Erfahrung zeigt, daß bei einem Projekt zur ISAS-Einführung die Offenlegung der angestrebten Ziele und eine frühzeitige Einbindung der Mitarbeiter erheblich zur Arbeitszufriedenheit beitragen können. Werden diese Bedingungen nicht geschaffen, so sind erhebliche Verunsicherungen bei den

Mitarbeitern zu beobachten, die leicht von einer abwartenden zu einer ablehnenden Haltung führen können. Werden die Mitarbeiter im laufenden Projekt vom Unternehmen im unklaren über ihre zukünftigen Tätigkeiten nach der ISAS-Einführung gelassen, so ist nicht nur eine innere Kündigung der Mitarbeiter zu beobachten, sondern es zeigt sich eine offene, aggressive Haltung dem ISAS-Projekt gegenüber. Den unternehmensexternen Beratern ist es dann nur noch möglich, Verständnis für die Mitarbeiter zu zeigen, um den Projekterfolg nicht zu gefährden.

Wurden die Voraussetzungen einer mitarbeiterorientierten Einführung erfüllt, konnte die anfängliche Zurückhaltung, die in allen Fällen hinsichtlich des ISAS-Einsatzes zu beobachten war, überwunden werden.

Nach einer einführungsbedingten Phase, in der Qualifikation und Nachqualifikation sowie überdurchschnittlicher Arbeitsaufwand für die Datenübernahme und -kontrolle das Tagesgeschäft erschwerten, kam es bereits in der Frühphase der ISAS-Nutzung zu einer **deutlichen Produktivitätssteigerung**. Durch die Fähigkeit, den gleichen Arbeitsanfall mit bedeutend niedrigerem Zeitaufwand zu bewältigen, konnten erhebliche **Motivationssteigerungen** festgestellt werden.

Auch nach den von der Unternehmensleitung erhofften Personalfreisetzungen, die durch die Produktivitätssteigerungen möglich wurden, war insbesondere eine Höhergewichtung dispositiver Tätigkeiten bei ISAS-Anwendern aller Unternehmensebenen zu verzeichnen.

Die Integrationswirkung des Systems führte zu einem höheren Verständnis der Tätigkeitsbereiche für die übrigen Unternehmensmitglieder, woraus die Erhöhung der informellen Kommunikation abgeleitet werden kann. Auf diese Weise konnte trotz zunehmender Mensch-Maschine-Kommunikation in den beobachteten Fällen eine positive Wirkung auf die Sozialstrukur erzielt werden. Die gegenläufige These kann daher aufgrund der Beobachtungen nicht bestätigt werden.

SCHLUSSFOLGERUNG zur Arbeitszufriedenheit

Wird die ISAS zu einer Erhöhung dispositiver Tätigkeiten bei den Anwendern genutzt, kann bei einer fortlaufenden Unterstützung durch die
Unternehmensleitung sowie bei angemessener Projektdurchführung
davon ausgegangen werden, daß der ISAS-Einsatz sowohl die Arbeitszufriedenheit als auch die Motivation des Personals erhöht.

7   Länderbezogene Analyse

Aufgrund der Tatsache, daß Erfahrungen sowohl im südostasiatischen Raum als auch in Deutschland gesammelt wurden, soll an dieser Stelle ein Modell und darauf aufbauend eine Weiterentwicklung vorgestellt werden, die einen Vergleich zwischen den in Deutschland bestehenden Verhältnissen und den in Südostasien herrschenden ermöglichen sollen. Hierbei gehen insbesondere die Erfahrungen bei der Anwendung von ISAS in die Betrachtung ein.

7.1   Das Akteursmodell

Als Basis für die Durchführung des länderbezogenen Vergleichs wird das Akteursmodell von Arno Rolf gewählt.

Das Akteursmodell, das den Ist-Zustand in Deutschland bzw. der westlichen Welt treffend abbildet, geht davon aus, daß verschiedene gesellschaftliche Gruppierungen oder Individuen - die Akteure - in ihrer jeweiligen Einflußsphäre - die Arena - durch gezielte Einflußnahme den Technisierungspfad einer Gesellschaft mitgestalten.[1] Jedes Individuum kann dabei in den verschiedenen Arenen in spezifischen Rollen agieren, indem es beispielsweise in Arena I als Politiker und in Arena II als Hochschullehrer in Erscheinung tritt.[2]

Das Akteursmodell wird deshalb gewählt und vorgestellt, weil damit gesellschaftliche Leitbilder und Normen, Leitbilder der Softwarehäuser sowie Interdependenzen mit Kunden und Zulieferern, die bei der Betrachtung von ISAS eine nicht unbeachtliche Rolle spielen, berücksichtigt werden können.[3]

---

[1] Vgl. Rolf, A., "Die Rückkehr der Akteure in die Informatik", in: FifF, 12. Jg. (1995), Heft 1, S. 25-29, hier S. 26 und S. 29

[2] Vgl. Scott, W. R., "Grundlagen der Organisationstheorie", Frankfurt am Main - New York 1986, S. 39

[3] Vgl. Rolf, A. et. al., a.a.O., S. 2

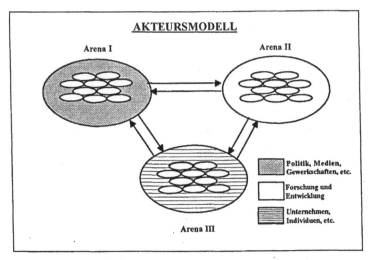

Abb. 13: Das Akteursmodell[1]

Die Pfeile lassen sich interpretieren als Interaktionen zwischen den Arenen, im Rahmen derer die Akteure, insbesondere Softwareentwickler in Arena II, Anwenderunternehmen in Arena III und gesellschaftliche Interessengruppen in Arena I, versuchen, ihre Vorstellungen der Technisierung bzw. der Techniknutzung durchzusetzen.[2]

Leitgedanke für das Akteursmodell ist die Forderung, daß technikbedingte Strukturveränderungen bereits in der Entwicklungsphase mitbedacht werden sollen, wozu ein intensiver Dialog zwischen den Entwicklern und den Nutzern der Technik unabdingbar ist.[3] Dementsprechend wird in der Literatur darauf hingewiesen, daß der technische Zivilisationsprozeß heute soweit ausgereift sein dürfte, daß soziale Komponenten in die technische Weiterentwicklung - den Technisierungspfad - einfließen sollten, indem sämtliche betroffenen gesellschaftlichen Gruppierungen bei der Gestaltung Gehör finden.[4]

---

[1] Vgl. Rolf, A., Rückkehr der Akteure, a.a.O., S. 29
[2] Vgl. Rolf, A., Rückkehr der Akteure, a.a.O., S. 29
[3] Vgl. Drinkuth, A., "Gewerkschaftliche Ziele und Politiken zur Gestaltung von Arbeit und Technik - Das IG Metall-Programm 'Arbeit und Technik'", in: Rauner, F. (Hrsg.), "Gestalten - eine neue gesellschaftliche Praxis", Bonn, 1988, S. 93-97, hier S. 94
[4] Vgl. Rauner, F., "'Arbeit und Technik' - Versuch einer fächerübergreifenden Forschung", in: Rauner, F. (Hrsg.), "Gestalten - eine neue gesellschaftliche Praxis", Bonn 1988, S. 9-14, hier S. 10

Hierbei sollte nicht so sehr die Fragestellung im Vordergrund stehen, worin der Einfluß der Informatik auf die Gesellschaft liegt, sondern vielmehr wodurch die Gesellschaft die Entwicklung der Informatik beeinflußt.[1] Durch den breit angelegten Diskurs kann das unterschiedliche Wissen, über das die verschiedenen gesellschaftlichen Akteure verfügen, bei diesem Technikgestaltungsprozeß angemessen berücksichtigt werden.[2] Die Akteure können somit als Triebkräfte des gesellschaftlichen Technisierungspfades verstanden werden, wobei der jeweilige Einfluß bestimmter Akteure und der sich daraus ableitende konkrete Technikeinsatz unterschiedlich eingeschätzt werden,[3] bzw. von Land zu Land unterschiedlich ausfallen.

Die Funktion von **Leitbildern** für die am **Technisierungsprozeß** teilnehmenden **Akteure** besteht u. a. in der Bündelung des Wissens und der Erfahrungen der Akteure über das Mach- und Wünschbare, in der Fokussierung der Vorstellungen und Bewertungen der Akteure auf eine gemeinsame Zielrichtung und in der Vorgabe von Regel- und Kommunikationssystemen für ein Technikfeld, in dem solche Systeme noch nicht existieren.[4] Hierauf soll im folgenden eingegangen werden.

7.1.1 Akteure

Konkrete Akteure können beispielsweise politische Parteien, Gewerkschaften, Verbände in der Arena I, Forschung und Softwareentwickler in der Arena II und Management, Benutzer und externe Berater in der Arena III sein.[5] Darüber hinaus sind die Medien als Akteure der Arena I zu nennen, denn die Arbeitswelt wird über die Massenmedien durch gesellschaftliche Gruppen wie Gewerkschaften, Arbeitgeberverbände, staatliche Institutionen oder Universitäten beeinflußt.[6]

---

[1] Vgl. Weizenbaum, J., "Wer erfindet die Computermythen?", Freiburg - Basel - Wien 1993, S. 32
[2] Vgl. Rauner, F., Arbeit, a.a.O., S. 12
[3] Vgl. Rolf, A. et. al., a.a.O., S. 23
[4] Vgl. Dierkes, M. / Hoffmann, U. / Marz, L., "Leitbild und Technik", Berlin 1992, S. 41 f.
[5] Vgl. Rolf, A., Rückkehr der Akteure, a.a.O., S. 29
[6] Vgl. Oetinger, R., a.a.O., S. 28 f.

Für die ISAS-Gestaltung können insbesondere die Anwender und die Entwickler als die Hauptbeteiligten angesehen werden. Der ISAS-Einsatz bestimmt den organisatorischen Kontext, indem die ISAS vorgibt, in welcher Reihenfolge Transaktionen durchgeführt werden können, d. h. wann welche Informationen ein- oder ausgegeben werden können.[1] Daher ist es wesentlich, daß spätere Anwender und Entwickler bereits beginnend mit der Entwurfsphase eng zusammenarbeiten, um den zweckgerichteten Einsatz der ISAS sicherzustellen. Zu beachten ist insbesondere, daß die späteren organisatorischen Rahmenbedingungen wesentlich durch die Möglichkeiten der ISAS bestimmt werden.[2]

Die Akteure beeinflussen nicht nur den gesellschaftlichen Techniknutzungspfad, sie müssen sich auch den durch die technische Entwicklung hervorgerufenen Veränderungen anpassen. In der **Arena I** werden beispielsweise an die Gewerkschaften neue Anforderungen gestellt, da durch den ISAS-Einsatz neue Arbeitsorganisationen entstehen. Hierin ist jedoch ein Dilemma der Gewerkschaften zu erkennen, die in den vergangenen Jahrzehnten Rechte der Arbeitnehmer als eine Reaktion auf tayloristische Arbeitsstrukturen durchsetzten. Dabei wurden die tayloristischen Strukturen als Basis akzeptiert, was sich beispielsweise in den auf der tayloristischen Arbeitsplatzanalyse basierenden starren Tarif- und Lohnstrukturen widerspiegelt. Somit ist eine Neuorientierung der Gewerkschaften notwendig, da ansonsten der Wandel von den tayloristischen zu den auf stärkere Kompetenz und Zusammenarbeit der Mitarbeiter ausgerichteten Arbeitsorganisationen behindert wird.[3] Von ähnlichen Anpassungen sind auch andere Akteure betroffen.

Im Rahmen des Akteursmodells kann die seit langem diskutierte Fragestellung bzgl. der Verantwortung der Wissenschaftler eindeutig beantwortet werden.[4]

---

[1] Vgl. Oetinger, R., a.a.O., S. 250
[2] Vgl. Oetinger, R., a.a.O., S. 28 f.
[3] Vgl. Frei, F. et. al., a.a.O., S. 350 ff.
[4] Dürrenmatt läßt Möbius in "Die Physiker" hierzu folgende Worte sprechen: "Ich hätte meine Arbeiten veröffentlichen müssen, der Umsturz unserer Wissenschaft und das Zusammenbrechen des wirtschaftlichen Gefüges wären die Folgen gewesen. Die Verantwortung zwang mir einen anderen Weg auf." ... "Die Vernunft forderte diesen Schritt. ... Unsere Wissenschaft ist schrecklich geworden, unsere Forschung gefährlich, unsere Erkenntnis tödlich." Dürrenmatt, F., "Die Physiker" Eine Komödie in zwei Akten, Neufassung 1980, Zürich 1980, S. 73 f.

Den Wissenschaftlern kommt als wichtigen Akteuren der **Arena II** die Aufgabe zu, die übrigen Akteure über die absehbaren Möglichkeiten und Grenzen
der Technik zu informieren. Akteure anderer Arenen stehen oft vor dem Problem, daß sie sich kein genaues Bild über eine neu entwickelte Technik machen können. Der Mangel an fundiertem Wissen kann dazu führen, daß der gesellschaftliche Diskurs Entwicklungen ablehnt, die weiter verfolgt, oder solche
vorantreibt, die abgebrochen werden sollten. Die Verantwortung, die der Wissenschaftler trägt, wenn er wissenschaftliche Erkenntnisse veröffentlicht, liegt
darin, die Sachverhalte darzulegen, so daß die öffentliche Diskussion zielgerichtet erfolgen kann.[1]

Damit wird gleichfalls der Anspruch des von den Autoren gewählten methodischen Vorgehens der Aktionsforschung erfüllt, daß die Forschung gesellschaftliche Verantwortung übernemmen muß.[2]

Die Hauptakteure für den Einsatz und Fortschritt von ISAS - wie auch für viele andere Rationalisierungstechnologien - sind die Unternehmen in der
Arena III, die sich davon strategische und kostenbezogene Vorteile ausrech-
nen. Sie handeln meist aufgrund individueller Gegebenheiten, die nicht verall-
gemeinerbar sind, d. h. zunächst besteht kein vorgezeichneter Rationalisie-
rungsweg.[3] Auch in einem Unternehmen kann die aus einem ISAS-Einsatz resultierende Organisation als diskursiver Prozeß verschiedener Akteure verstanden werden.[4]

7.1.2   Leitbilder

Leitbilder sind das Ergebnis einer gemeinsamen übergeordneten Sicht vieler
Akteure und bleiben nach ihrem Entstehen über längere Zeit stabil.[5] Leitbilder
existieren für den gesamten Bereich des öffentlichen Lebens - Politik, Kultur,
Bildung, etc. - und gewinnen durch ihre Allgegenwärtigkeit große Bedeutung.

---

[1] Vgl. Weizenbaum, J., "Die Macht der Computer und die Ohnmacht der Vernunft", 9. Aufl.,
   Frankfurt am Main 1994, S. 20 f.
[2] Vgl. hierzu die Ausführungen zur Aktionsforschung in Kap. 2
[3] Vgl. Lutz, B., a.a.O., S. 19
[4] Vgl. Rolf, A., Rückkehr der Akteure, a.a.O., S. 26 und S. 29
[5] Vgl. Dierkes, M. / Hoffmann, U. / Marz, L., a.a.O., S. 43

Allerdings können sie durch mangelndes Verständnis und unpräzisen Gebrauch vieler Akteure zu Schlagwörtern oder vorübergehenden Modeerscheinungen degradiert werden.[1]

Innerhalb der Informatik kommt dem Leitbildbegriff eine besondere Rolle zu. Er wird verwendet, um die verschiedenen Gestaltungspotentiale zu verdeutlichen, die die Informatik, beispielsweise in Form von Softwaresystemen, beim Einsatz in bestehenden betrieblichen Organisationen eröffnet.[2]

Alle Akteure der Arena I tragen durch ihr Handeln zur Entstehung und Prägung von Leitbildern bei. Da die geformten Leitbilder als gesellschaftliche Leitbilder alle Arenen beeinflussen, ist die Bedeutung eines akzeptierten Leitbildes der Arena I am höchsten einzustufen. Dies gilt insbesondere deshalb, weil sie im Vergleich zu Leitbildern der Arenen II und III am leichtesten einer breiten Öffentlichkeit zugänglich gemacht werden können. Der Techniknutzungspfad entsteht zum großen Teil auf der Basis dieser Leitbilder und dem ihnen zugrundeliegenden Diskurs zwischen den Akteuren der Arenen.[3] Man kann deshalb davon ausgehen, daß sich die Akteure der Arenen II und III bei ihren Entscheidungen nicht ohne weiteres den gesellschaftlichen Leitbildern 'IuK-Technologie als Schlüsseltechnologie' oder 'Informationsgesellschaft' entziehen können,[4] insbesondere da die Medien täglich einhellig die hohe Bedeutung schneller und umfassender Information betonen.

Aufgrund der Prägung, die die technische Entwicklung durch die ihr zugrundeliegenden Leitbilder erfährt, kann sie nicht als wertfrei angesehen werden.[5]

ISAS werden von Softwarehäusern in der Arena II konzipiert und entwickelt. Diese optimieren die ISAS aufgrund ihrer Leitbilder in eine bestimmte Richtung, womit es zu einer organisatorischen Vorprägung des Systems kommt.

---

[1] Vgl. Dierkes, M. / Hoffmann, U. / Marz, L., a.a.O., S. 7
[2] Vgl. Krabbel, A. / Kuhlmann, B., "Zur Selbstverständnis-Diskussion in der Informatik", Bericht Nr. 169, Fachbereich Informatik, Universität Hamburg 1994, S. 119
[3] Vgl. Dierkes, M. / Hoffmann, U. / Marz, L., a.a.O., S. 9
[4] Vgl. Rolf, A. et. al., a.a.O., S. 25
[5] Vgl. Krabbel, A. / Kuhlmann, B., a.a.O., S. 114

Die implementierten Leitbilder decken sich jedoch weitestgehend mit denen der Akteure in Arena III, wobei davon ausgegangen werden muß, daß die Akteure der Arena II ihre Stellung ausnutzen, um die Leitbilder der Arena III in ihrem Sinne derart vorzuprägen, daß sich ihre Produkte gut verkaufen lassen.[1] Dies deckt sich mit den Beobachtungen der Autoren, die hinsichtlich der organisatorischen Gestaltungsmöglichkeiten eine hohe Flexibilität der betrachteten Systeme festgestellt haben. So lassen sich beispielsweise das Leitbild des 'papierlosen Büros' oder einer 'Prozeßorganisation' mit Masterpack bzw. SAP/R2 verfolgen.

7.1.3   Techniknutzungspfad

Der Techniknutzungspfad wird im wesentlichen von zwei Einflußgrößen bestimmt. Einerseits wirken die technischen Möglichkeiten, die sich durch das Wissen und die Werkzeuge bieten, und andererseits die vielschichtigen gesellschaftlichen Vorstellungen, die sich in kulturellen Normen, subjektiven Orientierungen und in Problemlösungshorizonten zeigen. Hieraus folgt, "... daß dieser Transformationsprozeß nur dann bewußter gesellschaftlicher Gestaltungsprozeß sein kann, wenn er aus der Enge konstruktionswissenschaftlicher Methoden herausgeführt wird."[2]

Der Fortschrittsoptimismus vergangener Tage, der sich darin manifestierte, daß wissenschaftlicher Fortschritt den gesellschaftlichen Fortschritt vorantrieb, besteht in dieser Form nicht mehr. "Die Beurteilung der technischen und wissenschaftlichen Entwicklung kann nicht losgelöst von der jeweils gesellschaftlichen Formation erfolgen, denn die Realisierung von Technik und Wissenschaft erfolgt unter ökonomischen und sozialen Bedingungen, die Richtung und Geschwindigkeit der technischen Entwicklung bestimmen."[3]

---

[1] Vgl. Rolf, A. et. al., a.a.O., S. 24
[2] Rauner, F., "Aspekte einer human-ökologisch orientierten Technikgestaltung", in: Rauner, F. (Hrsg.), "Gestalten - eine neue gesellschaftliche Praxis", Bonn, 1988, S. 35-39, S. 36
[3] Pöhler, W., "Neue Technik und soziale Verantwortung", in: Koschnitzke, R. / Rolff, H.-G. (Hrsg.), "Technologischer Wandel und soziale Verantwortung", Essen 1980, S. 11-19, hier S. 11

Breite, Entwicklungsgeschwindigkeit und gesellschaftliche Akzeptanz eines Technisierungspfades sind z. T. abhängig von den Aussagen der Technikfolgenabschätzung. Diese sind deshalb wichtig, weil es neben positiven Ergebnissen der Forschung auch negative sowie solche gibt, die erst mit einer zeitlichen Verzögerung auftreten, deren Wirkung aber bei einer sich schnell verbreitenden Technik unterwartet und vielleicht unerwünscht sein kann.[1] Daher können heute Entwickler neuer Techniken nicht von den Folgen ihres Tuns freigesprochen werden. Sowohl sie als auch die gesamte Gesellschaft sind für mögliche Auswirkungen mitverantwortlich. Um diese Verantwortung umsetzen zu können, muß eine gezielte öffentliche Debatte um die positiven, negativen und insbesondere die latenten Auswirkungen einer Technik geführt werden.[2]

7.2 Politische und kulturelle Rahmenbedingungen Südostasiens

Um die vorzunehmende Anpassung des Akteursmodells auf südostasiatische Verhältnisse verdeutlichen zu können, sollen zunächst politische und kulturelle Merkmale dieser Region vorgestellt werden.

7.2.1 Wirtschaftspolitische Bedingungen

In den vergangenen Jahren ist in den ost- und südostasiatischen Staaten ein beachtlicher Wirtschaftsaufschwung zu beobachten.[3] Den hohen Wachstumsraten steht eine vergleichsweise niedrige Inflationsrate von 5-6 % gegenüber, was eine solide Basis für die weitere Entwicklung darstellt.[4] Insbesondere in den ASEAN-Staaten[5] geschieht dies mit Hilfe hoher Auslandsinvestitionen,

---

[1] Vgl. Nowotny, H., "Innovation und Verschleiß. Zur gesellschaftlichen Kontrolle von Technik", in: Bechmann, G. / Rammert, W. (Hrsg.), "Technik und Gesellschaft - Jahrbuch 4", Frankfurt am Main - New York 1987, S. 13-25, hier S. 22 f.

[2] Vgl. Lange, H., "Die soziale Gestaltung der Technik als forschungspolitisches Problem", in: Rauner, F. (Hrsg.), "Gestalten - eine neue gesellschaftliche Praxis", Bonn 1988, S. 25-33, hier S. 28

[3] Vgl. Kiefer, T., "Der Asien-Pazifik-Ausschuß der deutschen Wirtschaft ebnet den Weg zum Asien-Geschäft", in: BdW, 37. Jg. 23.11.94, S. 2

[4] Vgl. o.V. "Erfolgsrezept Kooperation in den Asean-Staaten", in: BdW, 37. Jg. 04.08.94, S. 2

[5] ASEAN steht für Association of South-East-Asian Nations; hierzu zählen Singapur, Malaysia, Thailand, Indonesien, Philippinen und Brunei.

die oft steuerlich begünstigt sind. Mit diesen Investitionen ist ein erheblicher Know-How- und Technologietransfer verbunden.[1]

Die derzeit noch niedrigen Löhne verursachen einen anhaltenden Kapitalfluß in die Region verbunden mit einem Wirtschaftswachstum, das für die nächsten zehn Jahre auf das dreifache des Wachstums der G7-Staaten geschätzt wird, wobei auch mit einer Anpassung des Lohnniveaus an den westlichen Standard gerechnet werden muß.[2] Durch die Vollbeschäftigung auf den meisten südostasiatischen Arbeitsmärkten hat sich das Reallohnniveau aufgrund der Problematik, qualifiziertes Personal zu beschaffen, bereits deutlich erhöht. Bei einem Vergleich der Netto-Realeinkommen von Führungskräften stellt sich heraus, daß Hongkong weltweit an der Spitze liegt, während Singapur bereits die vierte Stelle einnimmt.[3]

Aber auch die breiten Bevölkerungsschichten profitieren stark vom Wirtschaftswachstum. Die Kaufkraft ist beispielsweise in Malaysia in den letzten Jahren so stark angestiegen, daß der Besitz eines Autos und einer Eigentumswohnung inzwischen für die Mehrheit der Familien eine Selbstverständlichkeit geworden ist.[4] Daß trotz dieses breiten Wohlstandszuwachses und der damit verbundenen höheren Kaufkraft die Personalkosten inklusive Lohnnebenkosten bei niedrig qualifizierten Arbeitskräften weiterhin nur etwa ein Zehntel der deutschen Kosten ausmachen, verdeutlicht die Attraktivität dieses Produktionsstandortes. Bei höherer Qualifikation nimmt diese Relation tendenziell ab, bei hochqualifizierten Facharbeitern betragen die Kosten aber dennoch nur ein Fünftel.[5]

---

[1] Vgl. o.V., "Der Stadtstaat Singapur versucht sich neu zu positionieren", in: BdW, 38. Jg. 09.02.95, S. 2

[2] Vgl. o. V., "Ostasien wächst viel schneller als der Westen", in: BdW, 37. Jg. 16.02.94, S. 2

[3] Vgl. o.V., "Führungskräfte Hongkongs haben die höchsten Netto-Realeinkommen", in: BdW, 37. Jg. 27.10.94, S. 2

[4] Vgl. o.V., "Malaysia setzt ganz auf weitere Industrialisierung", in: BdW, 38. Jg. 23.02.95, S. 2

[5] Vgl. Krumbholz, M., "Malaysia als strategisch günstiger Standort im Zentrum Südostasiens", in: BdW, 37. Jg. 18.08.94, S. 2

7.2.2 Gesellschaftskulturelle Rahmenbedingungen

In keinem der ASEAN-Staaten gibt es eine Demokratie im westlichen Sinne. Es werden zwar überall freie Wahlen abgehalten, aber dennoch werden die Menschenrechte nicht uneingeschränkt beachtet. So werden Demonstrationen oppositioneller Kräfte oder wirtschaftliche Streiks bereits im Keim erstickt.[1] Trotz politischen Drucks, insbesondere von US-amerikanischer Seite, geht die Liberalisierung nur langsam voran. Die Bevölkerung stört die aus westlicher Sicht bemängelte Einschränkung der Menschenrechte jedoch wenig. Dies läßt sich zum einen mit der asiatischen Mentalität erklären, die im Vergleich zu westlichen Ländern durch eine höhere Geduld und eine höhere Akzeptanz von Autorität charakterisiert werden kann und zum anderen, weil sich der Lebensstandard rasch verbessert. Die Regierungen der ASEAN-Länder vertreten jedoch den Standpunkt, daß der Weg, zuerst die Wirtschaft und anschließend die politischen Verhältnisse dem Westen anzugleichen, erfolgversprechender ist.[2] Sie propagieren ihre sanfte Diktatur als Gegenstück zu den westlichen Verhältnissen, wobei ihr Zögern, dem Westen nachzugeben meist aufgrund des Wunsches erfolgt, ihre Machtausübung zu verlängern. Beispielsweise herrscht in den meisten ASEAN-Staaten keine Pressefreiheit. Die jeweiligen Regierungen nehmen erheblichen Einfluß darauf, was in den Medien über sie berichtet werden darf, indem ausländischen Journalisten der Zugang zu ihren Ländern erschwert wird.[3] Desweiteren ist die inländische Presse in vielen Fällen staatlich kontrolliert, wodurch die politischen Machthaber über ein geeignetes Mittel verfügen, die Bevölkerung für ihre Leitbilder zu gewinnen.

Die asiatische Mentalität, die die Gruppe und die Familie in den Vordergrund stellt, in der ein ausgeprägter Individualismus selten vorkommt und in der Bildung und harte Arbeit zu den höchsten Tugenden zählen, macht es den politischen Machthabern zudem leicht, ihre Interessen durchzusetzen, solange die

---

[1] Vgl. Holz, D.-U., "Schrittweise Anpassung versus radikale Reformen in Mittel- und Osteuropa - Das Beispiel Asien ist nur bedingt nachzuahmen", 1. Teil, in: BdW, 37. Jg. 15.12.94, S. 2

[2] Vgl. Odrich, B., "Asiens Weg zum Wachstum", in: FAZ, 12.11.94, S. 13

[3] Vgl. Kleinsteuber, F., "Indonesien verdient Beachtung", in: BdW, 37. Jg. 17.10.94, S. 2

Wirtschaft wächst.[1] Diese kulturbedingten Verhaltensweisen lassen sich auch auf Unternehmen übertragen, in denen Gehorsam und Konformität von den Vorgesetzten verlangt und von den Mitarbeitern als selbstverständlich anerkannt wird. Immitation und Gruppentreue ist wichtiger als Kreativität und Individualismus.[2]

Die Gesellschaften der ASEAN-Länder sind in ihrer Struktur noch sehr jung. Verbände, Gewerkschaften, Parteien, staatliche Institutionen, die in Deutschland über lange Jahre hinweg den Fortschritt mitgetragen haben, fehlen häufig oder haben nicht die gleiche Bedeutung wie in Deutschland. Allerdings ist die Gesellschaft demzufolge flexibler und läßt sich beispielsweise leichter an neue Umweltbedingungen anpassen.[3]

Ein Merkmal, das die weniger festgefügten Strukturen dieser Länder verdeutlichen soll, ist die Zahl der Normen. Da dies als Ausdruck der industriellen Basis eines Landes angesehen werden kann, finden große Anstrengungen statt, die Zahl an das internationale Niveau heranzuführen. Malaysia hat sich beispielsweise zum Ziel gesetzt, die gegenwärtige Zahl von 1850 Normen bis zum Jahr 2000 auf 6000 zu erhöhen.[4]

Im Rahmen des wirtschaftlichen Aufbauprozesses wird die Ausbildung der Bevölkerung in Südostasien besonders gefördert. Es verwundert daher nicht, daß die dortigen Länder in Qualifikationsranglisten sehr gut abschneiden. So wurde beispielsweise Singapur vor Dänemark, Deutschland und Japan eingestuft. Die Länder profitieren von dem niedrigen Alter ihrer Arbeitskräfte, und der damit verbundenen Offenheit für die Arbeit mit dem Computer.[5] Deutlich wird diese Förderung neuer Technologien gerade in Singapur auch wenn man

---

[1] Vgl. Haubold, E., "Von Asien lernen?", in: FAZ, 19.01.95, S. 1
[2] Vgl. o.V. "Leitbilder verlieren in Ostasien immer mehr an Bedeutung", in: BdW, 37. Jg. 03.11.94, S. 1
[3] Vgl. Dierkes, M., "Eine Schwachstelle des Standorts Deutschland ist die Unternehmenskultur", in: BdW, 37. Jg. 15.06.94, S. 7
[4] Vgl. Kaiser, T.-C., "Deutsche Normen - Bestandteil der Infrastruktur in Südostasien", in: BdW, 37. Jg. 10.05.94, S. 2
[5] Vgl. o.V. "Ausbildung in Deutschland immer noch sehr gut", in: BdW, 37.Jg. 11.10.94, S. 1

den Computer-Einsatz pro 1000 Einwohnern betrachtet: Singapur liegt dabei mit 116 bereits vor Deutschland (104) und Japan (84).[1]

7.3 Länderbezogener Vergleich

Das Akteursmodell von Rolf läßt sich heranziehen, um länderbedingte Unterschiede der Techniknutzung einer Gesellschaft aufzuzeigen. Neben unterschiedlichen ökonomischen Randbedingungen bedingen unterschiedliche Akteure in den jeweiligen Arenen verständlicherweise erhebliche Unterschiede bei der Gestaltung des länderspezifischen Technisierungspfades. In seiner ursprünglichen Form lassen sich mit Hilfe des Modells die Verhältnisse in Deutschland angemessen beschreiben. Um jedoch für die südostasiatischen Länder angewendet werden zu können, müssen am Modell Anpassungen vorgenommen werden.

7.3.1 Übertragung des Akteursmodells auf südostasiatische Bedingungen

Wesentliche Gründe für die Notwendigkeit einer Anpassungen des Akteursmodells sind in der unterschiedlichen Anzahl konkreter Akteure in den Arenen I und II und in ihren unterschiedlichen gesellschaftlichen Einflußmöglichkeiten in Südostasien zu sehen.

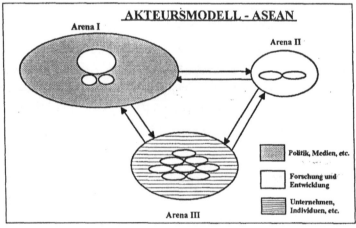

Abb. 14: Akteursmodell - ASEAN

---

[1] Vgl. o.V. "High-Tech-Zentren", in: iwd, 20. Jg. 13.02.94, S. 1

Die maßgeblichen Akteure in der Arena I sind in allen südostasiatischen Ländern die politischen Machthaber. Die ebenfalls in der Arena I agierenden Gewerkschaften und Medien verfügen kaum über einen eigenständigen Einfluß und unterliegen der Zensur; sie dienen meist lediglich als Erfüllungsgehilfen und Sprachrohr der Politik. Darüber hinaus sind beispielsweise Interessengemeinschaften, Arbeitgeberverbände oder sonstige gesellschaftübergreifende Verbände schlechter organisiert und weniger zahlreich vertreten als dies in Deutschland der Fall ist. Über die Kontrolle der Medien wird durch die politischen Machthaber zum einen die Technikentwicklung in bestimmte Bahnen gelenkt, und zum anderen werden die übrigen Akteure der Arena I in ihrer Möglichkeit, sich zu artikulieren und ihre Ansichten einer breiten Masse zur Diskussion zu stellen, eingeschränkt.

Somit leitet sich in der Arena I ein bestimmender Einfluß der politischen Parteien ab, wogegen sich aus dem geringeren Organisationsgrad der wirtschaftlichen Interessengemeinschaften und aus den beschränkten Artikulationsmöglichkeiten ein zu vernachlässigender Einfluß auf die gesellschaftliche Entwicklung und somit auf den Techniknutzungspfad ergibt.

In der Arena II läßt sich in den südostasiatischen Ländern eine geringere Zahl von Universitäten bezogen auf die Einwohner feststellen als in Deutschland; jedoch versuchen die südostasiatischen Staaten im Rahmen ihres wirtschaftlichen Wachstums den Hochschulausbau voranzutreiben. Verglichen mit Deutschland haben sie zur Zeit noch niedrigere Forschungskapazitäten, und somit hat die wissenschaftliche Forschung als Akteur der Arena II auf die gesellschaftliche Entwicklung einen geringeren Einfluß. Dies gilt für die Forschung und Entwicklung im allgemeinen als auch für die Informatik im besonderen. Hieraus resultieren Wirkungen auf die Softwareerstellung, da auf dem Weltmarkt bereits Standardsoftware für vielfältige Anwendungsbereiche existiert. Durch diese Konkurrenzbedingung wird die evolutionäre Entwicklung südostasiatischer Standardsoftware - wie die im Rahmen dieser Arbeit betrachtete ISAS - erschwert. Softwareerstellung erfolgt somit hauptsächlich als

Individualsoftware. Als Folge gehen von den südostasiatischen Softwarehäusern als Akteure der Arena II über den Standardsoftware-Einsatz keine Einflüsse auf den Techniknutzungspfad aus, da die in den ISAS abgebildeten Vorgaben aus den westlichen Ländern übernommen werden.

Darüber hinaus kann davon ausgegangen werden, daß die meisten Projekte zur Einführung von ISAS - länderunabhängig - dem Leitbild der Integration und der Vernetzung folgen[1] und in den ASEAN-Ländern die in den Industrienationen entworfenen und mit der ISAS realiserbaren Leitbilder übernommen und keine eigenen in der Arena II geprägt werden. Hieraus läßt sich eine Minderung des Einflusses der Akteure der Arena II der ASEAN-Länder ableiten.

In der Arena III ist nach Jahren wirtschaftlichen Wachstums, vergleichbar mit Deutschland, eine heterogene Vielzahl von Unternehmen entstanden. Gleichfalls lassen sich die in dieser Arena agierenden Individuen wie Benutzer oder Management mit hiesigen Akteuren vergleichen. Somit besteht in dieser Arena für die länderspezifische Analyse kein wesentlicher Unterschied zwischen Südostasien und Deutschland.

Obwohl in der Arena I wenige Akteure agieren, hat diese Arena in Südostasien, wie oben erläutert, eine machtbeherrschende Stellung und daher eine insgesamt höhere Bedeutung im Vergleich zu den Arenen II und III.

Aufgrund der ausgeglicheneren Zahlen- und Machtverhältnisse der Arenen und Akteure herrscht in Deutschland eine höhere Gleichberechtigung dieser gesellschaftlichen Kräfte. Der Techniknutzungspfad kann somit als breiter Interessenausgleich verstanden werden, auf dem die gesellschaftlichen Gruppen einen Konsens zu erzielen suchen. Auswirkungen hat insbesondere das in Deutschland gültige Leitbild des 'mündigen Bürgers', das in dieser Form in Südostasien nicht existiert. Dort wird dem Individuum eine erheblich geringere Rolle beigemessen.

---

[1] Vgl. Rolf, A. et. al., a.a.O., S. 17

7.3.2 Fortschrittstempo des Techniknutzungspfades

In der Zahl der Akteure und deren Machtbereiche spiegeln sich gesellschaftlich gewachsene Strukturen wider. In diesen gewachsenen Strukturen bildet
sich in Deutschland ein erhebliches Erfahrungswissen ab. Über viele Jahre gewachsene Strukturen manifestieren sich in festen gesellschaftlichen Gefügen,
in denen es schwierig oder langwierig sein kann, einen gesellschaftlichen Konsens zu erzielen. In Südostasien sind wegen der erst seit kurzem einsetzenden
Industrialisierung entsprechende gesellschaftliche Strukturen weitaus weniger
festgefügt. Dadurch steht weniger Erfahrungswissen bereit, aber es ist eine hohe gesellschaftliche Flexibilität gegeben.

Bei vielen gesellschaftlichen Akteuren ist davon auszugehen, daß unterschiedliche Interessenlagen vorhanden sind und die Akteure versuchen, ihren Einfluß
bei entsprechenden Artikulationsmöglichkeiten geltend zu machen. Dieser gesellschaftliche Diskurs erfordert einen langen Zeitrahmen, wenn die Vorstellungen *aller* Akteure in einem angemessenen Verhältnis berücksichtigt werden
sollen.

Das Fortschrittstempo sinkt entsprechend mit einer wachsenden Anzahl von
Akteuren.[1]

In Deutschland ist eine hohe Zahl von Akteuren gesellschaftlich erwünscht.
Beispielsweise wird die Forderung nach intensiver Beschäftigung des Parla-
ments mit der technischen Entwicklung und der Technikfolgenabschätzung
bereits seit langer Zeit akzeptiert.[2] Auch die Betroffenen sollen als gleichwertige Partner in diesem Prozeß gelten und müssen zu technikbedingten Veränderungen befragt werden und Stellung nehmen können.[3] Damit soll erreicht

---

[1] Eine vergleichbare These vertritt auch H. Weber, der darauf hinweist, daß eine große Zahl
von Interessengruppen den Technisierungsprozeß behindern oder verlangsamen können. Vgl. Weber, H., "Zwischen Markt und Staat. Aspekte japanischer und deutscher
Technologiepolitik", in: Bechmann, G. / Rammert, W. (Hrsg.), "Technik und Gesellschaft - Jahrbuch 4", Frankfurt am Main, New York 1987, S. 61-83, hier S. 71 ff.

[2] Vgl. Thienen, V. v., "Technischer Wandel und parlamentarische Gestaltungskompetenz - das
Beispiel der Enquete-Kommission", in: Bechmann, G. / Rammert, W. (Hrsg.), "Technik
und Gesellschaft - Jahrbuch 4", Frankfurt am Main, New York 1987, S. 84-106, hier S.
84 ff.

[3] Vgl. Bendixen, P., "Ohnmacht und Widerstand - Wie können wir mit den neuen Technologi-
en leben?", in: Aly, G. et. al. (Hrsg.), "Technik im Griff?", Hamburg 1985, S. 203-209,
hier S. 205

werden, daß durch einen von allen Seiten getragenen Kompromiß gesellschaftliche Fehlentwicklungen vermieden werden. Ein solches Vorgehen wird in
Asien, aufgrund der bedeutend niedrigeren Einschätzung des Individuums,
nicht durchgeführt und wird auch nicht gefordert. Daraus folgt, daß sich das
Fortschrittstempo erhöhen läßt, wenn ein Land lediglich den Techniknutzungspfad anderer Gesellschaften nachvollziehen und nicht eine Vorreiterrolle übernehmen muß.

Eine geringe Anzahl von Akteuren in den drei unterschiedlichen Arenen oder
die geringe Einflußmöglichkeit bestimmter Arenen auf die gesellschaftliche
Entwicklung vereinfachen und beschleunigen für Schwellenländer das schnelle Nachvollziehen der durch die westlichen Industrienationen vorgegebenen
Techniknutzungspfade. Von der Bevölkerung wird für den schnellen Wandel
eine hohe Anpassungsfähigkeit an wirtschaftlich erforderliche Veränderungen
verlangt.

In einer solchen Lage befinden sich momentan die südostasiatischen Länder.
Ihre Wirtschaftspolititk läßt sich als ein Vorantreiben der ökomomischen Entwicklung beschreiben, um ein mit den westlichen Industrienationen vergleich-
bares Niveau zu erreichen. Dieses gesellschaftliche Leitbild wird von der politischen Führung propagiert und forciert sowie von den gesellschaftlichen
Gruppen und der breiten Bevölkerung getragen. Dabei werden u. a. freiheit-
lich-demokratische oder ökologische Werte als untergeordnet betrachtet, um
den Aufholungsprozeß nicht zu stören. Beispielhaft läßt sich dieses Vorgehen
anhand der malaysischen Vision 2020 beschreiben.

Bei dieser Vision handelt es sich um das Anfang 1991 vom malaysischen Pre-
mierminister politisch vorgegebene Ziel, Malaysia bis zum Jahre 2020, d. h.
im Laufe der kurzen Zeit von 30 Jahren, zu einer Industrienation umzugestalten. Hierunter wird nicht nur die wirtschaftliche Entwicklung, sondern auch
die politische und die gesellschaftliche Dimension verstanden.[1] Die Identifikation einer großen Mehrheit der Bevölkerung mit dieser Vision spiegelt sich

---

[1] Vgl. Ministry of International Trade and Industry, "Vision 2020: Opportunities for Malaysian Indians in the Business Sector", Kuala Lumpur 1992, S. 1

in den Ergebnissen der letzten Parlamentswahlen wider, in denen die malaysi-
sche Regierungskoalition ihren Stimmenanteil von 53,4 % auf 63,3 % und die
Zahl ihrer Sitze im Parlament auf 162 von insgesamt 192 Sitzen erhöhen
konnte.[1]

Als Verdeutlichung einer möglichen Entwicklung Südostasiens in den kom-
menden Jahren läßt sich das Beispiel Japan heranziehen, das die westlichen Industrienationen inzwischen eingeholt und in bestimmten Bereichen[2] einen
Vorsprung erarbeitet hat. Das Aufholen Japans erfolgte zunächst durch Kopie-
ren des technischen Know-How der westlichen Industrieländer. Die
schnellstmögliche Übernahme des vorgezeigten Techniknutzungspfades ließ
wenig Zeit für ein kritisches Überdenken des vorgegebenen Weges.

Die mangelnden Erfahrungen im Umgang mit dem gesellschaftlichen Diskurs
und der gesellschaftlichen Kompromißfindung sowie mit den dazu notwendigen gesellschaftlichen Strukturen können dazu führen, daß sich die eigene Gestaltung des Techniknutzungspfades, die nach dem Einholen der technischen
Vorreiter notwendig wird, als problematisch darstellt. Konkret läßt sich beobachten, daß sich Japan derzeit in seiner ersten wirtschaftlichen Rezession nach
dem 2. Weltkrieg befindet und daß dieser Zeitpunkt mit dem Abschluß des
Aufholprozesses zusammenfällt. Aus momentaner Sicht kann vermutet werden, daß für die südostasiatischen Länder mit vergleichbaren Schwierigkeiten
zu rechnen ist.

7.3.3   Umgang mit dem Rationalisierungspotential

Aus dem ISAS-Einsatz resultiert ein Rationalisierungspotential, das zur Entlassung von Mitarbeitern führen kann. Dieses Rationalisierungpoptential wird
in den ASEAN-Ländern als Möglichkeit zur Erhöhung des wirtschaftlichen
Wachstums angesehen und nicht wie in Deutschland als Gefährdung von
Arbeitsplätzen.

---

[1] Vgl. Haubold, E., "Sogar Chinesen und Inder stimmen für den Malaien Mahathir", in: FAZ,
     27.04.95, S. 8
[2] Dies gilt beispielsweise für die Chip-Produktion.

Der ISAS-Einsatz ist mit Vor- und Nachteilen behaftet; dem Rationalisie-
rungs- und Wettbewerbsvorteil steht der Verlust von Arbeitsplätzen gegenüber. Ob die Vorteile oder die Nachteile höher bewertet werden, hängt maßgeblich von den gesellschaftlichen Prioritäten ab, die beispielsweise von herrschenden Leitbildern, aber auch von der Arbeitsmarktlage bestimmt werden.
Wachstumsbedingt herrscht auf den südostasiatischen Arbeitsmärkten Vollbeschäftigung, weshalb durch den ISAS-Einsatz freigesetzte Arbeitskräfte in vergleichsweise kurzer Zeit wieder eine gleich- oder höherwertige Beschäftigung
finden. In Deutschland muß demgegenüber davon ausgegangen werden, daß
freigesetzte Arbeitnehmer nur mit erheblichen Schwiegkeiten eine Alternative
finden können, weshalb gesellschaftlich die Nachteile des Rationalisierungs-
potentials hervorgehoben werden. Wird Freisetzung als Dequalifikation im
weiteren Sinne verstanden, so läßt sich hierdurch die im vorigen Kapitel erläu-
terte Dequalifikationsthese stützen.

Aus diesem Vergleich läßt sich ableiten, daß eine Gesellschaft, in der Arbeits-
kräftemangel herrscht, technische Rationalisierungmaßnahmen positiver auf-
nimmt, als eine, in der Arbeitskräfteüberschuß herrscht und in der zusätzliche
Rationalisierungen zu einer sozialen Verschärfung der Arbeitsmarktlage
führen.[1]

Vereinfacht wird der Umgang mit dem Freisetzungspotential in den ASEAN-
Ländern weiterhin durch das individuelle Verhalten der Arbeitnehmer. Bedingt durch die dortigen Engpässe am Arbeitsmarkt lassen sich durch Arbeits-
platzwechsel hohe Einkommenssteigerungen erzielen. Dies führt zu einer Job-
hopping-Mentalität mit einer geringen Loyalität einem Unternehmen gegenüber. Für die Unternehmen läßt sich diese Tatsache dazu nutzen, das Freisetzungspotential nicht über sofortige Entlassung von Mitarbeitern zu realisieren,
sondern auf den freiwilligen Weggang einiger Mitarbeiter zu warten.

---

[1] Vgl. Heuwing, F. W., "Rationalisierung als Naturprinzip", in: Rauner, F. (Hrsg.), "Gestalten
- eine neue gesellschaftliche Praxis", Bonn, 1988, S. 99-105, hier S. 102

8   SCHLUSSBETRACHTUNGEN

Die vorliegende Arbeit untersucht die Zusammenhänge zwischen den Entwicklungsergebnissen der Informatik und ihrer Anwendung in der betrieblichen Praxis. Sie zeigt exemplarisch anhand von praktischen Erfahrungen der Autoren die Wirkungen des Einsatzes von ISAS auf Unternehmen, Arbeitnehmer und Marktbedingungen auf, wobei länder- und projektbedingte Einflußfaktoren berücksichtigt werden.

Um zu aussagefähigen Ergebnissen zu gelangen, wurde der Ansatz über einen mehrschichtigen Vergleich gewählt. Es wurde die Anwendung unterschiedlicher ISAS in verschiedenen Ländern unterschiedlicher Branchen betrachtet. In diesem Zusammenhang wurde insbesondere festgestellt, daß das Softwareprodukt nur einen marginalen Einfluß auf die Anwendung ausübt. Wesentlich bedeutender für die Wirkungsuntersuchung ist, daß es sich bei den betrachteten Softwareprodukten um **integrierte** Systeme handelt. Aus dem Merkmal der Integration resultiert insbesondere die Umgestaltung der verrichtungsorientierten Organisationsstruktur zu einer prozeßorientierten. Damit verbunden erfolgt auch die Zurückführung des Grades der Arbeitsteilung. Es muß allerdings festgehalten werden, daß die Prozeßorientierung die Arbeitsteilung an sich nicht in Frage stellt, sondern lediglich deren Auswüchse in bestimmten Bereichen von Staaten oder Unternehmen. Mit den neuen technologischen Möglichkeiten läßt sich die 'optimale' Arbeitsteilung weiter in Richtung ganzheitlicher Arbeitsverrichtung mit den damit verbundenen Vorteilen für die Arbeitnehmer verschieben.

Der ISAS-Einsatz eröffnet darüber hinaus ein großes organisatorisches Gestaltungspotential, das es in dieser Form bislang nicht gegeben hat. Um dieses Potential auszuschöpfen, müssen die Wechselwirkungen zwischen Organisation und Technikeinsatz berücksichtigt werden.[1]   Ein behutsames Vorgehen ist demzufolge notwendig, um den Umstrukturierungsprozeß erfolgreich durchstehen und langfristig in Erfolge umsetzen zu können. In der neuen aus dem ISAS-Einsatz resultierenden Organisationsstruktur müssen die Stärken des

---

[1] Vgl. Reichwald, R., Büroautomation, a.a.O., S. 88

Unternehmens ausgebaut und die bestehenden Schwächen beseitigt werden. Da das Wissen über die 'wichtigen' Strukturen nicht nur bei der Unternehmensleitung liegt und da die Mitarbeiter neue Strukturen akzeptieren müssen, damit sie erfolgreich umgesetzt werden, muß der Umstrukturierungsprozeß von allen das Unternehmen tragenden Mitgliedern unterstützt werden. Zu beachten ist, daß es sich hierbei um einen ständigen Anpassungsprozeß handelt, der detailliert vorbereitet, durchgeführt und nach Einführung unterstützend begleitet wird.

Die zu beobachtende Erhöhung der Entwicklungsgeschwindigkeit neuer Produkte, wie beispielsweise die Entwicklung von ISAS und deren schnellere Anwendung stellt neue Anforderungen an die Forschung. Dies betrifft insbesondere die Untersuchung der Zusammenhänge zwischen den Anforderungen der Technik und den sozialen Wirkungen. Um Einfluß auf die praktische Entwicklung nehmen und auf absehbare Gefahren hinweisen zu können, muß die Forschung zeitnahe Ergebnisse präsentieren, die dem schnellen Wandel folgen.

Die in dieser Arbeit betrachteten Software-Pakete beziehen sich in erster Linie auf die integrierte Vorgangsbearbeitung ein, womit Redundanz und Doppelarbeit in diesem Bereich vermieden werden. In Zukunft ist damit zu rechnen, daß forciert an der Integration zur Dokumentenverwaltung gearbeitet werden wird, so daß eine vollständige und vor allem schnittstellenfreie Sachbearbeitung mit Hilfe eines Systems ermöglicht wird. Erste Ansätze hierzu finden sich beispielsweise im Mahnwesen.

Die **Integration** führt jedoch nicht nur zur Lösung von Fragestellungen, sondern wirft wiederum neue **Fragen und Probleme** auf.
Insbesondere wird es bei weiter zunehmender Integration zu wachsender Komplexität sowohl der Anwendungssoftware als auch der Aufgabeninhalte der Fachanwender führen. Hieraus ergibt sich ein höher werdender Aufwand für Systemwartung, externe Beratung, Schulung der Mitarbeiter und allgemeines Qualifikationsniveau. Auch die Auswirkungen des Integrationsprozesses auf

die Arbeitszufriedenheit der Mitarbeiter müssen berücksichtigt werden. Diese könnten sich aufgrund der komplexer werdenden Aufgabeninhalte auch überfordert fühlen oder einer stärkeren Kontrollierbarkeit ausgesetzt sein. Es stellt sich in diesem Zusammenhang die Frage, worin diese Entwicklung ihre Grenzen findet, bzw. wie lange sie sinnvoll oder beherrschbar bleibt.[2]

Bei einem Länder- bzw. Regionenvergleich muß die hohe Akzeptanz und die hohe Aufholgeschwindigkeit auf dem Technologiesektor in den ASEAN-Staaten konstatiert werden. Das vergleichsweise niedrige Preisniveau machen diesen Wirtschaftsstandort aufgrund der guten Infrastruktur und der meist gut ausgebildeten Arbeitskräfte zu einem vorteilhaften Produktionsstandort, und es dürfte auch in Zukunft zu weiteren Verlagerungen der internationalen Arbeitsteilung in diese Region kommen. Abzuwarten bleibt allerdings, inwieweit die politische und gesellschaftliche Entwicklung mit der wirtschaftlichen Schritt halten kann, d. h. inwieweit diese Länder gegebenenfalls in der Lage sein werden, an der Gestaltung globaler Leitbilder teilzunehmen.

---

[2] Diese Aussagen werden in ähnlicher Form auch in der Literatur vertreten. Vgl. z. B. Plattner, H., Anwendungssysteme, a.a.O., S. 104 oder vgl. Krcmar, H., a.a.O., S. 16

ANHANG

Beispiel für eine Tabellensteuerung

Um die Tabellensteuerung zu verdeutlichen, wird hier das Beispiel für die Festlegung der für ein konkretes Unternehmen relevanten Umsatzsteuersätze dargestellt:

Die Buchung der Umsatzsteuer erfolgt im SAP-System automatisch. Dazu ist die Tabelle 007 eingerichtet, in der Umsatzsteuerkennzeichen hinterlegt werden. Die Umsatzsteuerkennzeichen werden bei der Einrichtung von Stammsätzen beispielsweise für Kreditoren und Debitoren oder bei Buchungstransaktionen angewendet.

Entsprechend der üblichen Geschäftsvorfälle des Unternehmens ist die Tabelle 007 wie folgt eingestellt worden:

```
Tabellenanzeige      007  Mehrwertsteuer(Mwst.)
-------------------------------------------------------------------------------
Land Mwst.Kennz. %-Satz    Erlaeuterung
-------------------------------------------------------------------------------
D      A0      0,00     Kein Steuervorgang
D      A1     15,00     Inland 15%
D      A2      7,00     Inland  7%
D      A6      0,00     EG-Warenlieferung
D      A7      0,00     EG-Lohnveredelung
D      A8      0,00     Inland steuerfrei
D      A9      0,00     Ausland (nicht EG)
D      E1     15,00     EG-Warenlieferung 15%
D      E2      7,00     EG-Warenlieferung  7%
D      E3     15,00     EG-Lohnveredelung 15%
D      E4      7,00     EG-Lohnveredelung  7%
D      R1      9,80     Reisekosten: Vorsteuer-Gesamtpauschalierung
D      V0      0,00     Kein Steuervorgang
D      V1     15,00     Inland 15%
D      V2      7,00     Inland  7%
D      V8      0,00     Inland steuerfrei
D      V9      0,00     steuerfrei verb. Unternehmen
```

Die zugehörige Tabelle 007T mit den Texteinstellungen zu den Umsatzsteuerkennzeichen wurde wie folgt eingerichtet:

```
Tabellenanzeige        007T  Texte zu Tabelle 007
-----------------------------------------------------------------------
Spr.  Land  Mwst.-  Kurztext (1 Zeile)
            Kennz.  Langtext (4 Zeilen)
-----------------------------------------------------------------------
D     D     A0      Kein Steuervorgang


D     D     A1      Inland 15%


D     D     A2      Inland  7%


D     D     A6      EG-Warenlieferung


D     D     A7      EG-Lohnveredelung


D     D     A8      Inland steuerfrei


D     D     A9      Ausland (nicht EG)


D     D     E1      EG-Warenlieferung 15%


D     D     E2      EG-Warenlieferung  7%


D     D     E3      EG-Lohnveredelung 15%


D     D     E4      EG-Lohnveredelung  7%


D     D     R1      Reisekosten: Vorsteuer-Gesamtpauschalierung


D     D     V0      Kein Steuervorgang


D     D     V1      Inland 15%


D     D     V2      Inland  7%


D     D     V8      Inland steuerfrei


D     D     V9      steuerfrei verb. Unternehmen
```

Für die Tabelle 007 sowie entsprechend 007T hat die Fachabteilung eine Pflegeverantwortung erhalten, so daß sich ändernde oder fehlende Mehrwertsteuerkennzeichen jeweils bei Bedarf nachgepflegt werden können.

Dieses Beispiel verdeutlicht das Prinzip der Tabellensteuerung. Parameter, die sich im Laufe der Zeit ändern können und angepaßt werden müssen oder die für den konkreten Einsatz in einem Unternehmen ausgeprägt werden müssen, werden zentral an einer definierten Stelle hinterlegt, auf die sämtliche relevanten Programme zugreifen. Somit wird erreicht, daß keine aufwendigen Anpassungen in vielen verschiedenen Programmen vorgenommen werden müssen. Dadurch läßt sich der laufende Pflegeaufwand erheblich vermindern. Allerdings ist zu beachten, daß die hohe Anzahl der unterschiedlichsten Parameter zu einer Vielzahl von Tabellen führt. Die Ausprägung und Pflege der Tabellen erfordert einen nicht zu vernachlässigbaren Aufwand.

Beispiel für einen Transaktionsablauf

Im folgenden wird anhand der Transaktion TB01 für die Belegerfassung beispielhaft der Ablauf einer Transaktion in SAP R/2 dargestellt. Der hier dargestellte Ablauf stammt aus einem Produktivsystem eines großen Versicherungskonzerns. Die einzelnen Bildschirmseiten können sich von anderen Unternehmen unterscheiden; die Differenzen ergeben sich aus den Einstellungen verschiedener Tabellen, die für jedes Unternehmen unterschiedlich ausgeprägt sind und die unter anderem Einfluß auf die Form der Belegerfassung und somit auf die Erfassungsmasken der Transaktion TB01 haben.

Mit der Transaktion TB01 werden alle gängigen Buchungsbelege erfaßt und gebucht.

```
 BUCHEN BELEG
 ----------------------------------------------------------------------------

 BELEGART      ?
 BUCHUNGSKREIS 1

 WAEHRUNGSFELDER          X
 SUBNR                    X
 SONDERUMSAETZE           X
 TEXT, MANUELLE ZUORDNUNG X
 SONDERPERIODEN           X




 OK _                                              1 -05150
```

Folgende Eingaben sind möglich bzw. erforderlich:

BELEGART   Erforderlich ist eine zweistellige Eingabe entsprechend
                            der Tabellen T003 und T003T. Die zutreffende Belegart
                            ergibt sich aus dem Geschäftsvorfall und entsprechend
                            den Festlegungen in den Kontierungsrichtlinien eines
                            Unternehmens.

An dieser Stelle wird das Buchen im SAP-System vom grundsätzlichen Vorgehen her erläutert. Als Beispiel für eine anzuwendende Belegart wird ein Geschäftsvorfall angenommen, in dem die Eingangsrechnung eines Lieferanten in das SAP-System gebucht werden soll.

Nach Eingabe der Transaktion TB01 sind in der Bildschirmseite 5150 folgende Felder relevant:

BELEGART   KN - Kreditoren-Rechnung-Nettobuchung

BUCHUNGSKREIS   Es ist der Buchungskreis anzugeben, für den der Geschäftsvorfall zu kontieren ist. Eine etwaige Voreinstellung aus dem Benutzerstammsatz kann überschrieben werden.

In den Feldern WÄHRUNGFELDER; SUBNR; SONDERUMSAETZE; TEXT, MANUELLE ZUORDNUNG und SONDERPERIODEN kann nur ein 'Blank' (=nein), bzw. 'X' (=ja) eingegeben werden; je nach Erfordernis werden hiermit Eingabefelder in den nachfolgenden Bildschirmseiten ein- bzw. ausgeblendet. Werden andere Zeichen eingegeben, führt dies zu einem Fehler mit einer entsprechenden Meldung.

Die genannten Eingabefelder haben folgende Bedeutung:

WÄHRUNGSFELDER   Ist dieses Feld angekreuzt, so erscheinen die Felder WAEHRUNG. und WERTSTELL auf der Bildschirmseite 05151. Diese Felder beziehen sich auf die Tabelle CUR und sind nur bei Fremdwährungsbuchungen relevant.

                                    Hier wird '_' vorgeschlagen; es ist dann bei Ausführung der Transaktion TB01 keine Eingabe in den währungsrelevanten Feldern möglich.

SUBNR   Sollen geschäftsbereichsbezogene Aufteilungen durchgeführt werden, so ist der entsprechende Geschäftsbereich mitzukontieren.

SONDERUMSÄTZE   Dieses Feld ermöglicht es, durch die Eingabe von Sonderumsatzkennzeichen Sonderhautbuchvorgänge, wie Anzahlungen oder Sicherheitseinbehalte, zu buchen.

TEXT, MANUELLE ZUORDNUNG   Zur Eingabe eines Belegkopftextes wird ein 'X' vorgeschlagen Damit wir des Feld TEXT auf der

Bildschirmseite 05151 aufgeblendet und ist zur Eingabe bereit.

SONDERPERIODEN   Es wird ein '_' vorgeschlagen, da dieses Feld nur bei Jahresabschlußbuchungen benötigt wird.
Bei Eingabe von 'X' und 'MMJJ' (z.b. 1395) im Feld BUCHUNGSPERIODE der nachfolgenden Bildschirmseite besteht im Sachkontenbereich nach entsprechender Anweisung auch noch die Möglichkeit, in die Buchungsperioden 13-16 zu buchen. Somit können zusätzlich zum Jahresabschluß (Buchungs-perioden 1-12) vier weitere Jahresabschlußperioden dargestellt werden.

Nach Datenfreigabe erscheint Bild 05151 für die erste Buchungszeile mit TB01:

```
 BUCHEN BELEG          KN RECHNUNG NETTO      01 XY GmbH & Co. KG
 -------------------------------------------------------------------
 BUCHUNGSDATUM 05.12.1994                     WAEHRUNG. DEM    _
 BELEGDATUM... ?       REFERENZNR _           WERTSTELL _
 BUCHUNGS-PER. 12  / 1994  TEXT...... _
 -------------------------------------------------------------------




 -------------------------------------------------------------------
 BS ?_        KONTO _                  SUBNR _     UMSKZ _

 OK _    PF: 3=Back 4=Return                            1 -05151
```

Folgende Eingaben sind möglich:

BUCHUNGSDATUM   Vom System wird automatisch das Tagesdatum vorgeschlagen. Die Eingabe kann überschrieben werden. Erlaubte Buchungsperioden sind in der Tabelle T001B enthalten, hier können auch andere Vorschlagswerte voreingestellt werden.

BELEGDATUM   Das hier hinterlegte Datum wird als Basis zur Berechnung von Zahlungsfristen herangezogen

(Zahlungsfristenbasisdatum). Im Rahmen der Kontierungsrichtlinien eines Unternehmens' ist festzulegen, ob hier das Ausstellungsdatum, das Eingangsdatum oder das Erfassungsdatum einer Rechnung eingegeben werden soll.

REFERENZNR

Hier kann eine Zusatzinformation über den Originalbeleg, z.B. Rechnungsnummer des Ausstellers, eingegeben werden. Diese Referenznummer wird bei Überweisungen übernommen und weitergegeben.

BUCHUNGS-PER.

Das Feld erscheint nur, wenn im Bild 05150 bei SONDERPERIODEN ein 'X' eingegeben wurde und kann überschrieben werden. Bei Eingabe von '_' wird die Buchungsperiode durch das Buchungsdatum ermittelt.

TEXT

Hier ist die Eingabe eines max. 25-stelligen Belegkopftextes möglich. Dieser Text bezieht sich auf alle Buchungszeilen im Beleg und wird im Belegkopf angezeigt.

BS

Eingabe des Buchungsschlüssels für die erste Buchung. Bei der Erfassung von Eingangsrechnungen sollte, abweichend von der Regel "Soll an Haben", zuerst die Kreditoren-Buchungszeile erfaßt werden, gültig ist in diesem Fall der Buchungsschüssel '31'.

KONTO

Eingabe der im SAP-System hinterlegten Kontonummer des Kreditors.

UMSKZ

Eingabe des Sonderumsatzkennzeichens bei 'X' im Feld SONDERUMSÄTZE im Bild 05150.

Nach erfolgter Datenfreigabe erscheinen, abhängig von Buchungsschlüssel und Kontoart, unterschiedliche Bildschirmseiten:

  a) Bild 05158 = für Buchungszeile Kreditoren
  b) Bild 05156 = für Buchungszeile Sachkonten

Diese werden nachfolgend beschrieben.

Zu a)   Erläuterungen zu Bild 05158 Buchungszeile Kreditor (Belegart KN, Buchungsschlüssel 31):

```
 BUCHEN BELEG              KN RECHNUNG NETTO
 -----------------------------------------------------------------------
 K  L1     -01-1994        Mathias Hamann

 H  14500000               69126 Heidelberg
 ---------------------------------------------------------------------
 31 U Rechnung                                                    001
 ---------------------------------------------------------------------

 BETRAG... _         DEM                      GB....... _

 ZFB-DATUM 04.12.1994
 ZAHL-KZ.. A


 TEXT..... _
 ---------------------------------------------------------------------
 BS __        KONTO _              SUBNR _   UMSKZ _
 OK _    PF: 3=Back 13=Buchen 15=Aendern 16=Pruefen          1 -05158
```

In dem hier dargestellten Beispiel sind entsprechend der Steuerung der Kontengruppe, zu der der Kreditor 'Mathias Hamann' gehört, nicht sämtliche möglichen Felder eingabebereit. Für Kreditoren aus anderen Kontengruppen können durchaus weitere Felder eingabebereit gesteuert sein.

BETRAG   Es ist der BRUTTO-Betrag der Rechnung (max. 14 Stellen sind möglich) einzugeben.

ZFB-DATUM   Das Zahlungsfristenbasisdatum ist das Datum, an dem gemäß Zahlungskonditionen mit der Berechnung der Zahlungsfrist begonnen wird. Das Datum wird mit dem im Feld BELEGDATUM angegebenen Wert voreingestellt (siehe oben).

ZAHL-KZ   Beispielsweise kann bei der Erfassung eines Beleges ein 'A' vorgeschlagen werden, d.h. die Rechnung wird zunächst gesperrt gebucht und kann so nicht versehentlich vom Zahllauf vor Freigabe der Rechnung gezahlt werden. Nach Freigabe der Rechnung muß diese Freigabe auch im System nachvollzogen werden, das Zahlkennzeichen muß dann manuell auf '0' gesetzt werden.

TEXT   Hier kann ein Text für die angezeigte Buchungszeile als
                              Zusatzkontierung oder Information zum internen oder
                              externen Gebrauch angegeben werden. Wird an der
                              ersten Stelle ein '*' eingegeben, so wird dieser Text
                              vom Zahlungs- bzw. Mahnprogramm an die
                              Druckprogramme weitergegeben.

Im unteren Teil der Erfassungsmaske wird die Gegenbuchung vorbereitet:

BS   Buchungsschlüssel. Der Buchungsschüssel '40' leitet
                              eine Sachkonten-Sollbuchung ein.

KONTO   Kontonummer des Sachkontos.

UMSKZ   Eingabe der Sonderumsatzkennzeichen bei 'X' im Feld
                              SONDERUMSÄTZE in Bild 05150.

Zu b)   Erläuterungen zu Bild 05156 Buchungszeile Sachkonto (Buchungsschlüssel
         40):

```
 BUCHEN BELEG                  KN RECHNUNG NETTO
 --------------------------------------------------------------------
 S  72111000-01-1994           Buerobedarf
 40 N Soll-Buchung                                                002
 --------------------------------------------------------------------
 BETRAG... _           DEM   MWS-BTR.. _          MWS-KZ... 00  ZS _


                              KO-STELLE ?                          GB _
 RK-AUFTR. _
              _


 TEXT..... ?
 --------------------------------------------------------------------
 BS __          KONTO _              SUBNR _   UMSKZ _
 OK _   PF: 3=Back 13=Buchen 15=Aendern 16=Pruefen          1 -05156
```

BETRAG   Hier sind zwei Verfahren möglich: Zum einen läßt sich
                              der auf der Rechnung angegebene Netto-Betrag
                              eintragen, dann ist im Feld MWS-BTR der Betrag der
                              Mehrwertsteuer einzugeben. Zum anderen kann die
                              Eingabe des Brutto-Betrages erfolgen, dann muß im
                              Feld MWS-BTR ein '*' eingegeben werden.

MWS-BTR	Eingabe des Umsatzsteuer-Betrages. Bei der Eintragung eines '*' rechnet das System die Mehrwertsteuer automatisch aus. Diese Variante wird jedoch nur bei Buchungen mit einer Position interessant, da bei mehreren Positionen auf der Rechnung meist der Netto-Betrag pro Position aufgeführt ist. Bei mehreren Positionen besteht die Möglichkeit, den gesamten Steuerbetrag in der ersten Position anzugeben und in jeder Position jeweils das richtige Steuerkennzeichen sowie den Steuerbetrag 0,00 zu erfassen. Die Prüfung, ob der Steuerbetrag gemäß der Steuerkennzeichen zu dem Basisbetrag paßt, erfolgt erst nach Abschluß der Belegerfassungen und das Buchen des Beleges über die Funktionstaste PF13.
MWS-KZ	Dieses Feld ist mit einem zweistelligen Kennzeichen für die entsprechende Vor- oder Ausgangssteuer zu belegen. Die Mehrwertsteuerkennzeichen lassen sich mit Hilfe der Funktionstaste PF1 anzeigen. Es wird die Mehrwertsteuer-Tabelle T007 aufgeblendet.
KO-STELLE oder/und RK-AUFTRAG	Eingabe der Kostenstelle Eingabe der Auftrags-Nr. Es ist mindestens eines der beiden Felder KO-STELLE oder RK-AUFTRAG zu füllen.
TEXT	Buchungszeilentext (max. 50 Stellen), bzw. '=arg' (Argument eines Standardtextes aus Tabelle T053).
BS	Buchungsschlüssel. An dieser Stelle erfolgt nur eine Eingabe, wenn die Buchung aus mehreren Buchungspositionen besteht.
KONTO	Kontonummer. Hier wird nur ein Konto angegeben, wenn zuvor durch die Eingabe eines Buchungsschlüssels eine weitere Buchungsposition eröffnet werden soll.

UMSKZ   Eingabe der Sonderumsatzkennzeichen bei 'X' im Feld
                               SONDERUMSÄTZE in Bild 05150.

Nach Eingabe aller Buchungszeilen eines Buchungsbeleges kann der SAP-Beleg
zunächst durch Eingabe von 'pb' im Feld 'BS' oder die Funktionstaste PF16 geprüft
werden (pb steht für 'Prüfen Beleg').

Sofern ein Buchungsbeleg einen Saldo ungleich Null aufweist, werden die gebuchten
Belegzeilen und die Differenz mit 'Saldo = NNN' angezeigt (Bild 05180):

```
 BUCHEN BELEG                KN RECHNUNG NETTO        01 XY GmbH & Co. KG
 ----------------------------------------------------------------------------
 BUCHUNGSDATUM 05.12.1994  BELEG-NR.... 0             WAEHRUNG. DEM
 BELEGDATUM... 04.12.1994  REFERENZNR
 BUCHUNGS-PER. 12  / 1994  B-KOPF-TEXT.
 ----------------------------------------------------------------------------
 ZNR BS  GB KONTO            BEZEICHNUNG            SOLL/HABEN       MWST

 001 31U 00 L1          Mathias Hamann               1.150,00         **
 002 40  00 72111000    Buerobedarf      1.000,00                     VO




 SALDO = DEM    150,00                  1.000,00      1.150,00
 ----------------------------------------------------------------------------
 BS __ ZNR _     KONTO _              SUBNR _  UMSKZ _  BILDSTATUS HW

 OK _    PF: 3=Back 13=Buchen 14=Loeschen 15=Aendern ...        2 -05180
```

Die entsprechende, fehlerhafte Zeile kann durch Eingabe von 'ko' (steht für
"Korrektur") im Feld BS und Eingabe der Zeilennummer im Feld ZNR oder durch
Eingabe der Zeilennummmmer und der Funktionstaste PF15 korrigiert werden.

Ist der Saldo gleich Null, so kann der Beleg durch Eingaben von 'BU' im Feld 'BS'
und Datenfreigabe oder durch die Funktionstaste 'PF13' gebucht werden. Das Buchen
eines Beleges, dessen Saldo ungleich Null ist, kann nicht durchgeführt werden. Es
wird lediglich der Saldo angezeigt, eine gesonderte Fehlermeldung wird nicht
ausgegeben.

Die Buchung wird durch die Meldung
   ' I001 BELEG GEBUCHT UNTER DER NUMMER = NNNNNNNN'
vom System quittiert.

Unterbleibt diese Meldung, so ist das Buchen des Beleges von System abgewiesen worden. Eine gesonderte Fehlermeldung erfolgt nicht! Dies gilt insbesondere bei Salden ungleich Null.

Die meisten Funktionalitäten, die zur Bearbeitung der einzelnen Belegzeilen benötigt werden, sind auf Funktionstasten hinterlegt, die jeweils auf dem aktuellen Bildschirm in der unteren Bildschirmzeile angezeigt werden. Da diese Funktionstasten variieren, sind sie auch jeweils den Angaben auf den Bildschirmseiten zu entnehmen. Darüberhinaus sind diese Funktionalitäten durch Eingaben im Feld 'BS' möglich.

Beispiel eines Bildschirmaufbaus

Eine der oben aufgeführte Bildschirmseiten des Buchungsvorganges im SAP-System
sieht wie folgt aus:

```
 BUCHEN BELEG            KN RECHNUNG NETTO       01 XY GmbH & Co. KG
 ------------------------------------------------------------------------------
 BUCHUNGSDATUM 05.12.1994                        WAEHRUNG. DEM    _
 BELEGDATUM... ?            REFERENZNR _          WERTSTELL _
 BUCHUNGS-PER. 12  / 1994   TEXT...... _
 --------------------------------------------------------------------------




 
 

 
 
 ------------------------------------------------------------------------
 BS ?_          KONTO _              SUBNR _      UMSKZ _

 OK _      PF: 3=Back 4=Return                            1 -05151
```

Die Transaktion lautet TB01 für 'Buchen Beleg'.

In der Überschriftenzeile wird die anstehende Verarbeitung kurz charakterisiert;
hierbei wird die laufende Transaktion mit 'BUCHEN BELEG' beschrieben, durch die
ein Beleg mit der Belegart 'KN RECHNUNG NETTO' im Buchungskreis '01' für das
Unternehmen 'XY GmbH & Co. KG' erfaßt werden soll.

Der Arbeitsbereich ist mit Angaben zum Beleg gefüllt, die im Laufe der Transaktion
vom Anwender erfaßt oder vom System vorgeschlagen wurden. Beispielsweise ist
das BUCHUNGSDATUM vom System vorgeschlagen; die Mußeingabefelder
BELEGDATUM und BS sind vom Anwender noch zu belegen.

Die Dialognachrichtenzeile ist auf der gezeigten Bildschirmseite leer, da die
Transaktion noch nicht abgeschlossen wurde. Nach korrektem Abschluß der
Buchung bestätigt das System in der Nachrichtenzeile die Übernahme der Buchung
mit einer Informationsmeldung.

Das OK-Code-Feld, das im dargestellten Verarbeitungsvorgang leer ist, ist links
unten zu erkennen.

In der PF-Tastenzeile sind die Belegungen für die Funktionstasten PF3 und PF4
erläutert.

Im Systemstatusfeld ist die eindeutige Nummer der Standard-Bildschirmseite
angegeben; in diesem Fall 1 -05151.

LITERATURVERZEICHNIS

Agthe, K., "Organisation der Unternehmensführung in Europa und in den U.S.A.", in: Seidel, E. / Wagner, D. (Hrsg.), "Organisation - Evolutionäre Interdependenzen von Kultur und Struktur der Unternehmung", Wiesbaden 1989, S. 165-175

Angermeyer, H. C., "Die Einführung von Informations-Management - eine Führungsaufgabe", in: ZfO, 62. Jg. (1993), Heft 4, S. 235-241

Aschmann, M. / Rau, K.-H. / Schröder, E., "Systematische Anwendungsentwicklung mit Hilfe eines CASE-Tools", in: Rau, K.-H. / Stickel, E. (Hrsg.), "Software Engineering-Erfahrungsberichte aus Dienstleistungsunternehmen, Handel und Industrie", Wiesbaden 1991, S. 95-135

Baethge, M. / Overbeck, H., "Zukunft der Angestellten - Neue Technologien und berufliche Perspektiven in Büro und Verwaltung", Frankfurt am Main - New York 1986

Baumann, W. / Gerber, W., "Entscheidung gegen Standardsoftware am Beispiel FERAG", in: Österle, H. (Hrsg.), "Integrierte Standardsoftware: Entscheidungshilfen für den Einsatz von Softwarepaketen", Bd. 1, Hallbergmoos 1990, S. 55-66

Becker, J., "CIM-Integrationsmodell. Die EDV-gestützte Verbindung betrieblicher Bereiche", Berlin - Heidelberg - New York 1991

Becker, J., "Objektorientierung - eine einheitliche Sichtweise für die Ablauf- und Aufbauorganisation sowie die Gestaltung von Informationssystemen", in: SzU, "Integrierte Informationssysteme", Bd. 44, Wiesbaden 1991, S. 135-152

Bendixen, P., "Ohnmacht und Widerstand - Wie können wir mit den neuen Technologien leben?", in: Aly, G. et. al. (Hrsg.), "Technik im Griff?", Hamburg 1985, S. 203-209

Berthel, J., "Information", in: Dichtl, E. / Issing, O. (Hrsg.), "Vahlens Großes Wirtschaftslexikon", Bd. 1, München 1987, S. 859-860

Berthel, J., "Betriebliche Informationssysteme", Stuttgart 1975

Binder, R. / Stickel, E., "Entwurf und Entwicklung eines Information-Engineering-Konzeptes", in: Rau, K.-H. / Stickel, E. (Hrsg.), "Software Engineering- Erfahrungsberichte aus Dienstleistungsunternehmen, Handel und Industrie", Wiesbaden 1991, S. 67-94

Bishoff, R., "Die Auswahl von Informatikprodukten", in: Kurbel, K. / Strunz, H. (Hrsg.), "Handbuch Wirtschaftsinformatik", Stuttgart 1990, S. 793-811

Blau, P.M. / Schoenherr, F., "The Structure of Organizations", New York 1971

Bleicher, K., "Kompetenz", in: Grochla, E. (Hrsg.), HWO, 2. Aufl., Stuttgart 1980, Sp. 1056-1064

Bössmann, E., "Die ökonomische Analyse von Kommunikationsbeziehungen in Organisationen", Habil., Berlin - Heidelberg - New York 1967

Boll, M., "Prozeßorientierte Implementation des SAP-Softwarepaketes", in: WI, 35. Jg. (1993), Heft 5, S. 418-423

Bonney, J. / Drodofsky, H., "Erfahrungen mit der Software-Produktions-umgebung bei debis Systemhaus", in: Rau, K.-H. / Stickel, E. (Hrsg.), "Software Engineering- Erfahrungsberichte aus Dienstleistungsunter-nehmen, Handel und Industrie", Wiesbaden 1991, S. 1-21

Brandt, G. et. al., "Computer und Arbeitsprozeß", Frankfurt am Main - New York 1978

Brenner, W., "Auswahl von Standardsoftware", in: Österle, H. (Hrsg.), "Integrierte Standardsoftware: Entscheidungshilfen für den Einsatz von Softwarepaketen", Bd. 2, Hallbergmoos 1990, S. 9-24

Brönimann, C., "Aufbau und Beurteilung des Kommunikationssystems von Unternehmungen", Bern 1970

Brombacher, R., "Effizientes Informationsmanagement - die Herausforderung der Gegenwart und Zukunft", in: SzU, "Integrierte Informations-systeme", Bd. 44, Wiesbaden 1991, S. 111-134

Bullinger, H.-J. / Fröschle, H.-P., / Brettreich-Teichmann, W., "Informations-und Kommunikationsinfrastrukturen für innovative Unternehmen", in: ZfO, 62. Jg. (1993), S. 225-234

Cleveland, H., "Information as a ressource", in: The McKinsey Quarterly, o. Jg. (1983), Heft 8, S. 37-41

Dählmann, C., "Management by Projects", in: OM, 40. Jg. (1992), Heft 7-8, S. 78-78

Dierkes, M., "Eine Schwachstelle des Standorts Deutschland ist die Unterneh-menskultur", in: BdW, 37. Jg. 15.06.94, S. 7

Dierkes, M. / Hoffmann, U./ Marz, L., "Leitbild und Technik", Berlin 1992

Dorow, W., "Unternehmenspolitik", Stuttgart u.a. 1982

Drinkuth, A., "Gewerkschaftliche Ziele und Politiken zur Gestaltung von Arbeit und Technik - Das IG Metall-Programm 'Arbeit und Technik'", in: Rauner, F. (Hrsg.), "Gestalten - eine neue gesellschaftliche Praxis", Bonn, 1988, S. 93-97

Dürrenmatt, F., "Die Physiker" Eine Komödie in zwei Akten, Neufassung 1980, Zürich 1980

Eggers, B / Kuhnert, B, "Wege zum Büro der Zukunft", in: OM, 41. Jg. (1993), Heft 3, S. 70-73

Engelhardt, W. H., "Dienstleistungsorientiertes Marketing - Antwort auf die Herausforderung durch neue Technologien", in: Adam, D. et. al. (Hrsg.), "Integration und Flexibilität", Wiesbaden 1990, S. 269-288

Eversheim, W., "Moderne Produktionstechnik - Aufgabe und Herausforderung für die Betriebswirtschaft", in: Adam, D. et. al. (Hrsg.), "Integration und Flexibilität", Wiesbaden 1990, S. 97-135

Floyd, C., "Informatik - eine Lernwerkstatt", in: FifF, 12. Jg. (1995), Heft 1, S. 42-49

Francis, A. / Wainwright, J., "Office Automation - Its Design, Implementation and Impact", in: Personnel Review, 13. Jg. (1984), Heft 1, S. 2-10

Frei, F. et. al., "Die kompetente Organisation, Qualifizierende Arbeitsgestaltung - die europäische Alternative", Stuttgart 1993

French, J.R.P. / Raven, B.H., "The Bases of Social Power", in: Cartwright, D. / Arbor, A. (Hrsg.), "Studies in Social Power", Michigan 1959, S. 150-167

Fricke, J. / Neumann, T., "Strategische Informationsplanung", in: ZfO, 62. Jg. (1993), Heft 5, S. 304-311

Friedrich, J. / Jansen, K.-D. / Manz, T., "Organisationsmodelle für das Büro von morgen", in: OM, 35 Jg. (1987), Heft 3, S 16-22

Friedrich, J. et al., "Zukunft der Bildschirmarbeit", Bremerhaven 1987

Füller, E., "Entscheidung für Standardsoftware - am Beispiel der Firma Dr. Karl Thomae GmbH", in: Österle, H. (Hrsg.), "Integrierte Standardsoftware: Entscheidungshilfen für den Einsatz von Softwarepaketen", Bd. 1, Hallbergmoos 1990, S. 37-54

Funke, H., "Planungsmethode für das Informationsmanagement", in: SzU, "Büroautomation", Bd. 42, Wiesbaden 1990, S. 131-148

Gabriel, R., et. al., "Einsatz und Bewertung von Informations- und Kommunikationssystemen aus Anwender- und Benutzersicht", in: WI, 37. Jg., (1995), Heft 1, S. 24-32

Gantenbein, H. / Zanga, R., "Aufgabenverteilung zwischen Fach- und Informatikabteilung bei Auswahl, Einsatz und Betrieb von Standardsoftware", in: Österle, H. (Hrsg.), "Integrierte Standardsoftware: Entscheidungshilfen für den Einsatz von Softwarepaketen", Bd. 2, Hallbergmoos 1990, S. 75-91

Gaugler, E., "Arbeitsorganisation und Mitarbeiterqualifikation beim Einsatz moderner Informations- und Kommunikationstechniken", in: Adam, D. et. al. (Hrsg.), "Integration und Flexibilität", Wiesbaden 1990, S. 181-196

Gmelin, V., "Aktionsforschung im Industriebetrieb", Konstanz 1982

Grochla, E., "Die Gestaltung computergestützer Informationssysteme als Herausforderung an die Organisationsforschung", in: BIFOA-Arbeitsbericht 74/5: "Organisationsstrukturen und Strukturen der Informationssysteme", Köln 1975

Grochla, E., "Grundlagen der organisatorischen Gestaltung", Stuttgart 1982

Gröner, L., "Entwicklungsbegleitende Vorkalkulation", Berlin - Heidelberg - New York 1991

Gröner, U., "Integrierte Informationsverarbeitung - eine Standortbestimmung aus Sicht der Anwender", in: SzU, "Integrierte Informationssysteme", Bd. 44, Wiesbaden 1991, S. 19-34

Gutenberg, E., "Grundlagen der Betriebswirtschaftslehre", Bd. 1, 23. Aufl., Berlin - Heidelberg - New York 1979

Gutenberg, E., "Einführung in die Betriebswirtschaftslehre", Wiesbaden 1958

Hammer, M. / Champy, J. "Business Reengineering, Frankfurt am Main - New York 1994

Haubold, E., "Von Asien lernen?", in: FAZ, 19.01.95, S. 1

Haubold, E., "Sogar Chinesen und Inder stimmen für den Malaien Mahathir", in: FAZ, 27.04.95, S. 8

Heinrich, L. J., "Ergebnisse empirischer Forschung", in: WI, 37 Jg. (1995), Heft 1, Feb. 95, S. 3-9

Heilmann, H., "Organisation und Management der Informationsverarbeitung im Unternehmen", in: Kurbel, K. / Strunz, H., (Hrsg.), "Handbuch Wirtschaftsinformatik", Stuttgart 1990, S. 683-702

Herzberg, F., et.al., "The Motivation to Work", New York 1959

Heuwing, F. W., "Rationalisierung als Naturprinzip", in: Rauner, F. (Hrsg.), "Gestalten - ene neue gesellschaftliche Praxis", Bonn, 1988, S. 99-105

Hill, W. / Fehlbaum, R. / Ulrich, P., "Organisationslehre", Bd. 1, 4. Aufl., Bern - Stuttgart 1989

Hörning, K.H. / Bücker-Gärtner, H., "Angestellte im Großbetrieb", Stuttgart 1982

Hoffmann, F., "Aufbauorganisation", in: Frese, E., (Hrsg.), HWO, 3. Aufl., Stuttgart 1992, Sp. 208-221

Holz, D.-U., "Schrittweise Anpassung versus radikale Reformen in Mittel- und Osteuropa - Das Beispiel Asien ist nur bedingt nachzuahmen", 1. Teil, in: BdW, 37. Jg. 15.12.94, S. 2

Ischebeck, W., "Anforderungen an das Management von Informationszentren", in: SzU, "Integrierte Informationssysteme", Bd. 44, Wiesbaden 1991, S. 81-90

Ischebeck, W., "Unternehmenskommunikation aus strategischer Sicht", in: SzU, "Büroautomation", Bd. 42, Wiesbaden 1990, S. 25-49

Jaccottet, B., "Zur Bedeutung von Client/Server-Architekturen in Großunternehmen", in: WI, 37. Jg. (1995), Heft 1, Februar 95, S. 57-64

Jacob, H., "Flexibiliät und ihre Bedeutung für die Betriebspolititk", in: Adam, D. et. al. (Hrsg.), "Integration und Flexibilität", Wiesbaden 1990, S. 15-60

Jäger, E. / Pietsch, M. / Mertens, P., "Die Auswahl zwischen alternativen Implementierungen von Geschäftsprozessen in einem Standardsoftwarepaket am Beispiel eines Kfz-Zulieferers", in: WI, 35. Jg. (1993), Heft 5, S. 424-433

Joswig, D., "Das Controlling-Informationssystem CIS", Wiesbaden 1992

Kaiser, T.-C., "Deutsche Normen - Bestandteil der Infrastruktur in Südostasien", in: BdW, 37. Jg. 10.05.94, S. 2

Kappler, E., "Aktionsforschung", in: Grochla, E. (Hrsg.), HWO, 2. Aufl., Stuttgart 1980, Sp. 52-64

Kaschewski, K. / Hornung, V. / Heeg, F.-J., "Weiterbildungsqualifizierung für kaufmännische Sachbearbeiter" in: Hackstein, R. / Heeg, F.-J. / von Below, F. (Hrsg.), "Arbeitsorganisation und neue Technologien", Berlin 1986, S. 831-858

Kaske, S., "MIS, EIS, CIS - Babylon ist mitten unter uns", in: OM, 40. Jg. (1992), Heft 11, S. 46-48

Kattler, T., "Office Automation: Spiegelbild der Realität", in: OM, 40. Jg. (1992), Heft 11, S. 41-45

Katz, C., et. al., "Arbeit im Büro von Morgen", Zürich 1987

Kiefer, T., "Der Asien-Pazifik-Ausschuß der deutschen Wirtschaft ebnet den Weg zum Asien-Geschäft", in: BdW, 37. Jg. 23.11.94, S. 2

Kieser, A., "Neue Informationstechnologien und Organisation", in: Traunmüller, R. et. al. (Hrsg.), "Neue Informationstechnologien und Verwaltung", Berlin u. a. 1984, S. 42-61

Kieser, A. / Kubicek, H., "Organisation", 3. Aufl., Berlin - New York 1992

Kirsch, W., "Die Handhabung von Entscheidungsproblemen", 3. Aufl., München 1988

Kleinsteuber, F., "Indonesien verdient Beachtung", in: BdW, 37. Jg. 17.10.94, S. 2

Klüver, J. / Krüger, H., "Aktionsforschung und soziologische Theorien", in: Haag, F. et. al. (Hrsg.), "Aktionsforschung", München 1972, S. 76-99

Köhler, R., "Informationssysteme für die Unternehmensführung", in: zfb, 41. Jg. (1971), S. 27-58

Kosiol, E., "Aufbauorganisation", in: Grochla, E. (Hrsg.), HWO, 2. Aufl., Stuttgart 1980, Sp. 179-187

Kosiol, E., "Organisation der Unternehmung", Wiesbaden 1962

Krabbel, A. / Kuhlmann, B., "Zur Selbstverständnis-Diskussion in der Informatik", Bericht Nr. 169, Fachbereich Informatik, Universität Hamburg 1994

Krallmann, H. / Pietsch, T., "Die Dreidimensionalität der Büroautomation", in: SzU, "Büroautomation", Bd. 42, Wiesbaden 1990, S. 3-24

Krcmar, H., "Integration in der Wirtschaftsinformatik - Aspekte und Tendenzen", in: SzU, "Integrierte Informationssysteme", Bd. 44, Wiesbaden 1991, S. 3-18

Krüger, W., "Macht in der Unternehmung", Stuttgart 1976

Krüger, W., "Organisatorische Gestaltungskonzepte und Wirkungstrends in der Bürokommunikation" in: Müller-Bölling, D. / Seibt, D. / Winand, U. (Hrsg.), "Innovations- und Technologiemanagement", Stuttgart 1991, S. 285-300

Krüger, W., "Wechselwirkungen zwischen Autorität, Wertewandel und Hierarchie", in: Seidel, E. / Wagner, D. (Hrsg.), "Organisation - Evolutionäre Interdependenzen von Kultur und Struktur der Unternehmung", Wiesbaden 1989, S. 91-106

Krumbholz, M., "Malaysia als strategisch günstiger Standort im Zentrum Südostasiens", in: BdW, 37. Jg. 18.08.94, S. 2

Küchler, P. R., "Herleitung einer IS-Strategie aus der Unternehmensstrategie", in: ZfO, 61. Jg. (1992), Heft 4, S. 246-251

Kubicek, H., "Informationstechnologie und organisatorische Regelungen", Berlin 1975

Kubicek, H. / Rolf, A., "Mikropolis", Hamburg 1985

Lange, H., "Die soziale Gestaltung der Technik als forschungspolitisches Problem", in: Rauner, F. (Hrsg.), "Gestalten - eine neue gesellschaftliche Praxis", Bonn 1988, S. 25-33

Lewin, K., "Die Lösung sozialer Konflikte", Bad Nauheim 1953

Lindemann, V., "Prozeßorientierung - Schlüssel für Wettbewerbsfähigkeit", in: PC-Netze, 6. Jg. (1994), Heft 4, S. 81-81

Linke, K., "Geld allein kann die Mitarbeiter nicht motivieren", in: BdW, Jg. 37, 31.10.94, S. 1

Lorenzen, H.-P., "Neuere Umsetzungsstrategien des Programms 'Forschung und Humanisierung des Arbeitslebens", in: Rauner, F. (Hrsg.), "Gestalten - eine neue gesellschaftliche Praxis", Bonn 1988, S. 83-91

Ludwig, L. / Mertens, P., "Die Einstellung der Parameter eines Materialwirtschaftssystems in einem Unternehmen der Hausgeräteindustrie", in: WI, 35. Jg. (1993), Heft 5, S. 446-454

Lutz, B., "Zum Verhältnis von Analyse und Gestaltung in der sozialwissenschaftlichen Technikforschung", in: Rauner, F. (Hrsg.), "Gestalten - Eine neue gesellschaftliche Praxis", Bonn, 1988, S. 15-23

Mechanic, D., "Sources of Power of Lower Participants in Complex Organizations", in: Administrative Science Quarterly, 7. Jg. (1962), S. 349-365

Meffert, H., "Klassische Funktionenlehre und marktorientierte Führung - Integrationsperspektiven aus der Sicht des Marketing", in: Adam, D. et. al. (Hrsg.), "Integration und Flexibilität", Wiesbaden 1990, S. S. 373-408

Meister, C., "Customizing von Standardsoftware", in: Österle, H. (Hrsg.), "Integrierte Standardsoftware: Entscheidungshilfen für den Einsatz von Softwarepaketen", Bd. 1, Hallbergmoos 1990, S. 25-44

Mergner, U., et. al., "Arbeitsbedingungen im Wandel", Göttingen 1973, S. 178 aus Gmelin, V.: "Aktionsforschung im Industriebetrieb", Konstanz 1982

Merkel, H., "Organisatorische Gestaltungslücken in der Praxis", in: ZfO, 54. Jg. (1985), Heft 5/6, S. 313-317

Mertens, P., "SAP-Einführung", in: WI, 35. Jg. (1993), Heft 5, S. 417-417

Meyer, R., "Integrierte Informationsverarbeitung im Büro" in: OM, 35 Jg. (1987), Heft 2, S. 42-50

Meyer, R., "Integration der Informationsverarbeitung im Büro", Bergisch-Gladbach - Köln 1986

Ministry of International Trade and Industry (Hrsg.), "Vision 2020: Opportunities for Malaysian Indians in the Business Sector", Kuala Lumpur 1992

Moser, H., "Aktionsforschung als kritische Theorie der Sozialwissenschaften", München 1975

Müller, C., "Die Problematik einer Implementierung von Informationstechnologie im Bürobereich", Köln 1987

Nagel, K., "Unternehmensstrategie und strategische Informationsverarbeitung", in: Computer Magazin Wissen, o.Jg. (1989), Heft 101, S. 14-20

Niederfeichtner, F., "Qualifikation als Führungsproblem", in: Kieser, A. / Reber, G. / Wunderer, R. (Hrsg.), HWFü, Stuttgart 1987, Sp. 1749-1758

Nowotny, H., "Innovation und Verschleiß. Zur gesellschaftlichen Kontrolle von Technik", in: Bechmann, G. / Rammert, W. (Hrsg.), "Technik und Gesellschaft - Jahrbuch 4", Frankfurt am Main - New York 1987, S. 13-25

o.V., "Ausbildung in Deutschland immer noch sehr gut", in: BdW, 37.Jg. 11.10.94, S. 1

o.V., "Erfolgsrezept Kooperation in den Asean-Staaten", in: BdW, 37. Jg. 04.08.94, S. 2

o.V., "Führungskräfte Hongkongs haben die höchsten Netto-Realeinkommen", in: BdW, 37. Jg. 27.10.94., S. 2

o.V., "High-Tech-Zentren", in: iwd, 20. Jg. 13.02.94, S. 1

o.V., "Leitbilder verlieren in Ostasien immer mehr an Bedeutung", in: BdW, 37. Jg. 03.11.94, S. 1

o.V., "Malaysia setzt ganz auf weitere Industrialisierung", in: BdW, 38. Jg. 23.02.95., S. 2

o.V., "Ostasien wächst viel schneller als der Westen", in: BdW, 37. Jg. 16.02.94, S. 2

o.V., "Mehr Produktivität im Vertrieb", in: Oracle-Welt, o.Jg. (1994), Heft 1, S. 21-24

o.V., "Der Stadtstaat Singapur versucht sich neu zu positionieren", in: BdW, 38. Jg. 09.02.95, S. 2

o. V. Stichwort 'Empirische Sozialforschung' in: Hartfiel, G. / Hillmann, K.-H., "Wörterbuch der Soziologie, 3. Aufl., Stuttgart 1982, S. 166-168

Odrich, B., "Asiens Weg zum Wachstum", in: FAZ, 12.11.94, S. 13

Österle, H., "Unternehmensstrategie und Standardsoftware: Schlüssel-entscheidungen für die 90er Jahre", in: Österle, H. (Hrsg.), "Integrierte Standardsoftware: Entscheidungshilfen für den Einsatz von Softwarepaketen", Bd. 1, Hallbergmoos 1990, S. 11-36

Oetinger, R., "Benutzergerechte Software-Entwicklung", Berlin u.a. 1988

Ortner, E., "Unternehmensweite Datenmodellierung als Basis für integrierte Informationsverarbeitung in Wirtschaft und Verwaltung", in: WI, 33. Jg. (1991), Heft 4, S. 269-280

Otto, K.-P. / Wächter, H., "Aktionsforschung in der Betriebswirtschaftslehre?", in: Hron, A. et. al. (Hrsg.), "Aktionsforschung in der
Ökonomie", Frankfurt am Main - New York 1979, S. 76-98

Pietsch, M., "PAREUS-RM - ein Tool zur Unterstützung der Konfiguration
von PPS-Parametern im SAP-System R/2", in: WI, 35. Jg. (1993),
Heft 5, S. 434-445

Pietsch, T. / Fuhrmann, S., "Erfolgreicher Strukturwandel durch leistungsfähiges Management, strategische Unternehmensführung und anforderungsgerechte Personalqualifikation", in: Fuhrmann, S. / Pietsch, T.,
(Hrsg.), "Marktorientiertes Informations- und Kommunikationsmanagement im Unternehmen", Berlin 1990, S. 129-152

Picot, A., "Kommunikationstechnik und Dezentralisierung" in: Ballwieser, W.
/ Berger, K.-H. (Hrsg.), "Information und Wirtschaftlichkeit", Wiesbaden 1985, S. 377-402

Picot, A., "Organisation", in: Baetge, J. et. al. (Hrsg.), Vahlens Kompendium
der Betriebswirtschaftslehre, Bd. 2, München 1984, S. 95-158

Picot, A.: "Der Produktionsfaktor Information in der Unternehmensführung",
in: IM, 5. Jg., (1990), Heft 1, S. 6-14

Picot, A. / Reichwald, R., "Bürokommunikation - Leitsätze für den
Anwender", 3. Aufl., Hallbergmoos 1987

Picot, A. / Reichwald, R., "Der informationstechnische Einfluß auf Arbeitsteilung und Zentralisierungsgrad in Büro- und Verwaltungsorgani-
sationen", in: Hermanns, A. (Hrsg.), "Neue Kommunikationstechniken", München 1986, S. 85-94

Plattner, H., "Client/Server-Architekturen", in: Scheer, A.-W. (Hrsg.),
"Handbuch des Informationsmanagement", Wiesbaden 1993,
S. 923-937

Plattner, H., "Der Einfluß der Client-Server-Architektur auf kaufmännische
Anwendungssysteme" in: SzU, "Integrierte Informationssysteme",
Bd. 44, Wiesbaden 1991, S. 103-109

Pocsay, A., "Methoden- und Tooleinsatz bei der Erarbeitung von
Konzeptionen für die integrierte Informationsverarbeitung", in: SzU,
"Integrierte Informationssysteme", Bd. 44, Wiesbaden 1991, S. 65-80

Pöhler, W., "Neue Technik und soziale Verantwortung", in: Koschnitzke, R. /
Rolff, H.-G. (Hrsg.), "Technologischer Wandel und soziale Verantwortung", Essen 1980, S. 11-19

Porter, M.E., "Wettbewerbsvorteile", Frankfurt am Main 1986

Preßmar, D. / Wall, F., "Technologische Gestaltungsansätze für das betriebliche Informationsmangement", in: SzU, "Informationsmanagement", Bd. 49, Wiesbaden 1993, S. 93-121

Rauner, F., "'Arbeit und Technik' - Versuch einer fächerübergreifenden Forschung", in: Rauner, F. (Hrsg.), "Gestalten - eine neue gesellschaftliche Praxis", Bonn 1988, S. 9-14

Rauner, F., "Aspekte einer human-ökologisch orientierten Technikgestaltung", in: Rauner, F. (Hrsg.), "Gestalten - eine neue gesellschaftliche Praxis", Bonn, 1988, S. 35-39

Reichwald, R. "Die Auswirkungen der technischen Entwicklung auf Produktivität und Arbeitsteilung in der Wirtschaft", in: Lübbe, H. (Hrsg.), "Fortschritt der Technik - Gesellschaftliche und ökonomische Auswirkungen", Heidelberg 1987, S. 187-196

Reichwald, R., "Büroautomation, Bürorationalisierung und das Wirtschaftlichkeitsproblem", in: SzU, "Büroautomation", Bd. 42, Wiesbaden 1990, S. 65-92

Reichwald, R., "Bürotechnik, Bürorationalisierung und das Zentralisierungsproblem", in: Cakir, A.E. (Hrsg.), "Bildschirmarbeit", Berlin u. a. 1983, S. 23-46

Reichwald, R., "Kommunikation", in: Baetge, J. et. al. (Hrsg.), "Vahlens Kompendium der Betriebswirtschaftslehre", Bd. 2, München 1984, S. 377-406

Reigl, O. A., "Veränderungen im Kommunikationssystem der Unternehmung durch den Einsatz einer Datenverarbeitungsanlage", Diss., München 1972

Remer, A., "Instrumente unternehmenspolitischer Steuerung", Berlin - New York 1982

Ridder, H.-G., "Arbeitsorganisation, Qualifikation, Entlohnung", in: Ridder, H.-G. / Janisch, R. / Bruns, H.-J. (Hrsg.), "Arbeitsorganisation und Qualifikation", München - Mering 1993, S. 11-26

Rockart, J.F. / Short, J.E., "Information Technologie in the 1990s: Managing Organizational Interdependence", in: Sloan Management Review, 1989, Heft 1, S.7-17

Rödiger, K.-H., "Gestaltungspotential und Optionscharakter", in: Rauner, F. (Hrsg.), "Gestalten - eine neue gesellschaftliche Praxis", Bonn 1988, S. 71-81

Römheld, D., "Informationssysteme und Management-Funktionen", Wiesbaden 1973

Rohde, G., "Angestellte - Opfer oder Gewinner der Rationalisierung? Büroautomatisierung aus gewerkschaftlicher Sicht", in: SzU, "Büroautomation", Bd. 42, Wiesbaden 1990, S. 93-107

Rolf, A., "Informatik und Gestaltung", in: InfoTech, 5. Jg. (1993), Heft 4, S. 16-22

Rolf, A., "Die Rückkehr der Akteure in die Informatik", in: FifF, 12. Jg. (1995), Heft 1, S. 25-29

Rolf, A. et.al., "Technikleitbilder und Büroarbeit", Opladen 1990

Rühli, E., "Koordination", in: Frese, E. (Hrsg.), HWO, 3. Aufl., Stuttgart 1992, Sp. 1164-1175

Sandler, C. H., "Innovative Technologien im Vertrieb", Frankfurt am Main 1986

Sandner, K., "Prozesse der Macht", Berlin - Heidelberg 1990

SAP AG (Hrsg.), "Systeme R/2, Kurzbeschreibung", Walldorf 1994

SAP AG (Hrsg.), "System RB, Basis-Technologie, Entwicklungsumgebung, Allgemeine Dienste", Walldorf 1991

SAP AG (Hrsg.), "System RK, Funktionsbeschreibung", Walldorf 1993

Scheer, A.-W., "EDV-orientierte Betriebswirtschaftslehre", 4. Aufl., Berlin u.a. 1990

Scheer, A.-W., "Wirtschaftsinformatik - Referenzmodelle für industrielle Geschäftsprozesse", 5. Aufl., Berlin u.a. 1994

Schmidt-Prestin, B., "Neue Technik in Büro und Verwaltung: rationell einsetzen - sozial gestalten!", München 1987

Schmitz, P., "Die Auswirkungen der Informationstechnologie auf die Betriebsorganisation", in: Sieben, G. / Mattschke, M. J. (Hrsg.), BFuP, 33. Jg. (1981), Heft 4, S 297 - 312

Schönthaler, F., "Analyse, Simulation und Realisierung von Geschäftsprozessen", in: Oracle-Welt, o.Jg. (1994), Heft 1, S. 17-20

Scholz, M. / Weichhardt, F., "Aufbruch der Informationsverarbeitung zu einem unternehmensweiten Informationsmangement", in: Fuhrmann, S. / Pietsch, T. (Hrsg.), "Marktorientiertes Informations- und Kommunikationsmanagement in Unternehmen", Berlin 1990, S. 153-176

Schüler, W., "Informationsmanagement: Gegenstand und organisatorische Konsequenzen", in: Spremann, K. / Zur, E. (Hrsg.), "Informationstechnologie und strategische Führung", Wiesbaden 1989, S. 181-187

Schulze, R., "Software Engineering bei Wüstenrot", in: Rau, K.-H. / Stickel, E. (Hrsg.), "Software Engineering- Erfahrungsberichte aus Dienstleistungsunternehmen, Handel und Industrie", Wiesbaden 1991, S. 23-48

Schwarze, J., "Betriebswirtschaftliche Aufgaben und Bedeutung des Informationsmanagements", in: WI, 32. Jg. (1990), Heft 2, S. 104-115

Schweim, J., "Auswirkungen neuer Informationstechnologien auf die Organisation", in: ZfO, 53. Jg. 1984, Heft 5-6, S. 329-334

Schwetz, R., "Arbeitsplatz Büro. Umstrukturierung der Büroarbeit durch Kommunikationssysteme", in: net, 37. Jg., (1983), Heft 2, S. 54-59

Scott, W. R. "Grundlagen der Organisationstheorie", Frankfurt am Main - New York 1986

Servatius, H.-G., Reengineering-Programme umsetzen, Stuttgart 1994

Sievers, B., "Organisationsentwicklung als Aktionsforschung, in: ZfO, 47. Jg. (1978), Heft 4, S. 209-218

Sihler, H., "Das Unternehmen als Expertensystem", in: Adam, D. et. al. (Hrsg.), "Integration und Flexibilität", Wiesbaden 1990, S. 425-432

Sinzig, W., "Datenbankorientiertes Rechnungswesen", 3. Aufl., Berlin u.a. 1990

Smith, A., "The Wealth of Nations Books I-III", London 1987

Staehle, W., "Mangement", 3. Aufl., München 1987

Stein, P., "Büroarbeit morgen", in: Personal, 31. Jg. (1980), Heft 3, S. 96-98

Stolz, R., "Der Einfluß neuer Informationstechnologien auf Berufsstruktur und Qualifikation im Bürobereich", München 1984

Szyperski, N. / Winand, U., "Informationsmanagement und informations-technische Perspektiven", in: Seidel, E. / Wagner, D. (Hrsg.), "Organisation - Evolutionäre Interdependenzen von Kultur und Struktur der Unternehmung", Wiesbaden 1989, S. 133-150

Thienen, V. v., "Technischer Wandel und parlamentarische Gestaltungskompetenz - das Beispiel der Enquete-Kommission", in: Bechmann, G. / Rammert, W. (Hrsg.), "Technik und Gesellschaft - Jahrbuch 4", Frankfurt am Main - New York 1987, S. 84-106

Thom, N., "Stelle, Stellenbildung und -besetzung", in: Frese, E., (Hrsg.), HWO, 3. Aufl., Stuttgart 1992, Sp. 2321-2333

Thom, N. / Peters, G., "Die erfolgreiche Einführung von Büroautomation in mittelgroßen Unternehmen, Ergebnisse eines empirischen Projekts", in: Journal für Betriebswirtschaft, 37. Jg. (1987), Heft 2, S. 54-66

Vetter, R. / Wiesenbauer, L., "Anwenderakzeptanz in BK-Projekten", in: OM, 40. Jg. (1992), Heft 6, S. 45-50

Wächter, H., "Aktionsforschung", in: Frese, E., (Hrsg.), HWO, 3. Aufl., Stuttgart 1992, Sp. 79-88

Weber, H., "Zwischen Markt und Staat. Aspekte japanischer und deutscher Technologiepolitik", in: Bechmann, G. / Rammert, W. (Hrsg.), "Technik und Gesellschaft - Jahrbuch 4", Frankfurt am Main - New York 1987, S. 61-83

Wedekind, E., "Interaktive Bestimmung von Aufbau- und Ablauforganisation als Instrument des Informationsmanagements", Diss., Bonn 1987

Weizenbaum, J., "Wer erfindet die Computermythen?", Freiburg - Basel - Wien 1993

Weizenbaum, J., "Die Macht der Computer und die Ohnmacht der Vernunft", 9. Aufl., Frankfurt am Main 1994

Wigand, R.T., "Integrated communications and work efficiency: impacts on organizational structure and power", in: Information Services & Use, 5. Jg. (1985), S. 241-258

Winkler, W. "Soziologische, organisationstheoretische und arbeitsmarkt-politische Aspekte der Büroautomatisierung", Berlin 1979

Wittmann, E., "Neue Informations- und Kommunikationstechnik und Macht in der Unternehmung", München 1990

Wittmann, W., "Unternehmung und unvollkommene Information", Köln - Opladen 1959

Wittstock, M., "Die Auswirkungen neuer Informations- und Kommunikationstechniken auf mittelständische Unternehmen", Stuttgart 1987

Wöhe, G., "Einführung in die Allgemeine Betriebswirtschaftslehre", 18. Aufl., München 1993

Wössner, M., "Integration und Flexibilität - Unternehmensführung in unserer Zeit", in: Adam, D. et. al. (Hrsg.), "Integration und Flexibilität", Wiesbaden 1990, S. 61-77

Wolfram, G., "Einsatz und Management von Informations- und Kommunikationstechniken in einem Handelsunternehmen", in: Fuhrmann, S. / Pietsch, T., (Hrsg.), "Marktorientiertes Informations- und Kommunikationsmanagement im Unternehmen", Berlin 1990, S. 47-70

Wunderer, R. / Grunwald, W., "Führungslehre Band 1", Berlin - New York 1980

Zangl, H., "Wirtschaftlichkeitsnachweis beim Einsatz von Standardsoftware", in: Österle, H. (Hrsg.), "Integrierte Standardsoftware: Entscheidungshilfen für den Einsatz von Softwarepaketen", Bd. 2, Hallbergmoos 1990, S. 93-124

Erklärung der Diplomanden

Die vorliegende Diplomarbeit ist von den Autoren selbständig durchgeführt worden. Aussagen, die sich eindeutig auf MSP Masterpack und den südostasiatischen Raum beziehen, sind Jan Christmann zuzuordnen.

Aussagen, die sich eindeutig auf SAP R/2 und den deutschsprachigen Raum beziehen, sind Mathias Hamann zuzuordnen.

Alle darüber hinausgehenden Aussagen werden von den Autoren gemeinsam vertreten.

Die Autoren erklären, daß keine anderen als die angegebenen Quellen und Hilfsmittel benutzt worden sind.

(Jan Christmann)   (Mäthias Hamann)

Wissensquellen gewinnbringend nutzen

Qualität, Praxisrelevanz und Aktualität zeichnen unsere Studien aus. Wir bieten Ihnen im Auftrag unserer Autorinnen und Autoren Wirtschaftsstudien und wissenschaftliche Abschlussarbeiten – Dissertationen, Diplomarbeiten, Magisterarbeiten, Staatsexamensarbeiten und Studienarbeiten zum Kauf. Sie wurden an deutschen Universitäten, Fachhochschulen, Akademien oder vergleichbaren Institutionen der Europäischen Union geschrieben. Der Notendurchschnitt liegt bei 1,5.

Wettbewerbsvorteile verschaffen – Vergleichen Sie den Preis unserer Studien mit den Honoraren externer Berater. Um dieses Wissen selbst zusammenzutragen, müssten Sie viel Zeit und Geld aufbringen.

http://www.diplom.de bietet Ihnen unser vollständiges Lieferprogramm mit mehreren tausend Studien im Internet. Neben dem Online-Katalog und der Online-Suchmaschine für Ihre Recherche steht Ihnen auch eine Online-Bestellfunktion zur Verfügung. Inhaltliche Zusammenfassungen und Inhaltsverzeichnisse zu jeder Studie sind im Internet einsehbar.

Individueller Service – Gerne senden wir Ihnen auch unseren Papierkatalog zu. Bitte fordern Sie Ihr individuelles Exemplar bei uns an. Für Fragen, Anregungen und individuelle Anfragen stehen wir Ihnen gerne zur Verfügung. Wir freuen uns auf eine gute Zusammenarbeit.

Ihr Team der Diplomarbeiten Agentur

Diplomica GmbH
Hermannstal 119k
22119 Hamburg

Fon: 040 / 655 99 20
Fax: 040 / 655 99 222

agentur@diplom.de
www.diplom.de